Lindeberg Barros de Sousa

ADMINISTRAÇÃO DE REDES LOCAIS

2ª EDIÇÃO

Av. Paulista, 901, 3º andar
Bela Vista - São Paulo - SP - CEP: 01311-100

SAC | Dúvidas referentes a conteúdo editorial, material de apoio e reclamações: sac.sets@somoseducacao.com.br

Direção executiva	Flávia Alves Bravin
Direção editorial	Renata Pascual Müller
Gerência editorial	Rita de Cássia S. Puoço
Aquisições	Rosana Ap. Alves dos Santos
Edição	Paula Hercy Cardoso Craveiro
	Silvia Campos Ferreira
Produção editorial	Laudemir Marinho dos Santos
Revisão	Paula Cardoso
Diagramação	Villa d'Artes Soluções Gráficas
Projeto gráfico e capa	YAN Comunicação
Imagem de capa	© iStock/GettyImagesPlus/eyup zengin
Adaptação da capa	Deborah Mattos
Impressão e acabamento	Bartira

DADOS INTERNACIONAIS DE CATALOGAÇÃO NA PUBLICAÇÃO (CIP)
ANGÉLICA ILACQUA CRB-8/7057

Sousa, Lindeberg Barros de
   Administração de redes locais / Lindeberg Barros de Sousa. – 2. ed. – São Paulo : Érica, 2021. (Série Eixos)
   200 p.

   Bibliografia
   ISBN 978-85-365-3368-1

   1. Redes de computadores - Gerenciamento 3. Redes locais de computadores I. Título

20-2100
CDD 004.6
CDU 004.7

Índice para catálogo sistemático:
1. Redes de computadores

Copyright © Lindeberg Barros de Sousa
2021 Saraiva Educação
Todos os direitos reservados.

2ª edição
2021

Nenhuma parte desta publicação poderá ser reproduzida por qualquer meio ou forma sem a prévia autorização da Saraiva Educação. A violação dos direitos autorais é crime estabelecido na Lei n. 9.610/98 e punido pelo art. 184 do Código Penal.

| CO | 10434 | CL | 642568 | CAE | 728182 |

AGRADECIMENTOS

A toda a equipe da Editora Érica que, com eficiência e dedicação, tornou realidade esta obra, contribuindo para o crescimento profissional e tecnológico de profissionais e estudantes da área de Tecnologia da Informação.

ADMINISTRAÇÃO DE REDES LOCAIS

SOBRE O AUTOR

Lindeberg Barros de Sousa é engenheiro pela Fundação Armando Alvares Penteado (FAAP), com pós-graduação em Administração da Produção pela Fundação Getulio Vargas (FGV-SP) e Gestão pelo Instituto Keppe-Pacheco/INPG, e especializações em Arquitetura de Computadores e Comunicação de Dados (FDTE/USP/IPT) e Gerência de Projetos (Instituto Vanzolini).

Atua há mais de 20 anos nas áreas de consultoria, treinamento, gerência de projetos, desenvolvimento, operação e suporte de plataformas de Tecnologia da Informação (TI) em empresas nacionais e multinacionais, nas áreas industrial, comercial, de serviços e mercado financeiro.

Foi diretor e membro do Conselho Deliberativo da Sociedade dos Usuários de Informática e Telecomunicações de São Paulo (SUCESU-SP) e atua como professor universitário em cursos de graduação e pós-graduação em TI na Universidade de Mogi das Cruzes (UMC), na Faculdade de Informática e Administração Paulista (FIAP) e nas Faculdades Associadas de São Paulo (FASP).

É autor de livros nas áreas de Redes de Computadores e Comunicação de Dados, publicados pela Editora Érica.

ADMINISTRAÇÃO DE REDES LOCAIS

ESTE LIVRO POSSUI MATERIAL DIGITAL EXCLUSIVO

Para enriquecer a experiência de ensino e aprendizagem por meio de seus livros, a Saraiva Educação oferece materiais de apoio que proporcionam aos leitores a oportunidade de ampliar seus conhecimentos.

Nesta obra, o leitor que é aluno terá acesso ao gabarito das atividades apresentadas ao longo dos capítulos. Para os professores, preparamos um plano de aulas, que o orientará na aplicação do conteúdo em sala de aula.

Para acessá-lo, siga estes passos:

1. Em seu computador, acesse o link: **http://somos.in/ARL2**

2. Se você já tem uma conta, entre com seu login e senha. Se ainda não tem, faça seu cadastro.

3. Após o login, clique na capa do livro. Pronto! Agora, aproveite o conteúdo extra e bons estudos!

Qualquer dúvida, entre em contato pelo e-mail **suportedigital@saraivaconecta.com.br**.

APRESENTAÇÃO

Neste livro, serão estudados os fundamentos e a operação dos equipamentos e arquitetura das redes de computadores, como roteadores, *switches*, *links* de comunicação, conexões, bases de dados e sistemas operacionais.

Você aprenderá o funcionamento de equipamentos, programas e sistemas operacionais de redes locais visando administrar e dar suporte na operação e comunicação de dados. Estudaremos, também, os fundamentos das arquiteturas de redes e sistemas no padrão TCP/IP, sua operação, administração de endereços IP, administração e configuração de roteadores e *switches*, tipos de interconexões entre redes locais e os fundamentos de um sistema operacional Windows Server de rede, com exemplos práticos e exercícios.

No Capítulo 1, você aprenderá os conceitos de uma arquitetura de redes.

O Capítulo 2 abordará a estrutura e a montagem de redes locais, os tipos de servidores e sua configuração.

No Capítulo 3, você aprenderá sobre conceitos da arquitetura TCP/IP, protocolos, equipamentos de redes como roteadores e *switches*, *backbones* corporativos e meios de comunicação.

O Capítulo 4 discorrerá acerca de endereçamento de redes IP, administração de endereços de redes, máscaras de sub-rede, protocolos e a estrutura TCP/IP.

No Capítulo 5 serão ensinados os fundamentos e as configurações básicas de roteadores, protocolos de roteamento e *backups*; e no Capítulo 6 serão estudados os fundamentos e as configurações básicas de *switches*, VLANs e IOS (sistema operacional).

No Capítulo 7, você conhecerá um pouco mais sobre interconexão de redes locais, conexão MPLS e transmissão de dados entre redes.

No Capítulo 8 serão vistos os fundamentos de gerenciamento de redes e segurança, softwares de gerenciamento, Firewall e NAT e VPN.

No Capítulo 9, que encerra esta obra, você aprenderá os conceitos e as configurações de um sistema operacional de controle de redes locais, o funcionamento de um servidor de rede, os fundamentos do Windows Server, virtualização de servidores e *cloud computing*.

Bons estudos!

O autor

SUMÁRIO

Capítulo 1 - Fundamentos de Arquitetura de Redes 17

    1.1 Conceito 17

    Agora é com você! 20

Capítulo 2 - Estrutura de Redes Locais - Conceitos de Servidores 21

    2.1 Conceitos de montagem básica de uma rede 21

        2.1.1 Configurações da rede local 23

        2.1.2 Servidor de arquivos 24

        2.1.3 Servidor de impressão 24

        2.1.4 Servidor de e-mail 25

        2.1.5 Servidor web 25

        2.1.6 Servidor DNS 26

        2.1.7 Servidor DHCP 26

    2.2 Configuração de rede para servidor com duas placas de rede

    (conexão à rede e conexão à banda larga) 26

    Agora é com você! 28

Capítulo 3 - Infraestrutura de Redes, Protocolos, Equipamentos e Interconectividade TCP/IP ... 29

    3.1 Conceitos e história do TCP/IP 29

    3.2 Camadas da arquitetura TCP/IP 31

        3.2.1 Encapsulamento e desencapsulamento de dados entre camadas 32

        3.2.2 Descrição das camadas do modelo TCP/IP 33

    3.4 Topologia Cisco 41

        3.4.1 *Core layer* 41

        3.4.2 *Distribution layer* 42

        3.4.3 *Access layer* 42

    3.5 Equipamentos e meios de comunicação utilizados em redes locais e remotas na

    arquitetura TCP/IP 42

        3.5.1 *Hub* 42

        3.5.2 Conectores 44

3.5.3 *Switches* ... 49

3.5.4 Roteadores para encaminhamento dos dados pela rede ... 57

3.5.5 *Backbones* corporativos ... 59

3.5.6 *Modems* ... 61

Agora é com você! ... 62

Capítulo 4 - Fundamentos e Administração do Endereçamento de Redes ... 63

4.1 Endereçamento em redes ... 63

4.1.1 Códigos de representação numérica ... 64

4.2 Classes de endereçamento IP ... 66

4.2.1 Classe A ... 66

4.2.2 Classe B ... 69

4.2.3 Classe C ... 71

4.2.4 Classe D ... 73

4.2.5 Classe E ... 73

4.3 Endereços reservados à redes internas ... 73

4.3.1 Resumo de endereços de rede válidos ... 76

4.3.2 Endereços privados ... 76

4.4 Protocolo ARP (*Address Resolution Protocol*) ... 77

4.5 Máscaras de sub-redes ... 77

4.6 Outros componentes do endereçamento de redes na arquitetura TCP/IP ... 81

4.6.1 Protocolo DHCP: configuração e geração automática de endereços IP na rede ... 81

4.6.2 NAT (*Network Address Translation*) ... 82

4.6.3 DNS (*Domain Name System*) ... 83

Agora é com você! ... 84

Capítulo 5 - Administração e Configuração de Roteadores - Interconexão de Redes ... 85

5.1 Configuração de roteadores ... 87

5.1.1 Configurações e comandos básicos ... 89

5.1.2 Memórias, conexões e modelos de roteador ... 94

5.1.3 Acesso à configuração do roteador ... 100

5.1.4 Criação de um HyperTerminal e acesso aos comandos do roteador ... 105

5.1.5 Configurações do roteador 107

5.1.6 *Setup* 110

5.2 Recuperação de senha de roteador 113

5.4 *Backup* e recuperação do arquivo do sistema operacional (IOS)

e do arquivo de configuração 115

5.4.1 *Backup* do arquivo de configuração 117

5.4.2 Recuperação do arquivo de configuração 118

5.4.3 *Backup* do arquivo do sistema operacional (IOS) 118

5.4.4 Recuperação do arquivo do sistema operacional (IOS) 118

5.5 Conceitos de roteamento 120

5.5.1 Configuração do roteador R1 125

5.5.2 Configuração do roteador R2 125

5.5.3 Configuração do roteador R3 126

5.6 Protocolos de roteamento e roteáveis 128

5.6.1 *Distance vector* 129

5.6.2 *Link State* (ou *Shortest Path First*) 131

Agora é com você! 134

Capítulo 6 - *Switches* - Estrutura e Configurações 135

6.1 Funcionamento de um *switch* 135

6.1.1 Protocolo *Spanning-Tree* 137

6.1.2 Configurações básicas de um *switch* 138

6.2 Configuração de senhas no *switch* 141

6.3 Armazenamento e *backup* da configuração do *switch* 142

6.4 Redes locais virtuais (VLANs): conceitos e configurações 143

6.4.1 Configurações de VLANs 144

6.4.2 Configuração de roteamento ISL para interligar VLANs por meio de roteador ... 146

6.5 *Backup* e atualização do sistema operacional (IOS) de um *switch* ... 148

Agora é com você! 148

Capítulo 7 - Interconectividade de Redes Locais Externas WAN e Internet - Equipamentos e Arquiteturas 149

7.1 Tipos de conexão em redes WAN 149

7.1.1 Conexões por circuitos dedicados privativos ponto a ponto (LP) 150

7.1.2 Conexão por circuitos comutados pela rede pública de telefonia (conexão discada ou *dial-up*) 152

7.1.3 Conexões por circuitos comutados em pacotes pelas redes públicas de comunicação de dados compartilhadas (conexão por redes *frame-relay* ou *Packet-Switch*) 153

7.2 Frame-relay 153

7.2.1 Configuração do roteador para comunicação por rede *frame-relay* 158

7.3 Protocolo de enlace PPP 159

7.3.1 Protocolo PPP (*Point-to-Point Protocol*) 159

7.3.2 Configuração de roteador para comunicação por enlace ponto a ponto pelo protocolo PPP 160

7.4 MPLS (*Multiprotocol Label Switching*) 162

7.4.1 Transmissão de dados de redes locais *Ethernet* para redes WAN MPLS 163

Agora é com você! 166

Capítulo 8 - Gerenciamento de Redes e Segurança 167

8.1 Gerenciamento de redes 167

8.2 Agente SNMP 168

8.3 Management Information Base (MIB) 169

8.3.1 Objeto gerenciado 170

8.4 Simple Network Management Protocol (SNMP) 172

8.5 Softwares de gerenciamento e monitoramento de redes 173

8.6 Comparando os protocolos de gerenciamento RMON, SNMP e CMIP 174

8.7 Firewall 175

8.7.1 Sistemas de *firewall* e *proxy* na segurança 175

8.7.2 *Firewalls* de nível de aplicação (*proxy servers*) 176

8.8 Virtual Private Network (VPN) 179

8.8.1 Tunelamento em VPNs 180

Agora é com você! 184

Capítulo 9 - Fundamentos de Servidores de Rede 185

9.1 Instalação do servidor de rede 185

9.2 Máquinas virtuais e *cloud computing* 186

9.2.1 Virtualização 186

9.2.2 Computação em nuvem 186

9.3 Instalação do Windows Server 187

9.3.1 Instalação do DHCP 189

9.3.2 Instalação do DNS 190

9.4 Controlador de domínio 191

9.5 Servidor de arquivos 193

9.6 Servidor de Internet IIS 194

Agora é com você! 199

Referências bibliográficas 200

1

FUNDAMENTOS DE ARQUITETURA DE REDES

PARA COMEÇAR

Veremos a seguir o formato das primeiras redes de comunicação, começando pelas redes de telefonia analógica compostas de fios e cabos de cobre e centrais telefônicas que faziam o encaminhamento das chamadas.

Em seguida, nos anos 1970, surgiram as primeiras redes compartilhadas de comunicação de dados, no caso a X.25 e Frame-relay, as quais passaram a permitir a comunicação entre pontos e não mais somente a comunicação ponto a ponto feita por multiplexadores de dados.

Por fim, veremos a arquitetura das redes mais recentes formadas por roteadores, que fazem a função dos equipamentos anteriores e com mais recursos, que são hoje a base de funcionamento da internet, por exemplo.

1.1 Conceito

Redes de comunicação são estruturas que nos acompanham há muito tempo, mesmo antes do advento dos computadores e da internet. A rede pública de telefonia é um exemplo de rede de comunicação que funciona há décadas.

Compararemos, a seguir, uma rede pública de comunicação a uma nuvem, na qual estão compreendidos os diversos equipamentos que conduzem a informação ao seu destino. Ao nos conectarmos à rede (nuvem), podemos acessar outra pessoa ou equipamento também conectado à rede, com o qual desejamos nos comunicar.

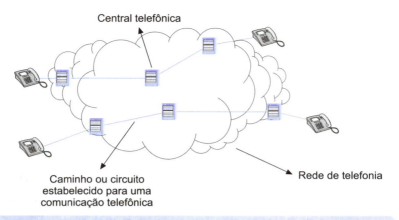

Figura 1.1 - Rede pública de telefonia representada por uma nuvem, no interior da qual estão as centrais telefônicas públicas, que estabelecem e encaminham as chamadas.

Nos anos de 1970 e 1980, surgiram as redes públicas de comunicação de dados, como a X.25 e a *frame-relay*, utilizadas pelas empresas para efetuar a comunicação com as filiais e os parceiros comerciais.

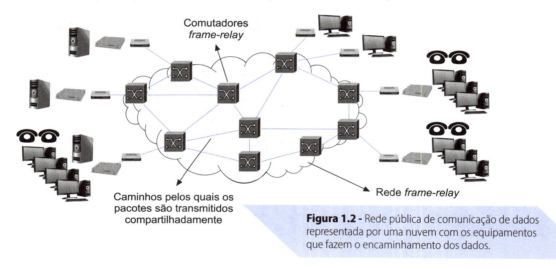

Figura 1.2 - Rede pública de comunicação de dados representada por uma nuvem com os equipamentos que fazem o encaminhamento dos dados.

Nos anos de 1980, surgiu a internet em âmbito mundial, uma rede pública aberta para usuários comuns e empresas, que possui abrangência e alcance global. Os equipamentos responsáveis pelo encaminhamento dos dados ao longo da rede são chamados de roteadores. Baseiam-se no endereço de destino, o endereço IP, para o envio dos dados, analogamente ao número do telefone em uma rede de telefonia.

Definem-se como nós os equipamentos em que as informações são processadas e encaminhadas para a rede, como roteadores, centrais telefônicas e comutadores. Define-se como linha o meio de transmissão que conecta dois nós, passando informações de um para o outro. As linhas de comunicação, ou meios de comunicação, podem ser fios metálicos e cabos, fibras ópticas, enlaces de rádio ou satélites.

É possível também montar redes baseadas em linhas privativas (LPs), cujo meio de transmissão não é compartilhado, sendo de uso exclusivo da empresa que o contrata. Uma empresa pode contratar LPs diretamente de sua matriz para as filiais, sem utilizar redes públicas compartilhas. O custo de uma LP é alto, em virtude do seu uso exclusivo, quando comparado ao uso de redes compartilhadas para comunicação externa.

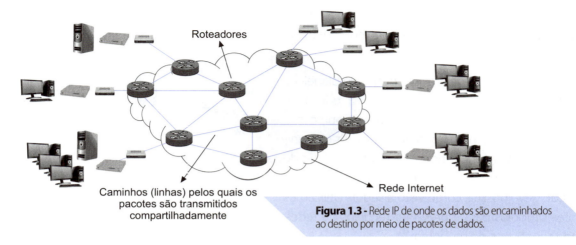

Figura 1.3 - Rede IP de onde os dados são encaminhados ao destino por meio de pacotes de dados.

Elas se chamam redes privativas com canais (linhas) ponto a ponto. Normalmente, são utilizadas por grandes empresas, que possuem alto volume de transmissão de dados e desejam obter maior segurança, já que o meio de transmissão não é compartilhado.

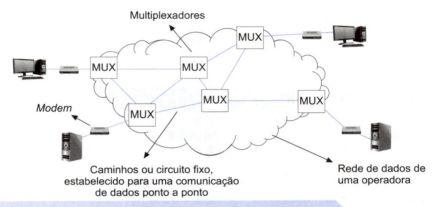

Figura 1.4 - Conexões de rede baseadas em circuitos ou LP (linhas privativas) em que é estabelecico um circuito de comunicação fixo entre a origem e o destino.

As redes permitem a gestão integrada das informações em uma empresa, o compartilhamento de dados e a rápida integração de processos, permitindo maior agilidade e economia nos negócios.

Pode-se interligar uma empresa a suas filiais utilizando LPs, fibras ópticas, redes públicas como *frame-relay* ou internet, *links* de rádio e de satélite ou uma composição dessas redes, dependendo do local a ser feita a conexão.

Em regiões remotas e sem infraestrutura, o uso de canais (*links*) por satélite é o ideal. Em regiões metropolitanas, a fibra óptica é uma opção, caso sejam necessários canais de alta velocidade. As diversas alternativas devem ser cuidadosamente analisadas.

As redes externas utilizadas, por exemplo, na comunicação de uma matriz com suas filiais, como visto nos exemplos anteriores, são chamadas de redes WAN (*Wide Area Networks*).

As redes internas das empresas, como os computadores de um escritório interligados por cabos e placas de rede, são chamadas de redes locais ou LAN (*Local Area Network*). As redes locais baseiam-se em sistemas operacionais como Windows, Unix ou Linux. Utilizamos o Windows 2003 Server para exemplificar a montagem de uma rede local.

Ao projetar uma rede, é necessário levantar e planejar a quantidade de computadores a serem ligados à rede, *hubs*, *switches*, roteadores, cabeamento, *links* de comunicação como LPs, acesso à internet e outras formas de comunicação externa. Também é importante elaborar o plano de endereçamento, ou seja, os endereços IP que cada componente da rede deve possuir, como visto a seguir. Utilizamos os seguintes símbolos para representar recursos de redes, como pode ser observado na Figura 1.5.

Figura 1.5 - Símbolos para representação dos recursos de redes.

AMPLIE SEUS CONHECIMENTOS

Para saber mais sobre arquitetura de redes, assista ao vídeo disponível em: <https://www.youtube.com/watch?v=Pg_Xv0EnkWo>. Acesso em: 1 maio 2020.

VAMOS RECAPITULAR?

As primeiras redes de redes de comunicação foram as redes telefônicas analógicas compostas de centrais telefônicas que faziam o encaminhamento das chamadas por meio de fios e cabos de cobre.

Posteriormente, com o advento dos computadores utilizados comercialmente, surgiu a necessidade de transmitir dados além da voz. Inicialmente, a comunicação entre computadores era feita ponto a ponto, por meio de cabos ou ligações telefônicas com modems. Surgiu então a necessidade de ter redes específicas para transmissão de dados, compartilhadas e que permitissem a comunicação entre todos ligados a rede e a qualquer momento. Surgiram assim as redes públicas como a X.25 e *Frame-relay*, precursoras da internet.

As redes compartilhadas evoluíram para a internet e redes corporativas, utilizando equipamentos como roteadores, que fazem a função de encaminhamento dos dados de um ponto a outro utilizando a arquitetura TCP/IP e os endereçamentos IP.

AGORA É COM VOCÊ!

1. Descreva as características de uma rede pública de telefonia.
2. Explique o surgimento e a função das primeiras redes públicas compartilhadas para transmissão de dados.
3. Descreva a rede pública internet e seus objetivos.
4. Explique LPs e redes baseadas em LPs.
5. O que são redes LAN e WAN?

2

ESTRUTURA DE REDES LOCAIS – CONCEITOS DE SERVIDORES

PARA COMEÇAR

O objetivo deste capítulo é dar uma visão básica da configuração de uma rede local (LAN) de forma que os computadores se comuniquem entre si e com servidores e impressoras.

Neste livro, usamos como base para a montagem de uma rede local (LAN) o sistema operacional de redes Windows Server em uma versão mais simples no computador servidor de rede, mas há outros sistemas operacionais baseados em Linux que devem ser considerados em projetos de redes nas empresas.

Os computadores clientes acessam o servidor da rede para requisitar serviços, como dados de arquivos armazenados no servidor, acesso à internet, e-mails e demais recursos da rede.

2.1 Conceitos de montagem básica de uma rede

Uma rede básica possui computadores interligados por meio de um *hub* ou *switch*. Um desses computadores é o servidor de rede, que possui uma conexão com a internet, de modo a garantir que todos os computadores da rede acessem-na.

Neste exemplo, foi montada uma rede com a seguinte arquitetura:

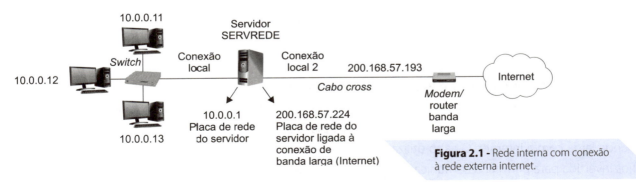

Figura 2.1 - Rede interna com conexão à rede externa internet.

Nessa rede, o computador servidor possui duas placas de rede *Ethernet*, sendo uma ligada à rede local interna por meio do *switch* e outra ligada à internet por meio de um *modem/router* que faz a conexão ao provedor de acesso à internet.

A Figura 2.1 mostra que os computadores internos à rede local têm os endereços IP 10.0.0.11, 10.0.0.12, 10.0.0.13 e o servidor dispõe do endereço 10.0.0.1. Todos fazem parte da rede interna 10.0.0.0.

O servidor possui outra placa de rede ligada à internet, a qual possui o endereço IP 200.168.57.224. A placa de rede do *modem/router* da operadora que forneceu a conexão com a internet apresenta o endereço IP 200.168.57.193. Ambas fazem parte de uma rede na internet, no caso, a rede do provedor internet que fornece o acesso.

Nessa situação, o servidor atua como roteador, pois encaminha os dados de uma rede para outra. Ele também trabalha como um *firewall* (filtro e bloqueador de dados) e como tradutor (NAT) dos endereços externos da internet em endereços internos da rede local. NAT (*Network Address Translator*) é um aplicativo que converte e controla os endereços entre a rede internet e a rede interna da empresa.

Quando se contrata um serviço de acesso à internet denominado banda larga, ou alta velocidade, a concessionária instala o roteador com o *modem* dentro ou acoplado a ele. Esse equipamento faz a conexão com a internet e é ligado a ela pela linha telefônica (no caso de conexões banda larga, que compartilham o fio do telefone utilizando outra frequência de transmissão) ou por uma linha privativa dedicada, também chamada LP, em que não há compartilhamento com a linha telefônica.

No caso da banda larga, que compartilha o fio do telefone, uma faixa da frequência é utilizada pelo telefone e outra para a transmissão de dados e acesso à internet.

Na operadora que fornece o serviço de acesso à internet, a conexão é feita por roteadores que encaminham os dados a outros roteadores de internet, fornecendo acesso à internet como um todo.

Para se conectar à rede local, cada computador necessita de uma placa de rede *Ethernet* instalada, que é conectada à rede em um *hub* ou *switch* (concentrador de conexões que recebe e transmite os dados para todas as portas) por um cabo de rede. Cada computador possui uma placa de rede e cada placa conta com um cabo de rede (cabo UTP) ligado ao *hub* ou *switch* da rede.

Desta forma, os computadores se comunicam entre si e com redes externas, como a internet, por meio do servidor e de um roteador com *modem* para transmissão pela rede pública, utilizando o fio telefônico ou uma linha privativa.

Se tiver uma placa de rede, a impressora pode ser ligada diretamente ao *hub* ou *switch*. Nesse caso, ela é chamada de impressora de rede. Também pode ser diretamente ligada ao servidor por meio de um cabo paralelo ou USB.

Antes de iniciar as configurações da rede, é necessário que todos os computadores estejam com as placas de rede instaladas e ligadas por cabos de rede (cabos UTP) ao *hub* ou ao *switch*. É preciso também que a segunda placa de rede do servidor esteja ligada à placa de rede do *modem/router*, que faz a conexão de banda larga com a internet. O cabo utilizado deve ser de rede UTP do tipo *cross*, que possui a conexão dos fios invertida para permitir a comunicação entre duas placas de rede conectadas diretamente.

Nessa arquitetura utiliza-se um acesso de banda larga em que a operadora fornece o *modem* com roteador acoplado e com a placa de rede *Ethernet* para conexão ao servidor.

Como já foi estudado, o servidor atua como um conversor de endereços (NAT) da internet para a rede local, agindo como um roteador. Também trabalha como *firewall*, oferecendo maior segurança à rede, como veremos adiante.

Outra forma ou arquitetura de conexão de redes locais à internet é feita pelo roteador dedicado, ligado por um cabo serial ao *modem* da operadora que fornece o acesso à internet por meio de uma LP.

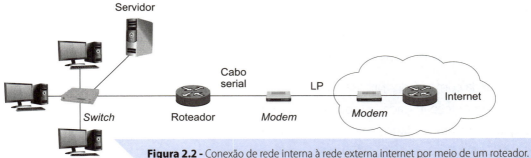

Figura 2.2 - Conexão de rede interna à rede externa internet por meio de um roteador.

Nesse caso, o roteador deve funcionar como conversor de endereços da internet para a rede local interna (função NAT) e também como *firewall*, para bloquear acessos e dados indesejados e permitir maior segurança à rede, contra ameaças vindas da internet.

Opcionalmente, podemos ter um *firewall* dedicado, ou seja, um computador exclusivo para realizar essa função. No exemplo seguinte, a função de *firewall* é realizada por um equipamento ligado entre o roteador e a rede interna.

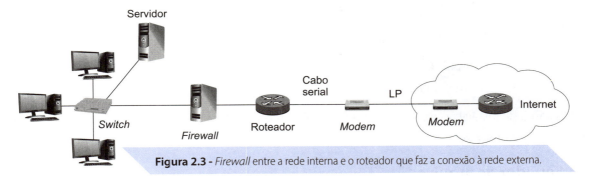

Figura 2.3 - *Firewall* entre a rede interna e o roteador que faz a conexão à rede externa.

O *firewall* é um aplicativo, que pode ficar armazenado em um computador dedicado, que filtra o tráfego que entra e sai da internet, verificando e bloqueando dados que ofereçam risco à rede local interna. No exemplo, o *firewall* possui duas placas de rede, sendo uma ligada à rede internet e outra à rede local interna.

2.1.1 Configurações da rede local

Inicia-se a montagem da rede carregando o sistema operacional da rede no servidor.

ESTRUTURA DE REDES LOCAIS - CONCEITOS DE SERVIDORES

A função do sistema operacional da rede é controlar a rede, cadastrar e gerenciar os usuários e equipamentos ligados a ela e armazenar e controlar arquivos a serem compartilhados por todos os computadores ligados na rede.

No início da carga, o programa de instalação pede que seja criada uma partição no disco rígido (HD), na qual serão copiados os arquivos do sistema. O sistema de arquivos na criação da partição deve ser o NTFS.

Após a cópia dos arquivos, o programa de instalação solicita um nome para o servidor – usaremos o nome SERVREDE – e o cadastramento de uma senha para acessá-lo. Essa é a senha do administrador da rede; ela possibilita fazer configurações e alterações na rede. Vamos usar a senha "admrede". O acesso chama-se *logon*.

Na configuração, é necessário também atribuir um nome ao grupo de computadores que formam a rede ou grupo de domínio interno. Vamos nomeá-lo "dominiorede".

Em uma rede, cada computador precisa ter um endereço. O endereço de cada equipamento é fornecido por um número, o endereço IP. Cada computador na rede necessita ter um endereço IP único, diferente dos demais, pelo qual enviamos os dados para um equipamento específico.

Nessa rede, utilizamos os endereços IP 10.0.0.1 para o servidor e 10.0.0.11, 10.0.0.12 e 10.0.0.13 para os demais computadores do exemplo.

A rede local interna possui IP 10.0.0.0 e o servidor de rede ficará com o primeiro endereço disponível para os computadores da rede, 10.0.0.1. A numeração 10.0.0 representa o endereço da rede e o número 1, um dos computadores dentro da rede.

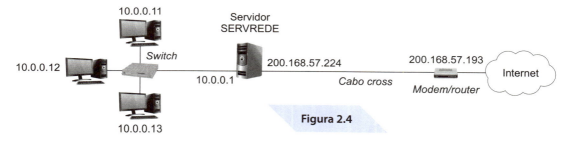

Figura 2.4

O programa de instalação do sistema operacional instala os aplicativos e as ferramentas, e solicita a escolha dos componentes a serem instalados.

2.1.2 Servidor de arquivos

O servidor de arquivos centraliza e gerencia o armazenamento e o compartilhamento de arquivos entre os usuários. Os usuários da rede acessam os arquivos diretamente no servidor de arquivos. Desta forma, tem-se um local único de armazenamento de dados da empresa, que é compartilhado pelos usuários, evitando, assim, duplicidades e permitindo maior segurança e controle no acesso aos dados da empresa.

2.1.3 Servidor de impressão

O servidor de impressão gerencia as impressoras da rede e o acesso a elas.

No servidor de impressão, definem-se os usuários da rede que terão acesso às impressoras, adicionam-se impressoras à rede e configura-se o compartilhamento.

2.1.4 Servidor de e-mail

Ao ativar a função de servidor de e-mail nesse servidor, os usuários da rede podem usar os serviços de recepção, recuperação e transferência de e-mails pelos protocolos POP3 e SMTP.

O servidor de e-mail é uma aplicação que gerencia o recebimento e o envio de e-mails dos usuários da rede. Essa aplicação permite que os usuários troquem informações entre si e com a internet. Existem vários aplicativos no mercado utilizados como servidores de e-mail. A aplicação de servidor de e-mail trabalha com dois protocolos, sendo o POP, que recebe e armazena os e-mails destinados aos usuários da rede, e o protocolo SMTP, que envia os e-mails dos usuários.

O servidor de e-mail precisa estar ligado e conectado o tempo todo, para receber os e-mails a serem retransmitidos aos usuários quando eles se conectarem ao servidor. Ou seja, o usuário tem no seu computador um programa como o Outlook Express que, ao ser ativado, acessa o servidor de e-mail da rede e busca os e-mails recebidos que estão armazenados. Em um acesso individual/residencial, o servidor de e-mail fica no provedor da internet. Ele deve permanecer ligado sempre, pois a qualquer momento pode chegar uma mensagem, que é armazenada para o usuário acessar posteriormente, quando estiver conectado.

A rede de uma empresa tem um servidor de e-mail interno e um servidor de e-mail no provedor para receber as mensagens da internet. Desta forma, os usuários da rede na empresa, ao trocarem mensagens entre si, não dependem do servidor de e-mail que está no provedor que cuida das mensagens recebidas e envidas para a internet.

Cada usuário possui uma caixa postal no servidor, na qual são armazenados os seus e-mails. A configuração e a disponibilização dessa caixa postal para cada usuário formam a conta de e-mail.

2.1.5 Servidor web

Um servidor web é um aplicativo (programa) que gerencia as suas páginas web (seu site) para que as pessoas possam acessá-las. Basicamente, a função desse servidor é conectar-se à internet e servir arquivos para os clientes que o acessam, disponibilizando um site para consulta.

Você pode instalar um servidor web na sua rede ou contratar um provedor para armazenar o seu site e ser o seu servidor web. Como ele deve permanecer ligado, pois é possível acessá-lo a qualquer momento, é preferível armazenar o site em um provedor que possui alta disponibilidade, sistemas de energia estabilizada e segurança física e lógica, para evitar ataques externos como vírus e acessos indevidos.

Pode-se também disponibilizar um servidor web interno na empresa, apenas para o acesso dos funcionários. Nesse caso, informações, formulários, diretrizes e trabalhos internos da empresa podem ser feitos por aplicações web, restritas aos funcionários da empresa, denominada intranet.

Existem vários aplicativos que são servidores web, como o Apache e o IIS (*Internet Information Services*), da Microsoft. Com eles, é possível hospedar e gerenciar páginas web tanto na internet quanto na intranet.

Em uma intranet, deve-se instalar o DNS em um dos computadores da rede para que ele traduza os nomes dos computadores nos respectivos endereços IP e vice-versa, ou utilizar os nomes de *hosts* para identificar os computadores na rede interna. Na internet, os sites usam obrigatoriamente o DNS para traduzir os endereços IP nos nomes dos sites e vice-versa.

2.1.6 Servidor DNS

O servidor DNS (*Domain Name System*) converte os nomes de domínio – exemplo, www.abcd.com.br – seus endereços IP correspondentes, pois o que efetivamente trafega na rede são endereços IP e não nomes.

Esse servidor é um sistema de nomes de domínio, usado em redes TCP/IP para localizar computadores e serviços por meio de nomes amigáveis para o usuário. Por exemplo, é mais fácil memorizar o nome do site da empresa, como www.nomedosite.com.br, do que o seu endereço IP. O DNS localiza o endereço IP com base em seu nome.

O computador cliente pergunta ao servidor DNS o endereço IP do computador que possui o site www.nome-dosite.com.br. Ele responde com o IP. No exemplo, o endereço IP do Web Server é o 10.0.0.1.

Os servidores DNS são compostos por um banco de dados DNS distribuído e consultado pelos computadores clientes da rede para obter os endereços IP. Esse servidor é conectado a outros servidores DNS na rede. Caso ele não tenha um nome em sua base de dados, consulta outros servidores DNS para obter a resposta.

2.1.7 Servidor DHCP

Os servidores DHCP (*Dynamic Host Configuration Protocol*) distribuem, automaticamente, endereços IP aos computadores da rede, portanto não é preciso configurar o endereço IP em cada computador.

Desta forma, é possível gerenciar centralizadamente os endereços IP, evitando conflitos de endereços e tendo maior controle sobre o endereçamento da rede.

O servidor DHCP é configurado com uma faixa de endereços que é distribuída aos computadores da rede, reduzindo o tempo usado na configuração e reconfiguração de computadores.

//// **AMPLIE SEUS CONHECIMENTOS**

Saiba mais sobre os principais tipos de servidores em: <https://www.qostecnologia.com.br/11-tipos-de-servidores-de-redes/>. Acesso em: 1 maio 2020.

2.2 Configuração de rede para servidor com duas placas de rede (conexão à rede e conexão à banda larga)

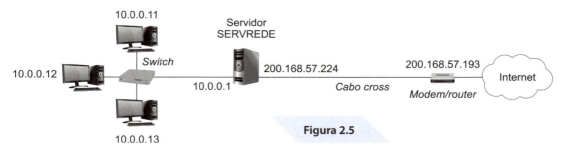

Figura 2.5

No exemplo, o servidor tem a função de um roteador, pois interliga duas redes, sendo a externa, internet, à rede local interna. Para isso é preciso ativar a função de roteamento no servidor.

Essa conexão à internet possui o endereço 200.168.57.224 para a placa de rede do servidor ligada ao *modem/router* da conexão banda larga. Já a placa de rede do *modem/router* da conexão banda larga possui o endereço 200.168.57.193. Ambos são fornecidos pelo provedor de acesso à internet de banda larga.

VAMOS RECAPITULAR?

Estudamos os conceitos de servidores e suas funções dentro de uma rede, executando serviços de administração da rede, endereçamentos dos computadores dentro da rede e a comunicação com redes externas por meio de canais de comunicação de dados.

Vimos que os computadores ligados a rede são chamados de clientes (*clients*) e acessam os servidores da rede para requisitar serviços como impressão ou acesso a arquivos que ficam armazenados e são controlados e administrados pelos servidores.

Aprendemos que um servidor com a função de controlar e-mails administra as contas de e-mail da empresa e, em conjunto com o servidor web, faz a comunicação com a internet.

Vimos, ainda, que um servidor DHCP tem a função de distribuir os endereços IP para cada computador dentro da rede, permitindo assim uma alocação dinâmica (automática) de endereços em cada computador, evitando termos que configurar manualmente os endereços em cada equipamento. É importante lembrar que um único servidor físico pode ter dentro dele todas estas diferentes funções, deste que tenha capacidade para tal.

AGORA É COM VOCÊ!

1. Explique a função do servidor de arquivos.
2. Descreva a função do servidor de impressão.
3. Qual é a função do servidor de e-mail?
4. Descreva a função do servidor web.
5. Explique o que faz um servidor DNS.
6. Explique a função de um servidor DHCP.

3

INFRAESTRUTURA DE REDES, PROTOCOLOS, EQUIPAMENTOS E INTERCONECTIVIDADE TCP/IP

PARA COMEÇAR

Vamos estudar os fundamentos do padrão TCP/IP, o qual é o modelo mais utilizado na integração de equipamentos, aplicações e redes.

Veremos como funcionam os equipamentos básicos de uma rede como *switches*, roteadores e *modems*.

Estudaremos, ainda, a forma de controle na transmissão de dados, que é feita pelos protocolos de comunicação de dados que controlam o envio e a recepção dos dados entre computadores, fazendo a correção de erros de transmissão que possam ocorrer.

Além dos equipamentos, são apresentados também os cabos e conectores utilizados na estrutura física das redes.

A arquitetura de redes corporativas, chamada de *backbone* de rede, também é assunto deste capítulo.

3.1 Conceitos e história do TCP/IP

As redes e os equipamentos são planejados e construídos baseados em padrões. O padrão de comunicação e endereçamento de redes é o TCP/IP, que permite a comunicação entre diferentes computadores, sistemas operacionais e aplicativos que possuam essa interface de comunicação.

A arquitetura TCP/IP é um conjunto de padrões e protocolos de comunicação de dados utilizado na interconexão e no endereçamento de computadores e redes.

A maioria dos sistemas operacionais e equipamentos de comunicação de dados fabricados hoje possui interfaces para comunicação com redes TCP/IP, ou seja, são capazes de se comunicar com outros equipamentos e redes que também utilizam o padrão TCP/IP.

A interligação de diversas redes é feita por meios de comunicação como as linhas privativas (LPs), redes públicas e roteadores, que interligam redes entre si e encaminham os dados de acordo com o endereço de destino na rede.

Cada computador deve ter um módulo de *software* TCP/IP, ou seja, um programa de comunicação TCP/IP em seu sistema operacional e aplicativos para se comunicar com outros dispositivos e redes TCP/IP.

O programa que controla a comunicação dos dados também é chamado de protocolo de comunicação de dados, neste caso, o TCP/IP.

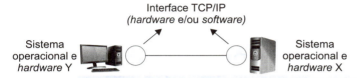

Figura 3.1 - Dois sistemas operacionais com plataformas de *hardware* distintas se comunicam entre si por meio de uma linguagem comum, o TCP/IP.

O nome TCP/IP se refere a dois protocolos:

- **TCP (*Transmission Control Protocol*):** protocolo responsável pelo controle e qualidade da comunicação entre a origem (transmissor) e o destino final (receptor).
- **IP (*Internet Protocol*):** protocolo responsável pelo endereçamento nas redes, de forma que os dados cheguem ao seu destino de acordo com o endereço de rede fornecido.

A arquitetura TCP/IP é composta por vários protocolos, além dos citados anteriormente, com funções diferentes.

A origem dessa arquitetura foi resultado do projeto de uma agência norte-americana de pesquisas avançadas, na década de 1960 (Arpa - Advanced Research Projects Agency), a qual tinha como objetivo criar uma arquitetura de comunicação de dados aberta, que permitisse a interligação de redes e computadores locais ou remotos, com *hardwares* diversos ou mesmo sistemas operacionais e aplicativos diferentes entre si. O TCP/IP tornou-se padrão de fato na comunicação em redes e sistemas de informação em redes tanto para conexão de computadores em redes locais como remotas e distantes entre si.

As redes locais são chamadas de LAN (*Local Area Networks*), as quais são geograficamente restritas a uma área, por exemplo, a rede de computadores de uma empresa.

Denominam-se WAN (*Wide Area Networks*) as redes geograficamente distantes e interligadas por meio de LPs ou redes públicas, por exemplo, a interligação de redes das filiais de uma empresa.

Como o TCP/IP se tornou padrão mundial, os equipamentos e sistemas operacionais que são lançados no mercado já nascem com interfaces para comunicação TCP/IP. Diz-se, nesse caso, que o TCP/IP é nativo nesses sistemas ou que esses equipamentos e sistemas suportam o TCP/IP por possuírem módulos de *software* que se comunicam com o mundo externo TCP/IP.

O tipo de arquitetura que permite a interoperabilidade, ou seja, a operabilidade entre sistemas diferentes foi chamado de sistema aberto.

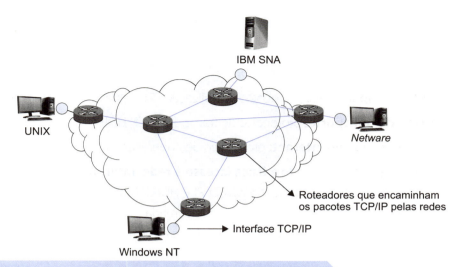

Figura 3.2 - Rede (representada pela nuvem) com diferentes sistemas operacionais e computadores que se comunicam entre si pela linguagem única, o TCP/IP.

Na comunicação TCP/IP, por uma única conexão física (meio de comunicação físico) temos diferentes serviços simultâneos que compartilham essa conexão. Cada serviço tem um canal lógico (virtual) específico denominado *port*.

Assim, um computador pode fazer simultaneamente diferentes comunicações, como receber e-mails (smtp), emular terminais (Telnet), acessar a internet (http) e transferir arquivos (ftp) por um único canal (acesso) físico.

Cada canal lógico possui um *port*, que é um número no TCP. Veja, a seguir, alguns números de *ports* mais utilizados na comunicação com o protocolo TCP:

- *port* **110 =** pop3 (para receber e-mails).
- *port* **25 =** smtp (para enviar e-mails).
- *port* **80 =** http (*hyper text transfer protocol*).
- *port* **23 =** Telnet (para acessar e simular terminais de outros computadores).
- *port* **20 e 21 =** FTP (para fazer a transferência de arquivos entre computadores).

Os endereços das aplicações utilizadas no computador com TCP/IP são feitos pelos *ports*. É possível ter várias aplicações simultâneas, cada uma com seu *port*, funcionando ao mesmo tempo.

3.2 Camadas da arquitetura TCP/IP

A arquitetura TCP/IP divide seus processos em um modelo de quatro camadas e as camadas de enlace e física se integram em uma única camada:

- aplicações;
- transporte de dados;
- rede ou internet;
- enlace de rede e física.

Em cada camada de um modelo de comunicação de dados atuam determinados protocolos que interagem com os protocolos das outras camadas da arquitetura TCP/IP.

A seguir, as camadas e os principais protocolos relacionados a elas:

- **Camada de aplicações:** protocolos de aplicação FTP, Telnet, DNS, SNMP, SMTP.
- **Camada de transporte:** protocolos de transporte: TCP, UDP.
- **Camada de rede ou internet:** protocolos de endereçamento de rede: IP, ARP, RARP, ICMP.
- **Camada de enlace de rede e física (acesso à rede, interface de rede ou *data link*)**: protocolos de acesso ou enlace físico: *Ethernet-CSMA/CD*, PPP, HDLC, *Token-Ring*, FDDI, que interagem com o *hardware* e o meio de transmissão, permitindo que as camadas anteriores independam do meio de transmissão utilizado. A parte física é composta pelo *hardware*, meios de transmissão e seus padrões.

Figura 3.3 - Comparação entre as camadas do modelo TCP/IP e as camadas do modelo OSI, além dos protocolos de cada camada.

A divisão do processo de comunicação de dados em camadas tem como objetivo modular o processo, ou seja, dividir o processo de comunicação em etapas menores e específicas para facilitar o controle e o desenvolvimento de produtos e sistemas de comunicação de dados.

Isso resulta na padronização de *hardwares* e *softwares*, na redução da complexidade do desenvolvimento de projetos de rede, na criação de produtos específicos para cada camada, na interoperabilidade de sistemas e plataformas diferentes e ainda facilita a compreensão e o estudo do processo de comunicação de dados.

Os dados são enviados de uma camada a outra por meio de um processo denominado encapsulamento e desencapsulamento.

3.2.1 Encapsulamento e desencapsulamento de dados entre camadas

Deve-se observar que os dados que vêm das camadas superiores no modelo TCP/IP (e também no modelo OSI, que veremos posteriormente) são encapsulados pelo protocolo da camada inferior que recebe os dados.

Os protocolos das camadas superiores enviam seus dados aos protocolos das camadas inferiores para que sejam transportados. Antes de enviar os dados à camada inferior, o protocolo insere campos de controle que são verificados pelo protocolo correspondente no computador de destino.

Todo protocolo, em cada camada, tem uma função específica. Por exemplo, um protocolo da camada 3 (endereçamento de rede) pode não verificar erros de sequência e numeração de pacotes na transmissão, o que deve então ser feito pelo protocolo da camada 4, responsável pela integridade do transporte.

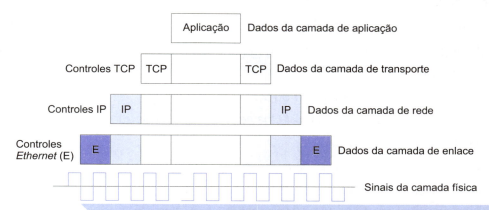

Figura 3.4 - Encapsulamento dos dados de uma camada a outra, em uma rede local *Ethernet*. Cada camada agrega dados de controle e encapsula os dados das camadas superiores.

O protocolo da camada de enlace do modelo TCP/IP não faz o endereçamento e encaminhamento pela rede. Ocupa-se apenas da transmissão no meio físico e entre dois pontos contíguos. O endereçamento, para encaminhamento dos dados através da rede, é feito pelo protocolo da camada 3 (rede).

Cada camada do modelo TCP/IP de um computador transmissor comunica-se logicamente (virtualmente) com a camada correspondente do computador receptor.

Observa-se que para uma camada de transporte se comunicar com a de outro computador, é necessário utilizar as camadas inferiores para chegar ao outro lado e vice-versa.

Os pacotes enviados por cada protocolo denominam-se unidades de protocolo ou PDUs. Informações de controle, ou campos de controle, são colocados nos pacotes. Os campos de controle são chamados de *headers*, se estiverem no início do pacote ou de *trailers*, se estiverem no final do pacote.

As informações de controle são lidas pelo protocolo da camada correspondente no computador destinatário, o qual lê as informações de controle, verifica, executa as ações necessárias, retira os campos de controle e, então, passa somente os dados para a camada superior, que repete o processo até que os dados cheguem à aplicação.

3.2.2 Descrição das camadas do modelo TCP/IP

Camada física (*Physical Layer*) e camada de enlace de rede (*Data Link Layer*, interface de rede ou acesso à rede)

É composta por *hardware*, conexões elétricas, sinais elétricos e demais características físicas dos equipamentos, além dos meios de transmissão de dados. Os equipamentos dessa camada, nas redes locais, são em especial os *hubs*, os cabos e os conectores que fazem a conexão física dos equipamentos ligados à rede. Também os *modems*, que transmitem os dados a longas distâncias, fazem parte da camada física.

Para redes locais, estudaremos o padrão *Ethernet*, o mais utilizado.

Os meios físicos de conexão para redes locais *Ethernet* que operam a 10 Mbps com a especificação IEEE 802.3 podem ser:

- **10Base2 (*thin Ethernet*):** cabo coaxial fino com alcance de 185 m, com conector BNC.
- **10Base5 (*thick coaxial*):** cabo coaxial grosso de 50 Ohms com conector AUI (DB15) e alcance de 500 m.
- **10BaseT (*twisted pair*):** cabo de pares trançados UTP (*Unshielded Twisted Pair*) sem blindagem, com 100 m de alcance e conector RJ-45 (ISO 8877).
- **10BaseF:** cabo de fibra óptica com conectores ST ou SC.

A especificação IEEE 802.3u descreve a tecnologia *Fast-Ethernet* para redes locais que operam a 100 Mbps, utilizando na camada física os meios:

- **100BaseTX:** cabo de pares trançados UTP, categoria 5 (100 Mbps), utiliza dois pares do cabo categoria 5, 100 m de alcance e conector RJ-45 (ISO 8877).
- **100BaseFX:** cabo de fibra óptica multímodo de 62.5/125 mícrons de diâmetro interno/externo, 400 m a 2.000 m de alcance e conector ST (MIC).
- **100BaseT4:** cabo de pares trançados UTP, utiliza os quatro pares do cabo categoria 5.

Nessa camada, no nível de enlace, ficam os protocolos de enlace de rede para acesso e comunicação pelo meio físico.

Nas redes locais, esses protocolos são o *Ethernet-CSMA/CD*, o *Token-Ring* e o FDDI. O protocolo *Ethernet* tem as suas especificações descritas no padrão IEEE 802.3.

Os endereços das placas de rede *Ethernet*, chamados de MAC (*Media Access Control*), são gravados nas placas de rede na sua fabricação. Quando ligadas ao barramento da rede (*hub* ou *switch*), as placas são identificadas pelo seu endereço MAC. Esses endereços físicos da placa de rede são utilizados pelo protocolo de enlace para endereçar os dados no meio físico nas redes locais. Esse endereço (*MAC-address*) é gravado na memória fixa da placa de rede na sua fabricação. Cada fabricante possui uma faixa de endereços exclusiva de forma a não haver repetição de endereços nas placas e equipamentos fabricados, pois ocasionaria conflitos de endereços.

O *MAC-address* é composto por seis *bytes*. Os três primeiros representam o código do fabricante e os três últimos o número de sequência. O endereço físico é representado no formato hexadecimal e cada quatro *bits* representam um caractere hexadecimal que varia de 0 a F. Assim, o endereço fica com 12 caracteres.

Enlace	*Ethernet*	WAN	
	IEEE 802.2	HDLC	*Frame-Relay*
Físico	IEEE 802.3	EIA/TIA-232 V.35	

Figura 3.5 - Camada de enlace e física com seus componentes para redes locais e redes WAN.

Na camada de enlace encontram-se as definições das formas de transporte dos dados no meio físico. Os protocolos de enlace em redes locais definem os endereços de destino no barramento, como o endereço MAC em redes *Ethernet* e o controle do fluxo de dados na comunicação.

A camada de enlace, nas redes *Ethernet*, possui duas subcamadas:

▸ **MAC (*Media Access Control*):** IEEE-802.3 (CSMA/CD). Define a transmissão de *frames* no meio físico, manipulando o endereço físico associado a cada dispositivo, controle de fluxo opcional e notificação de erro ou um barramento de LAN que opera a 10 Mbps.

▸ **LLC (*Logical Link Control*):** IEEE-802.2. Identifica diferentes tipos de protocolo da camada superior (camada de rede) e encapsula-os.

A seguir, é apresentado o formato do *frame* (pacote) *Ethernet*:

Quadro 3.1 - MAC-Layer - 802.3

Preâmbulo (8)	Endereço de destino (6)	Endereço de origem (6)	Tamanho (2)	Dados (variável)	FCS (4)

Descrição dos campos do *frame Ethernet*

▸ **Preâmbulo:** um conjunto de uns e zeros que indica ao receptor que o *frame* está começando.

  ▪ Os **endereços** são os *MAC-address*, gravados na placa de rede, em uma ROM *BIA* (*Burned-in-Address*), com seis *bytes*. O endereço MAC contém a identificação do fabricante OUI (*Organizationally Unique Indentifier*) nos primeiros seis dígitos hexa (três *bytes*). Os últimos seis dígitos hexa (três *bytes*) são numerados pelos fabricantes.

▸ **Tamanho (*length*):** campo de dois *bytes* que indica o número de *bytes* do campo de dados.

▸ **Dados:** é o campo de dados em que estão as informações de controle da subcamada LLC, com os dados vindos da camada superior (no caso, de rede).

▸ **FCS (*Frame-Check-Sequence*):** contém um valor de CRC (*Cyclic-Redundancy-Check*), utilizado para verificar se os dados chegaram sem erros de transmissão. É importante observar que a detecção de erros não implica necessariamente correção ou pedido de retransmissão para recuperá-los. *Frames* ou pacotes com erros podem ser descartados sem pedir a retransmissão, dependendo do protocolo e da configuração utilizada.

Os equipamentos que se situam na camada de enlace são *bridges* e *switches*, nos quais vários barramentos, também chamados de segmentos de rede, são ligados para se comunicarem entre si.

A função básica de um *switch* é interligar vários segmentos de redes locais, permitindo a comunicação entre eles. O *switch* autoriza a passagem dos dados (*frames Ethernet*) de um segmento para outro, somente se o endereço de destino for para esse outro segmento. Dados (*frames Ethernet*) endereçados a um dispositivo no mesmo segmento de rede não passam para os outros segmentos.

Para que diferentes segmentos, com variados protocolos, comuniquem-se entre si, é preciso um roteador.

Todos os segmentos conectados a uma mesma *bridge* ou *switch* são parte de um mesmo domínio de *broadcast*, ou seja, mensagens de *broadcasting* são enviadas a todos os segmentos ligados a uma mesma *bridge* ou *switch*.

INFRAESTRUTURA DE REDES, PROTOCOLOS, EQUIPAMENTOS E INTERCONECTIVIDADE TCP/IP

Resumos das especificações de redes *Ethernet*:

- **Especificação do *frame Ethernet-MAC* transmitido pela placa de rede ao barramento físico:** IEEE-802.3.

- **Especificação da subinterface LLC que é encapsulada no campo de dados do *frame Ethernet--MAC*:** IEEE-802.2.

- **Especificações para redes *Fast-Ethernet*:** IEEE-802.3u.

- **Especificações para redes *Gibabit-Ethernet*:** IEEE-802.3z.

- **Especificações para redes *Wireless-LAN*:** IEEE-802.11.

Em redes WAN, na camada de enlace, os protocolos e as tecnologias mais utilizados para transportar os dados no meio físico entre os equipamentos são HDLC, PPP, *frame-relay* e ISDN-BRI (básico a 144 kbps).

O protocolo de enlace HDLC é utilizado em redes WAN na comunicação ponto a ponto, bem como o protocolo PPP. Como a comunicação é direta entre dois pontos, os campos de endereços no *frame* ficam sem função.

3.2.2.1 Camada de rede (*Network Layer*)

Nessa camada são especificados e tratados os endereços lógicos de origem e de destino na rede, os caminhos a serem percorridos pelos dados para que atinjam o seu destino e a interconexão de múltiplos *links* (enlaces ou canais de comunicação).

A camada de rede define o transporte de dados entre dispositivos que não estão localmente conectados. Para tal, utiliza os endereços lógicos da origem e do destino, como os endereços IP, e escolhe os caminhos, através da rede, a serem utilizados para atingir o destino.

Interliga dispositivos que não estão no mesmo domínio de colisão. O endereço de rede (IP, por exemplo) é chamado de endereço virtual ou lógico (*virtual address* ou *logical address*).

A escolha do melhor caminho é feita pelo protocolo de roteamento, que fica armazenado no roteador. Alguns protocolos de roteamento, como o RIP (*Routing Information Protocol*), escolhem a melhor rota pelo menor número de trechos ou saltos (*hops*) pelos quais devem passar para chegar ao destino. Outros protocolos de roteamento, como o OSPF (*Open Shortest Path First*), escolhem a rota mais viável pela melhor velocidade ou desempenho dos trechos dela.

Rede (*Internetwork*)	IP		
Enlace	*Ethernet*	WAN	
	IEEE 802.2	HDLC	*Frame-Relay*
Físico	IEEE 802.3	EIA/TIA-232 V.35	

Figura 3.6 - Camada de rede e enlace com seus componentes para redes locais e redes WAN.

Existem dois tipos de pacote que trafegam na camada de rede:

- pacotes que levam os dados efetivamente (*data packets*);
- pacotes que levam informações de detecção e atualização de rotas, as quais são enviadas e recebidas pelos roteadores (*router up-date packets*).

Os endereços de rede, como o endereço IP, também chamados de endereços virtuais ou lógicos, são hierárquicos, pois definem a rede e o dispositivo dentro da rede. Ou seja, funcionam como o endereço de uma carta que possui, hierarquicamente, o nome do país, estado, cidade, rua e número.

Chama-se lógico o endereço tratado em nível de *software*, como o IP.

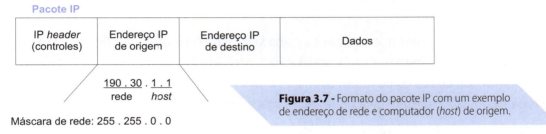

Figura 3.7 - Formato do pacote IP com um exemplo de endereço de rede e computador (*host*) de origem.

O encaminhamento dos dados até o destino é feito por roteadores, utilizando tabelas de roteamento, de acordo com o endereço IP. Essas tabelas de rotas possuem informações como:

- **Endereços de redes.**
- **INT:** interfaces que indicam o caminho à rede de destino.
- **Métricas:** fornecem a distância até a rede de destino. A distância pode ser medida, dependendo do protocolo, por número de dispositivos que o pacote cruzar (*hop count*), pelo tempo gasto da origem ao destino (*delay*) ou por um valor associado à velocidade do *link*.

O roteador possui uma tabela para cada protocolo que trata.

A seguir, um exemplo de tabela de roteamento que indica os caminhos a serem utilizados para atingir determinada rede. A Tabela 3.1 possui o endereço da rede, a interface do roteador e a métrica (custo ou distância) para atingir essa rede. A métrica mais utilizada relaciona-se ao número de redes que precisa ser atravessado para chegar ao destino, chamado de salto (*hop*).

Com base no exemplo seguinte, imagine o roteador A:

- Para atingir a rede 1, é preciso usar a interface E0 e nenhum salto.
- Para atingir a rede 5, é preciso usar a interface S0 e nenhum salto.
- Para atingir a rede 3, é preciso usar a interface S1 e um salto adicional.
- Para atingir a rede 4, é preciso usar a interface S1 e dois saltos adicionais.

Tabela 3.1 - Tabela de roteamento do roteador A

Rede	Interface	Métrica
1	E0	0
5	S0	0
3	S1	1
4	S1	2

INFRAESTRUTURA DE REDES, PROTOCOLOS, EQUIPAMENTOS E INTERCONECTIVIDADE TCP/IP

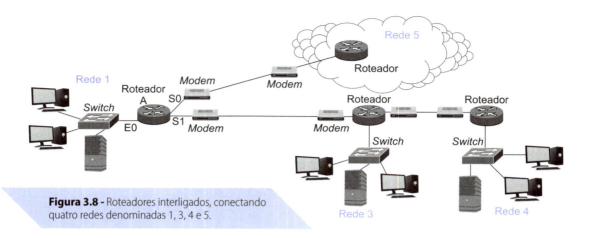

Figura 3.8 - Roteadores interligados, conectando quatro redes denominadas 1, 3, 4 e 5.

Roteadores são equipamentos que operam na camada de rede do modelo TCP/IP, que também corresponde à camada de rede do modelo OSI. O roteador não reencaminha *frames*, mensagens de *broadcasting* ou *multicast* do nível de enlace como fazem as *bridges* e *switches*, ou seja, os roteadores não permitem que mensagens de *broadcasting* passem para outras redes ligadas a eles.

Os roteadores encaminham os pacotes baseados nas informações do *header* (campos de controle) do pacote IP. Roteadores também possuem funções de *bridging*, como as *bridges* e *switches*, além das funções de roteamento, dependendo de sua configuração.

Os protocolos da camada 3 fazem basicamente o roteamento e o endereçamento dos pacotes através de uma rede.

3.2.2.2 Camada de transporte

A camada de transporte tem como função estabelecer uma conexão fim a fim, também chamada de conexão confiável, entre a origem e o destino dos dados, garantindo a integridade dos dados.

Ela verifica se não ocorrem perdas de pacotes e se eles chegam na ordem correta, solicitando a retransmissão de pacotes faltantes ou com erro e efetuando um controle de fluxo do envio dos dados entre a aplicação e a transmissão dos dados pela rede.

É denominado controle de fluxo o trabalho que regula a quantidade de dados enviados pela aplicação e a capacidade de transmissão do meio de comunicação e da rede.

Essas atividades são efetuadas pelo protocolo de comunicação que atua na camada de transporte. Na arquitetura TCP/IP, o protocolo responsável por essas atividades é o TCP.

Os protocolos de transporte possuem um identificador da aplicação para a qual transportam os dados, chamado de *port number*.

Os protocolos de transporte retransmitem seus segmentos caso o receptor não confirme a recepção. Colocam os segmentos em ordem no receptor e também controlam o fluxo, evitando congestionamentos.

A camada de transporte define como estabelecer uma sessão (conexão lógica) entre as aplicações de duas estações.

Transporte	TCP	UDP	
Rede (Internetwork)	IP		
Enlace	Ethernet	WAN	
	IEEE 802.2	HDLC	Frame-Relay
Físico	IEEE 802.3	EIA/TIA-232 V.35	

Figura 3.9 - Camada de transporte, rede e enlace com seus componentes para redes locais e redes WAN.

Diferentes tipos de dados, de diversas aplicações, são enviados pela camada de transporte. Podem ser dados de aplicações, de gerenciamento, de controle do protocolo, entre outros.

A diferenciação entre esses dados é feita por identificadores chamados *ports*, como já estudado. A aplicação Telnet, por exemplo, utiliza o *port* 23, a FTP utiliza o *port* 20 e a HTML, o *port* 80.

O TCP é um protocolo fim a fim (*end-to-end*) que permite uma conexão confiável às aplicações, verificando a existência de perdas de pacotes ao longo da transmissão ou se eles chegaram com erros. Neste último caso, o protocolo TCP do receptor avisa o protocolo TCP do transmissor sobre os erros no pacote recebido e solicita a sua retransmissão.

O TCP também coloca os segmentos (pacotes) em ordem correta ao recebê-los e evita o congestionamento na transmissão, fazendo um controle de fluxo, armazenando em memória (*buffers*) os pacotes que chegam ou enviando um indicador de *not ready* ao transmissor, que para a transmissão até que o receptor tenha condições de receber e processar mais pacotes.

Protocolos orientados à conexão, como o TCP, estabelecem, no início da comunicação, uma conexão denominada *handshake*, em que a origem e o destino trocam informações de controle antes de migrar a transmissão dos dados.

O protocolo da camada de transporte faz a segmentação dos dados recebidos da camada de aplicação. A segmentação refere-se à divisão dos dados em pedaços ou blocos de *bytes* chamados PDUs (*Protocol Data Units*) que serão transmitidos para as camadas inferiores e pela rede.

Podemos adotar a nomenclatura:

- **Dados (*data*):** informações da camada de aplicações.
- **Segmento (*segment*):** unidade de dados (PDU) que trafega na camada 4.
- **Pacote (*packet*):** unidade de dados (PDU) que trafega na camada 3.
- **Quadro (*frame*):** unidade de dados (PDU) que trafega na camada 2.
- **Bit:** unidade de dados que trafega na camada 1.

INFRAESTRUTURA DE REDES, PROTOCOLOS, EQUIPAMENTOS E INTERCONECTIVIDADE TCP/IP

A transmissão na camada de transporte com detecção, tratamento e correção de erros, como descrito anteriormente, denomina-se orientada à conexão, conexão fim a fim ou conexão confiável, garantindo a confiabilidade no transporte dos dados.

Em uma conexão TCP, determinam-se uma sessão (conexão lógica), um sincronismo e um caminho entre o transmissor e o receptor. As aplicações informam aos seus sistemas operacionais o início de uma conexão e eles trocam informações através da rede para verificar e começar a transmissão. Trata-se de um protocolo orientado à conexão que, antes de iniciar a troca de dados entre a origem e o destino, faz o processo de *handshake* ou sincronismo entre a origem e o destino. O TCP reagrupa as mensagens (segmentos) recebidas fora de ordem e reenvia os segmentos cujo recebimento não foi confirmado.

Uma conexão não confiável ou sem conexão fim a fim, utilizada, por exemplo, pelo protocolo UDP (*User Datagram Protocol*) na camada de transporte, usa qualquer caminho disponível na rede ao longo da transmissão. Desta forma, pacotes podem ser recebidos fora de ordem pelo receptor.

O UDP não reagrupa as mensagens de entrada, não usa confirmações e não fornece controle de fluxo. Um protocolo não orientado à conexão, como o UDP, envia os dados diretamente sem saber se o destinatário está presente ou não, ou seja, sem fazer o *handshake* de conexão.

Esse tipo de protocolo sem conexão fim a fim possui menos controles, portanto é mais rápido, indicado para aplicações de voz e imagem em tempo real, em que dados perdidos ou com erros não precisam ser tratados nem retransmitidos.

3.2.2.3 Camada de aplicações

Nessa camada, encontram-se os protocolos responsáveis pela comunicação entre as diferentes aplicações, como envio e recebimento de e-mails (correio eletrônico), transferência de arquivos, emulação de terminais, gerenciamento e aplicações específicas desenvolvidas para operar na arquitetura TCP/IP.

No modelo TCP/IP, a camada de aplicações é a do topo, ficando acima da camada de transporte. No modelo OSI, ela corresponde a três camadas que se situam no topo do modelo OSI (sessão, apresentação e aplicação).

3.3 Modelo OSI

A ISO (International Standards Organization) definiu um modelo de referência para a interconexão de sistemas de comunicação em redes de computadores chamado de OSI (*Open Systems Interconnection*).

O modelo OSI de sete camadas teve como objetivo especificar uma arquitetura de conectividade entre sistemas, dividindo as funcionalidades de um sistema de comunicação de dados em sete partes.

Nesse modelo, cada camada possui um conjunto de padrões, especificações e protocolos que atuam no processo de comunicação de dados.

Se diferentes sistemas e plataformas tecnológicas existentes no mercado seguem esse modelo e seus padrões de comunicação, eles conseguem se comunicar entre si, portanto, possuem interoperabilidade.

Foi visto que o modelo de comunicação utilizado na internet é o da arquitetura TCP/IP de quatro camadas, o qual sugere uma implementação simplificada do modelo OSI. Como o modelo TCP/IP é semelhante, mas não igual ao OSI; diz-se que ambos não são aderentes.

No modelo TCP/IP, a camada de enlace de rede abrange as camadas físicas e de enlace do modelo OSI, como na Figura 3.10. As demais camadas também são semelhantes. Para facilitar a comparação entre os modelos, subdividiu-se a camada de enlace (*data link*) do modelo TCP em duas partes (camada física e de enlace).

Utilizamos como padrão de referência neste estudo o modelo OSI.

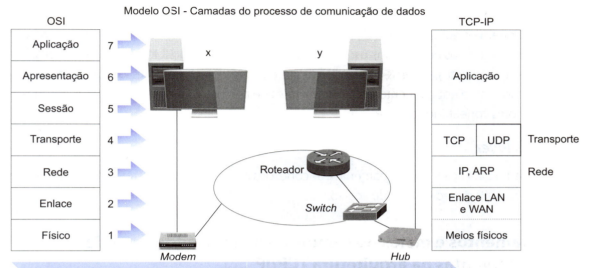

Figura 3.10 - Exemplo de comunicação entre duas máquinas por meio das camadas OSI.

As quatro camadas inferiores (*lower layers*) do modelo OSI definem as conexões para troca de dados. As três camadas superiores (*application layers*) definem a comunicação entre as aplicações e com os usuários.

AMPLIE SEUS CONHECIMENTOS

Para obter mais informações sobre a arquitetura TCP/IP, consulte os links: <https://www.gta.ufrj.br/grad/03_1/ip-security/paginas/introducao.html>, <https://pt.wikipedia.org/wiki/TCP/IP> e <https://www.uniaogeek.com.br/arquitetura-de-redes-tcpip/>. Acesso em: 1 maio 2020.

3.4 Topologia Cisco

Esta é uma representação da arquitetura de interligação de equipamentos utilizada pela Cisco.

Como uma rede é composta por diferentes tipos de equipamento, eles foram divididos em grupos de funções:

- rede central (*core layer*);
- rede de distribuição (*distribution layer*);
- rede de acesso (*access layer*).

3.4.1 Core layer

Em que ficam os equipamentos e meios de transmissão de altíssima velocidade. O *core layer* é a parte da rede também chamada de *backbone* principal e central, composta por equipamentos *switches* com alta capacidade de comutação e transmissão de dados e meios de alta velocidade como fibras ópticas.

3.4.2 Distribution layer

Nela se encontram os equipamentos dos sites ou POPs (*Points of Presence*), ou seja, os pontos de concentração aos quais chegam os acessos dos usuários e são feitos autenticação, bloqueios, permissões, listas de acessos, filtragem de pacotes, *firewalls*, roteamento, controles e segurança de acesso (autenticação de usuários). Nessa camada estão equipamentos como roteadores de médio porte, que concentram as conexões de roteadores menores conectados ao POP.

3.4.3 Access layer

Parte da rede na qual ficam os equipamentos, as conexões e o acesso dos usuários à rede. São os roteadores de acesso aos POPs da rede e *links* de acesso.

3.5 Equipamentos e meios de comunicação utilizados em redes locais e remotas na arquitetura TCP/IP

Em uma arquitetura TCP/IP, as interconexões entre equipamentos e redes são basicamente efetuadas por *hubs* e *switches* na parte local e por roteadores nas conexões remotas.

Chama-se de rede local ou LAN (*Local Area Network*) uma rede dentro de uma área pequena, em uma empresa, por exemplo, composta de computadores e equipamentos interligados por meio de um barramento de comunicação comum que pode ser um *hub* ou um *switch*.

3.5.1 Hub

Utilizado basicamente para interligar os computadores (*hosts*) em uma rede local, por meio de cabos de pares trançados também chamados de cabos UTP, que conectam as placas de rede dos computadores às portas do *hub*.

Funciona como um barramento, compartilhado por todos os computadores ligados a ele, em que os dados enviados por um computador são recebidos por todos simultaneamente por meio do barramento.

O controle da transmissão no meio físico (barramento ou *hub*) é feito pelo protocolo de enlace *Ethernet-CSMA/CD*, situado nas placas de rede dos computadores, e que controla a transmissão dos dados entre elas.

No início do surgimento das redes locais, o barramento era, no aspecto físico, realmente um barramento, composto por um cabo coaxial ao longo do qual os computadores eram ligados. Posteriormente, essa arquitetura física em forma de barramento foi substituída pela arquitetura física em forma de estrela dos equipamentos diretamente conectados ao *hub*.

Apesar de os cabos UTP serem ligados fisicamente aos *hubs* no formato estrela (ligações a um ponto central), o *hub* continua trabalhando como um barramento lógico. Os dados enviados por um computador são repetidos a todas as outras portas do *hub*, de modo que um dado transmitido por um computador (*host*) é recebido por todos, como ocorria com o cabo coaxial. Em ambos os casos (coaxial e *hub*), o protocolo de comunicação da camada física e de enlace é o *Ethernet-CSMA/CD*.

O protocolo da camada de enlace (enlace de rede ou *data link*) é responsável pelo controle da transmissão dos dados no meio físico. Nesse caso, o protocolo que controla a transmissão dos dados no meio físico (cabos e *hubs*) das redes locais *Ethernet* funciona da seguinte forma:

- ▶ O protocolo CSMA/CD fica armazenado na placa de rede.
- ▶ Quando o equipamento deseja transmitir, envia os dados para a placa de rede, a qual verifica se o meio está sendo utilizado ou não (um sensor na placa "ouve" se o sinal trafega no barramento/cabo ou não).
- ▶ Se o meio de transmissão (*hub*/cabo) não estiver em uso, envia os dados.
- ▶ Se o meio estiver em uso, espera que seja liberado e então envia os dados.
- ▶ Se dois dispositivos transmitem ao mesmo tempo, há colisão dos dois *frames*. Nesse caso, as placas de rede detectam a colisão dos sinais, esperam um tempo aleatório e tentam enviar o *frame* novamente.

Vê-se que o protocolo de enlace CSMA/CD (*Carrier Sense Multiple Access with Collision Detection*) pode se tornar ineficiente em barramentos com alto tráfego e muitos dispositivos em razão da maior possibilidade de colisões no *hub*.

Observa-se também que o protocolo CSMA/CD em uma rede *Ethernet* faz o encaminhamento dos dados utilizando o endereço físico das placas de rede (endereço MAC). O endereço MAC é gravado em uma memória da placa de rede durante a sua fabricação e também é chamado de BIA (*Burned-In-Address*). O endereço é composto por seis *bytes* e cada placa ou interface de rede possui um endereço diferente, para não haver conflitos de endereçamento.

Os primeiros três *bytes* do endereço representam o código do fabricante, e os três últimos *bytes*, a numeração desse fabricante. Para endereçar dados em mais de uma placa, utilizam-se os endereços MAC de *multicast* ou de *broadcast*.

O endereço de *broadcast* é utilizado quando todos os *bits* do endereço são 1: FFFF.FFFF.FFFF, e isso indica que todos os dispositivos, ao receberem o *frame* com esse endereço de destino, devem processá-lo.

O endereço de *multicast* endereça um subgrupo de dispositivos em uma LAN. As estações (computadores ou dispositivos) da rede local configuradas para fazer parte desse grupo devem receber e processar *frames multicast* endereçados a elas.

O *hub* comporta-se como um barramento ou um segmento, que é definido como um domínio de colisão (*collision domain*), e também domínio de *broadcast* (*broadcast domain*), pois *frames* de *broadcast* são transmitidos a todos os dispositivos ligados a ele. O *hub* não processa os dados, apenas estende o meio físico repetindo o sinal para todas as suas portas, por isso é um dispositivo de camada física.

Quanto mais estações existirem em um segmento, maior será a chance de colisões. Para solucionar esse problema, segmentam-se as redes locais em domínio de colisões menores, utilizando *switches*.

É possível ver na Figura 3.11 um exemplo de interligação de computadores em rede local, em que se utiliza um cabo coaxial. Vemos também um exemplo de interligação de computadores em rede local utilizando um *hub* com um cabo de par trançado UTP para cada computador.

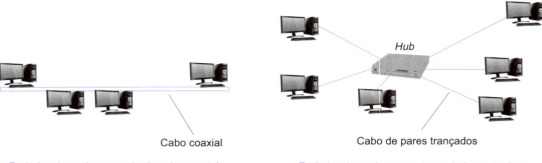

Figura 3.11 - Computadores em uma rede local interligados por cabo coaxial e por *hub* com cabos de pares trançados (UPT).

No servidor de rede fica o sistema operacional de rede, que é um conjunto de *softwares* responsável pelo compartilhamento dos recursos da rede entre as estações. As estações possuem parte desse sistema operacional em sua memória e comunicam-se com o servidor para compartilhar arquivos, obter endereços das estações da rede, compartilhar comunicações externas, fazer a identificação e a segurança no acesso aos dados e demais funções para o trabalho em conjunto das estações. Os sistemas operacionais de rede mais conhecidos são o Windows Server e Linux.

Denomina-se barramento o meio físico de comunicação entre computadores em uma rede local. O barramento, também chamado de segmento de rede, é composto pelos cabos e *hubs ou switches* em uma rede local.

Switches isolam os domínios de colisão, ou seja, não permitem que colisões ocorridas em um barramento (segmento de rede) passem para os demais segmentos de redes conectados ao *switch*. Esta é a vantagem de utilizar *switch* no lugar de *hub*.

3.5.2 Conectores

Atualmente, o cabeamento mais utilizado na conexão de computadores em redes locais é feito com cabos UTP (cabo de pares trançados), que utilizam o conector RJ-45 para conexão do cabo à placa de rede ou à porta do *hub*.

No conector RJ-45, para ligar equipamentos ao *hub*, utilizam-se quatro fios do cabo UTP 10BaseT ligados nos pinos 1, 2, 3 e 6 do conector, pino a pino entre os dois conectores, ou seja, o fio do pino 1 do conector de um lado deve se ligar ao pino 1 do conector do outro lado; idem para os demais pinos 2, 3 e 6.

Essa conexão, em que os pinos de um lado estão ligados aos mesmos pinos do outro lado, na mesma ordem, chama-se conexão pino a pino ou *straight-through*, e é usada para conectar computadores e roteadores a dispositivos, como *swicthes* e *hubs*, com portas assinaladas com a letra "X" no equipamento.

O cabo de par trançado também se denomina 10BaseT, em que 10 indica a velocidade de 10 Mbps e T indica fios trançados. Esse cabo tem um alcance máximo recomendável de 100 m para ligar uma estação (computador) ao *hub*.

Nas redes *Fast-Ethernet*, em que os dados são transmitidos no barramento a 100 Mbps, o cabo UTP é chamado de 100BaseT. É um cabo de categoria 5, sendo 100 a velocidade de transporte dos dados (100 Mbps), Base a denominação de banda-base ou digital e T a referência do cabo de par trançado (*twisted pair*).

Um padrão de velocidade maior para redes locais é o *Gigabit Ethernet*, que transmite dados no barramento da rede a 1000 Mbps (1 Gbps), utilizando cabo UTP ou fibra óptica.

Para conectar equipamentos iguais entre si (por exemplo, uma placa de rede a outra placa de rede, um *hub* a outro *hub*, *switch* com *switch*, roteador com roteador), usamos o cabo de par trançado *crossover*, em que os pinos da transmissão e da recepção são invertidos nas pontas, pois a transmissão de um é a recepção do outro. O pino 1 de um lado é conectado ao pino 3 do outro lado. O pino 2 de um lado é conectado ao pino 6 do outro lado.

O cabo *crossover* conecta duas portas do *hub* assinaladas com "X" ou duas portas sem nenhuma designação.

Nesse caso, a sequência de ligação é:

- pino 1 – pino 3;
- pino 2 – pino 6;
- pino 3 – pino 1;
- pino 6 – pino 2.

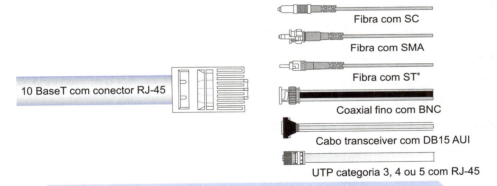

Figura 3.12 - Em conector RJ-45, tabela de pinagem e outros conectores e cabos utilizados em redes LAN, os pinos do conector são numerados de 1 a 8.

Neste exemplo, vê-se o conector RJ-45 utilizado para ligar o cabo UTP (10BaseT) nas placas de rede ou portas de rede *Ethernet* de *switches*, *hubs* e roteadores. O cabo UTP possui oito fios, porém, em uma rede local 10BaseT, só são utilizados quatro fios, sendo:

- **pino 1:** transmissão de dados;
- **pino 2:** transmissão de dados;
- **pino 3:** recepção de dados;
- **pino 4:** não usado;
- **pino 5:** não usado;

INFRAESTRUTURA DE REDES, PROTOCOLOS, EQUIPAMENTOS E INTERCONECTIVIDADE TCP/IP

- **pino 6:** recepção de dados;
- **pino 7:** não usado;
- **pino 8:** não usado.

Observa-se que na conexão entre a placa de rede NIC (*Network Interface Card*) de um computador e o *switch* utilizam-se dois pares do cabo UTP, sendo um para transmissão e outro para recepção. A seguir, os passos do envio de dados em uma rede local:

- a placa de rede (NIC) envia um *frame* para o *switch* pelo par de transmissão;
- o *switch* recebe o *frame* e o envia ao par de recepção de todas as outras placas de rede ligadas a ele.

A forma de operação em que ocorrem a transmissão e a recepção simultaneamente se chama *full-duplex*, e só ocorre no meio em que não há colisão. Essa operação pode ser implementada em *switches*.

Os cabos utilizados para a conexão de dispositivos em redes locais podem ser de pares trançados, coaxiais ou fibras ópticas, operando em velocidades de 10 Mbps, 100 Mbps ou 1000 Mbps (1 Gbps). A seguir, a especificação dos cabos mais utilizados para redes *Ethernet* IEEE-802.3:

- **10BaseT:** cabo UTP, categorias 3, 4 ou 5, com alcance de 100 m, norma 802.3.
- **10Base2:** cabo coaxial de 50 Ohms, com alcance de 185 m, norma 802.3.
- **10Base5:** cabo coaxial de 50 Ohms, com alcance de 500 m, norma 802.3.
- **10BaseFL:** cabo de fibra óptica com alcance de 2.000 m, norma 802.3.
- **100BaseTx:** cabo de par trançado UTP, categoria 5, com alcance de 100 m, norma 802.3u.
- **100BaseT:** cabo de par trançado UTP, categoria 3, com alcance de 100 m, norma 802.3u.
- **100BaseFx:** cabo de fibra óptica multímodo, com alcance de 2.000 m ou monomodo, com alcance de 10.000m, norma 802.3u.
- **1000BaseSx:** cabo de fibra óptica multímodo, com alcance de 550 m, norma 802.3z.
- **1000BaseLx:** cabo de fibra óptica multímodo, com alcance de 3.000 m, norma 802.3z.
- **1000BaseCx:** cabo de cobre blindado, com alcance de 25 m, norma 802.3z.
- **1000BaseT:** cabo de par trançado UTP, categoria 5, com alcance de 100 m, norma 802.3ab.

O cabeamento para redes locais *Ethernet* é definido nas especificações EIA/TIA-568 (SP-2840) da Electronic Industries Association/Telecommunication Industry Association, que define também o conector RJ-45, utilizado nos cabos de pares trançados (UTP). Os fios de um cabo UTP são trançados dentro do cabo para que o campo magnético interfira menos entre os fios (*crosstalk*).

Os padrões de conexão dos fios ao conector RJ-45 podem ser 568A e 568B, variando a ordem das cores dos fios no conector, que é ligado à tomada fêmea.

Existem outros tipos de conectores utilizados nas conexões dos roteadores aos *modems* dos circuitos (LPs ou linhas privativas) que fazem as conexões externas por meio de *modems* a outros roteadores distantes. Os cabos ou cabeamento utilizados em redes WAN são diferentes dos das redes LANs. São conectores como o EIA/TIA-232 (RS-232), utilizados em *modems* de circuitos de comunicação de dados em baixa velocidade (até 19,2 Kbps) e conectores como o V.35, utilizados em *modems* de circuitos de alta velocidade (acima de 64 Kbps).

O uso de um conector ou outro, nas conexões WAN, depende do serviço ou do equipamento de acesso utilizado pelo provedor, como, por exemplo, o tipo de *modem* utilizado. Lembre-se de que o roteador é conectado ao *modem* por meio desses conectores e cabos, para acessar e se comunicar com outros roteadores distantes em uma rede WAN.

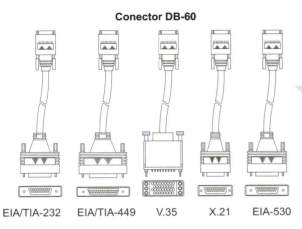

Figura 3.13 - Cabos utilizados em conexões de equipamentos, como de roteadores a *modems*, para comunicação a longas distâncias em redes WAN.

Em redes WAN, as conexões são seriais (os *bits* são transmitidos em uma linha única) e utilizam protocolo de comunicação de enlace como PPP (*Point-to-Point Protocol*), HDLC (*High-Level Data Link Control*) ou *frame-relay*, em velocidades que variam de 56 Kbps a 2.048 Kbps.

O tamanho da faixa de frequência utilizada na transmissão em *hertz* ou a velocidade em *bits* por segundo chama-se largura de banda (*bandwidth*).

A Figura 3.14 exibe uma rede local em que os computadores estão interligados por meio de um *switch*.

Essa rede também tem um acesso a uma ou mais redes externas por meio de um roteador ligado ao *switch* por cabo de pares trançacos UTP e placa de rede.

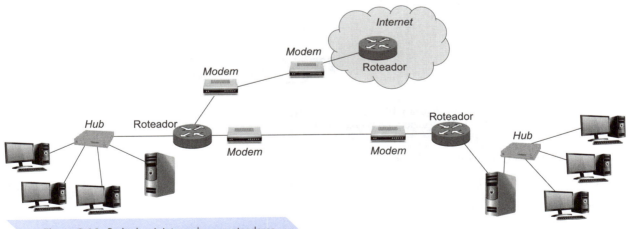

Figura 3.14 - Redes locais integradas por roteadores.

A conexão do roteador aos *modems*, para comunicações distantes, é feita por cabos com conectores RS-232 ou V.35. Se um roteador (DTE) está ligado a um *modem* (DCE) ou CSU/DSU da concessionária, o cabo é chamado de DTE. Se existe outro equipamento DTE ligado ao roteador, o cabo utilizado denomina-se DCE.

Os *modems* são ligados a meios de comunicação como LPs, utilizando a rede pública de cabos metálicos, fibras ópticas, *links* de rádio (micro-ondas, laser ou infravermelho) ou satélite.

A seguir, vê-se o formato dos conectores utilizados nas interfaces RS-232 e V.35 para conexão de equipamentos, como roteadores a *modems*, que fazem a transmissão de dados em redes WAN.

A interface RS-232 (V.24) é normalmente usada na transmissão de dados em velocidades até 19,2 Kbps, utilizando o conector de 25 pinos chamado DB-25.

A interface V.35 é usada na transmissão de dados em velocidades de 64 Kbps ou mais, utilizando o conector de 34 pinos denominado M.34.

Para conexão no *modem*, o conector do cabo é macho, e para conexão na saída serial do PC ou outro equipamento transmissor de dados, o conector é fêmea.

A pinagem utilizada (conexão dos pinos do conector de uma ponta do cabo aos pinos do conector da outra ponta) é pino a pino, utilizando os seguintes:

- pino 2 (TX - Transmissão);
- pino 3 (RX - Recepção);
- pino 4 (RTS - *Request to Send* - pedido para enviar);
- pino 5 (CTS - *Clear to Send* - pronto para enviar);
- pino 6 (DSR - *Data Set Ready* - *modem* pronto);
- pino 7 (GND - *Ground* - terra);
- pino 8 (DCD - *Data Carrier Detected* - portadora detectada);
- pino 20 (DTR - *Data Terminal Ready* - terminal pronto);
- pino 22 (RI - *Ring* - indicador de chamada).

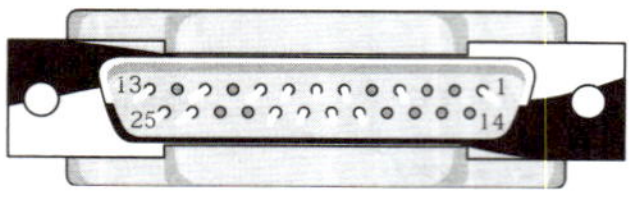

Conector RS-232 (DB-25)
Interface V.24 / V.28 / ISO 2110

Figura 3.15 - Conector DB-25 da *interface* RS-232 (V.24) utilizado para conexão do cabo serial ao *modem*.

Esses cabos são utilizados para interligar a saída serial do PC ao *modem* e interligar outros equipamentos, como roteadores, aos *modems* que fazem a transmissão dos dados em redes WAN em velocidades até 19,2 Kbps.

Um roteador pode ter diferentes tipos de porta para conexão de diversas redes, como:

- **Conector DB-60:** para conexão a *modems*.
- **Conector RJ-45 fêmea:** para conexão a redes *Ethernet*.

- **Conector RJ-45 fêmea:** para conexão a redes ISDN.
- **Conector RJ-45 fêmea:** para as configurações (porta de console).

As portas do roteador são especificadas pelo tipo (serial, *Ethernet*) pela placa (*slot*) e pelo número da porta na placa. Exemplo: serial 0/1 (porta serial da placa 0, posição 1).

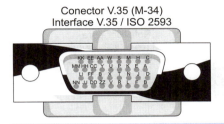

Figura 3.16 - Conector M.34 da interface V.35 utilizado para conexão do cabo serial ao *modem*. Esses cabos interligam a saída serial de equipamentos de transmissão de dados aos *modems*, que fazem a transmissão de dados em redes WAN em velocidades de 64Kbps ou mais.

Em outros casos, a conexão do roteador a uma rede WAN como a ISDN pode ser feita por um cabo de par trançado com conector RJ-45.

3.5.3 Switches

Switches são equipamentos utilizados para interligar segmentos (barramentos) de redes locais, permitindo a comunicação entre eles.

A principal função do *switch* é conceder passagem a outro segmento de rede somente dos dados destinados a esse segmento, ou seja, os dados de um barramento ficam restritos a esse segmento e só passam a outro se forem endereçados a ele.

Isso evita que congestionamentos e colisões de uma rede local interfiram nas outras redes locais da empresa ligadas ao *switch*. Esse isolamento de tráfego entre redes chama-se segmentação de redes locais.

Os *switches* são capazes de segmentar e isolar o tráfego de várias redes locais, mantendo a comunicação entre elas apenas para os dados que devem passar de uma rede a outra.

É preciso observar que os *switches* operam na camada de enlace (*data link*) nos modelos TCP/IP e OSI, ou seja, no protocolo *Ethernet*, tratando os endereços MAC das redes locais.

O *switch* também se conecta a um roteador para fazer a comunicação das redes locais ligadas ao *switch* com as redes externas de filiais da empresa, internet, parceiros comerciais e outras redes.

A comutação de *frames Ethernet* nos *switches* é baseada em *hardware*, utilizando *chips* do tipo ASICs, em que a execução da comutação é feita pelo *chip* e não por programas armazenados na memória do equipamento.

A tabela de comutação é formada pelos endereços MAC dos dispositivos e pela porta do *switch* à qual está ligado o segmento de rede a que eles pertencem.

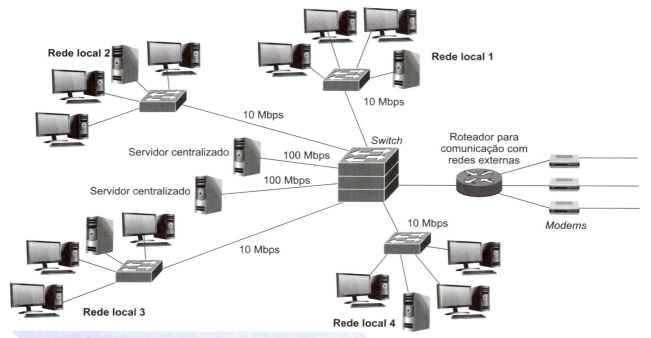

Figura 3.17 - *Switch* segmentando e interligando várias redes locais.

Tabela 3.2 - Exemplo de tabela MAC do *switch*

Porta do *switch*	Endereço MAC
E1/1	FF CD 45 2F 33 2D
E1/2	1C 42 ED FF 22 1A
E1/3	9C 76 91 FE DD AB

Ao chegar um *frame* por uma porta do *switch*, o seu endereço MAC de destino é procurado na tabela e, se estiver presente nela, é encaminhado à porta correspondente.

Quando o *switch* é ligado, a tabela de endereços MAC está vazia e começa a ser montada quando os dispositivos ligados à rede transmitem os *frames* Ethernet.

No recebimento do primeiro *frame* a ser encaminhado a um destino, a tabela do *switch* ainda não tem o segmento ao qual o endereço de destino do *frame* está ligado. Portanto, envia o *frame* a todos os segmentos, o que chamamos de *flooding*. Somente quando esse destinatário enviar um *frame* é que constará na tabela o seu endereço e à qual porta o seu segmento de rede local está ligado.

O conteúdo da tabela é renovado periodicamente, e cada entrada de endereço MAC dela tem um tempo de vida. Após esse período, é apagada e só renovada quando o dispositivo do endereço MAC transmitir um novo *frame* Ethernet. Cada porta do *switch* ou da *bridge* é um domínio de colisão.

A comutação no *switch* é mais rápida que nos roteadores, pois ele apenas lê e analisa o endereço MAC do *frame* Ethernet, diferentemente do roteador, que precisa desfazer o *frame* Ethernet e ler o pacote IP dentro dos *frames* para então analisar o endereço de destino.

A comutação na camada de enlace é utilizada basicamente para segmentar redes locais de diferentes grupos de trabalho, quebrando os domínios de colisão.

O *switch* separa domínios de colisão entre diferentes segmentos de rede, porém não separa domínios de *broadcast*. Uma mensagem de *broadcasting* se propaga a todos os segmentos de rede conectados ao *switch*. O *broadcast* só é interrompido pelo roteador.

Uma mensagem de *broadcasting* em redes locais interligadas por *switches* é constituída por um *frame Ethernet*, em que o endereço MAC de destino é inteiro composto por 1s, ou seja, um endereço.

▸ *MAC-address* do tipo FFFFFFFFFFFF (em hexadecimal F = 1111).

Assim, um *frame* de *broadcast* é enviado a todas as redes ligadas a um *switch*.

Chama-se *multicast* um *frame* enviado para uma rede ou sub-rede específica.

3.5.3.1 *Loop* na transmissão de *frames* e protocolo *Spanning-Tree*

Um problema que pode ocorrer quando se interligam dois equipamentos com duas conexões paralelas é o *loop* de retorno do *frame* pela outra conexão.

Quando se interligam dois *hubs por* dois cabos, o *frame* enviado por um volta pelo outro, já que o *hub* o retransmite a todas as portas.

No caso de *switches*, apenas os *frames* de *broadcast* retornam.

As conexões em duplicidade são úteis como contingência, pois se uma conexão falha, outra entra em operação. No entanto, é preciso evitar o retorno dos *frames* (*loops* ou *broadcast storm*), pois desestabilizam a tabela MAC do *switch* e ocasionam o travamento da rede.

Para evitar o problema de *looping* de *frames*, foi criado o protocolo *Spanning-Tree*, normatizado pelo IEEE com o número IEEE-802.1d. Esse protocolo, presente nos *switches,* identifica e bloqueia as conexões (*links*) redundantes, evitando assim o retorno dos *frames*.

3.5.3.2 Domínio de colisão

Chama-se domínio de colisão um segmento (barramento) de rede local em que os *frames* são irradiados a todos os dispositivos ligados nesse barramento.

Em um mesmo segmento de rede local, ou seja, mesmo domínio de colisão, se as placas de rede *Ethernet* de dois dispositivos tentam transmitir ao mesmo tempo, ocorre uma colisão dos dois sinais irradiados pelo segmento.

3.5.3.3 Domínio de *broadcast*

É um conjunto de segmentos de redes locais interligado por *bridges* ou *switches* em que um *frame* de *broadcast* enviado por uma placa de rede de um dispositivo é recebido por todas as placas de rede de todos os dispositivos do mesmo domínio de *broadcast*.

Observa-se que um domínio de *broadcast* não ultrapassa roteadores, pois o roteador não repassa *frames Ethernet* de *broadcast*.

3.5.3.4 *Switches*

Em uma rede formada por *switches* ou *bridges*, o protocolo *Spanning-Tree* basicamente cria um caminho ativo entre qualquer par de segmentos de rede local. Ou seja, a comunicação de um segmento a outro só é permitida por um único enlace, mesmo que existam várias conexões e caminhos alternativos para chegar ao segmento de destino.

Por ter apenas um caminho disponível para conexão entre dois segmentos, em redes compostas por vários *switches* ou *bridges* interligados, evita-se o *loop* dos *frames* (retorno e reenvio de *frames* pelas conexões secundárias). Esta é a função necessária do protocolo *Spanning-Tree*, pois em redes locais *Ethernet* não existe um mecanismo de descarte de *frames*.

O protocolo *Spanning-Tree* fica armazenado nos *switches* e a comunicação entre eles é feita por mensagens transmitidas em unidades (pacotes) chamadas de CBPDU (*Configuration Bridge Protocol Data Unit*).

Esse protocolo evita o *loop* bloqueando ou liberando as interfaces de conexões dos *switches*. As interfaces são colocadas em estado de bloqueadas (*blocking*) ou de encaminhamento (*forwarding*).

Em uma rede formada por *switches*, o protocolo *Spanning-Tree* elege um *switch* como raiz (*root bridge*), o qual se torna o *switch* central de referência na rede, e especifica que todas as portas dele encaminham *frames* (*forwarding-state*), além de enviar e recebê-los. Os demais *switches* são considerados não raiz (*non-root bridge*), e algumas de suas portas não podem encaminhar *frames*, somente recebê-los.

No *switch* não raiz, a porta que o conecta mais rapidamente ao *switch* raiz chama-se *root-port* e é colocada como porta designada, que pode receber e encaminhar *frames*.

A porta que conecta dois equipamentos pelo caminho mais curto e mais rápido é chamada de porta de menor custo, entendendo, nesse caso, que menor custo se refere ao melhor caminho.

A porta que deve ser bloqueada no *switch* não raiz, para evitar o *loop*, é colocada em estado de não designada pelo protocolo *Spanning-Tree*, e não pode enviar nem receber dados, ficando bloqueada (*blocking mode*).

As portas de um *switch* com STP (*Spanning-Tree Protocol*) se encontram em quatro modos:

- ▶ **Blocking:** não encaminha *frames*.
- ▶ **Listening:** recebe e analisa as BPDUs, mas não encaminha *frames*.
- ▶ **Learning:** registra os endereços de *hardware* (MAC) das suas portas e monta a tabela MAC, mas não encaminha *frames*.
- ▶ **Fowarding:** envia e recebe *frames*.

O protocolo *Spanning-Tree* troca informações entre os *switches* utilizando mensagens de CBPDU, que são as unidades de dados (pacotes transmitidos) com as informações de configuração. Essas CBPDUs são transmitidas em *frames* de *broadcast*. Cada *switch* tem uma identificação composta de um número de prioridade e do endereço *MAC-address* dele. O *switch* raiz é escolhido pelo menor endereço.

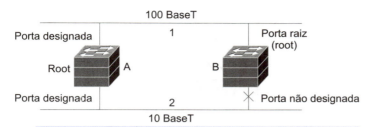

Figura 3.18 - *Switches* interligados com portas redundantes mostram o bloqueio de porta para evitar o *loop*.

Comutação nos *switches*

Os *switches* fazem a comutação ou encaminhamento dos *frames* da seguinte forma:

- **Comutação *store-and-forward*:** o *switch* recebe o *frame*, armazena-o em sua memória (*buffer*), verifica se ocorreram erros na transmissão verificando o CRC, localiza o endereço de destino na tabela MAC, identifica a porta de saída e o encaminha. Se for detectado erro de transmissão no *frame*, ele é descartado.

- **Comutação *cut-through*:** ao receber o *frame*, o *switch* armazena em sua memória apenas o endereço de destino, localiza-o na tabela MAC e encaminha-o para a porta de destino. Vê-se que essa forma de comutação é mais rápida que a anterior.

- **Comutação *fragment-free*:** parecida com a comutação *cut-through*. Ao receber o *frame*, lê até o 64º *byte* do campo de dados, verificando se não ocorreu colisão na transmissão do *frame*, localiza o endereço de destino na tabela MAC e encaminha-o para a porta de destino. Vê-se que essa forma de comutação é semelhante à comutação *cut-through*, acrescida de um controle de erros de colisão.

3.5.3.5 VLANs (*Virtual Local Area Networks*)

VLANs são redes locais independentes entre si, com domínios de *broadcast* separados, utilizando um mesmo *switch* para conexão das suas estações (*hosts* ou computadores).

Uma VLAN (rede local virtual) é um domínio de *broadcast* criado pelo agrupamento de estações (*hosts* ou dispositivos de uma rede local), mesmo que essas estações estejam ligadas a diferentes *switches* da rede.

Com um ou mais *switches*, é possível especificar grupos independentes de estações, e cada grupo forma uma VLAN independente das demais. As portas dos *switches* da rede são especificadas e agrupadas logicamente (virtualmente), simulando estarem fisicamente conectadas em um único *switch* independente.

Pode-se, por exemplo, utilizar um único *switch* para montar três redes locais, especificando um conjunto de portas para a rede 1, para a rede 2 e outro para a rede 3.

Neste exemplo, apesar de as três redes estarem ligadas a um único *switch*, operam como se cada rede tivesse um *switch* exclusivo. Desta forma, evita-se que *frames* de *broadcast* de uma rede invadam outra rede. Isso é importante para redes corporativas grandes e com muitas redes locais em um mesmo domínio de colisão, pois permite separar esses domínios e resolver problemas de sobrecarga na rede corporativa pelo isolamento das suas redes locais.

Desta forma, as três redes locais não se comunicam entre si. Para que haja comunicação entre elas é preciso agregar um roteador à rede com três portas ligadas às portas do *switch*, sendo uma para cada VLAN.

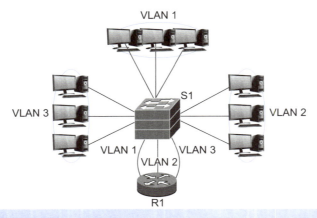

Figura 3.19 - *Switches* com várias portas e *hosts*, agrupados logicamente.

Criação de VLANs com a utilização de *switches*

Cada VLAN possui uma tabela com a relação dos *hosts* que fazem parte dela e com os endereços das portas, para que cheguem até eles. Por exemplo, a VLAN 1 tem uma tabela no *switch* S1 com a relação dos endereços MAC dos seus *hosts* e a porta de acesso a eles.

Tabela 3.3 - Tabela de endereços da VLAN 1 no *switch* S1

Endereço MAC dos *hosts*	Porta *Ethernet* para acesso
3050.FF00.03AB	E1
3050.FF00.03AD	E2
3050.FF01.04FE	E2
3050.FF00.FBC0	E9
3050.FF04.FAA1	E9

As portas E1, E2 e E9 são *Ethernet* do *switch* S1, em que estão ligados os *hosts* ou outros *switches*. Se a porta E9, por exemplo, estiver ligada a outro *switch* S2, o *frame* será encaminhado a esse outro *switch*, que verifica em sua tabela a porta a qual deve reencaminhar o *frame*, de modo que ele chegue ao *host* de destino.

Diz-se que em uma VLAN todos os seus dispositivos fazem parte de um mesmo domínio de *broadcast*, chamado também de rede plana.

A criação de uma VLAN é o agrupamento de portas de *switches* interligadas entre si, especificando que essas portas formam uma VLAN, ou seja, fazem parte do mesmo domínio de *broadcast* (independentemente de sua localização física).

O particionamento de uma grande rede local em várias VLANs por meio de *switches* basicamente evita que mensagens de *broadcast* consumam ou ocasionem perdas na largura de banda da rede (*bandwidth*). Uma VLAN pode ser composta por portas de múltiplos *switches* conectados entre si.

Observa-se, na Figura 3.20, que cada VLAN possui um *link* de acesso ao roteador. Nessa arquitetura, se houver um número grande de VLANs, tem-se o mesmo número de *links* de conexão ao roteador. Para evitar um número muito grande de *links* físicos, pode-se criar um único *link* físico pelo qual passarão todos os *links* de conexão de uma maneira lógica.

Esse *link* físico, que transporta vários *links* lógicos, é chamado de *trunk link*, utilizado para interligar *switches* ou *switches* a roteadores.

Os *frames* que passam pelo *trunk link* devem identificar a que VLAN pertencem. Essa identificação de *frames* (*frame tagging*) é chamada de VLAN ID, e é feita pelo *switch* quando ele envia um *frame* a outro *switch* pelo *trunk link*. Ela pode ser feita utilizando métodos como:

- **ISL (*Inter-Switch Link*):** método proprietário da Cisco.
- **IEEE-802.1q:** método de etiquetamento de *frames* criado pelo IEEE, insere um campo de identificação no *frame*.

Frame ISL:

| ISL Header 26 bytes | Frame Ethernet Encapsulado | CRC 4 bytes |

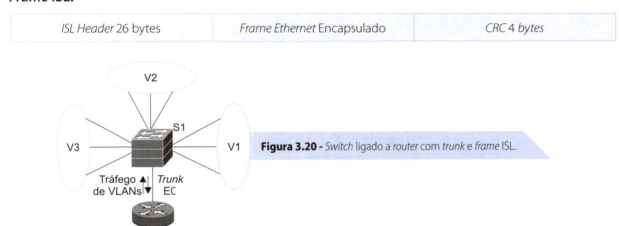

Figura 3.20 - *Switch* ligado a *router* com *trunk* e *frame* ISL.

O *frame* ISL (*Inter-Switch Link*) encapsula o *frame* Ethernet e agrega campos de controle que especificam à qual VLAN ele pertence. Assim, é possível um *switch* enviar *frames* de diversas VLANs a outro *switch* por uma única conexão física. O processo de identificação de *frames* pelo ISL se chama VLAN *tagging* (etiquetagem).

O método ISL adiciona informações sobre as VLANs ao *frame Ethernet*, identificando-as e permitindo que a informação trafegue de forma multiplexada (compartilhada) pelo mesmo meio físico (*trunk link*). No ISL, o *frame Ethernet* é encapsulado por um cabeçalho (*header*) de 26 *bytes*, que possui a identificação da VLAN. Após atravessar o *trunk link* e ser lido pelo *switch*, esse cabeçalho é retirado do *frame Ethernet*.

O uso do etiquetamento dos *frames Ethernet* (*tagging*) com o protocolo ISL, para identificar a que VLAN o *frame* pertence, reduz o número de portas utilizadas nos *switches* para interligar as VLANs, pois só se usa uma porta ou conexão física no *switch* para transmitir *frames* de diversas VLANs.

O ISL também é utilizado na comunicação entre o *switch* e o roteador, que faz o roteamento dos dados entre as VLANs. Observa-se que o roteamento (encaminhamento de pacotes IP) entre as VLANs é feito obrigatoriamente por um roteador, que trabalha com endereços de camada 3.

É preciso conectar um roteador a um dos *switches* da rede de forma que os *frames* de uma VLAN passem pelo roteador para então serem reencaminhados à VLAN de destino.

O roteador é conectado ao *switch* por uma única conexão física (*trunk*), pela qual todos os *frames Ethernet* encapsulados pelo protocolo ISL são identificados para saber a que VLAN pertencem.

Nesse caso, a interface *Ethernet* do roteador que está ligada ao *switch* é configurada com sub-interfaces, uma para cada VLAN, e especificando o encapsulamento ISL.

A seguir, vemos o exemplo de configuração de porta de um roteador ligado pela sua interface *Fast-Ethernet* 0 a um *switch* com três VLANs. A interface física *Ethernet* do roteador tem as sub-interfaces 0.1, 0.2 e 0.3, conforme configuradas em seguida, com os endereços IP e a especificação do encapsulamento ISL.

```
R(config)#interface fastethernet0.1
R(config-if)#ip address 10.0.30.1 255.255.255.0
R(config-if)#encapsulation isl 1 (indica o encapsula-
mento ISL para a VLAN 1 do switch)
```

```
R(config)#interface fastethernet0.2
R(config-if)#ip address 10.0.40.1 255.255.255.0
R(config-if)#encapsulation isl 2 (indica o encapsula-
mento ISL para a VLAN 2 do switch)
```

```
R(config)#interface fastethernet0.3
R(config-if)#ip address 10.0.50.1 255.255.255.0
R(config-if)#encapsulation isl 3 (indica o encapsula-
mento ISL para a VLAN 3 do switch)
```

O gerenciamento de *trunk links* em *switches* Cisco é feito pelo protocolo DTP (*Dynamic Trunking Protocol*), e utiliza o método IEEE-802.1q de identificação dos *frames Ethernet*.

A comunicação entre VLANs necessita de um roteador com várias portas físicas, uma para cada VLAN, ou um roteador com uma única porta física em um *trunk link* com o protocolo ISL.

Gerenciamento de VLANs com a utilização de *switches* Cisco VTP (VLAN *Trunk Protocol*)

O protocolo VTP (VLAN *Trunk Protocol*) gerencia as VLANs em uma rede composta por *switches* Cisco. O objetivo desse protocolo é manter atualizadas e confiáveis as configurações das VLANs em uma rede com vários *switches* interligados.

Quando se usa o VTP, um *switch* é escolhido como servidor VTP, armazena em sua NVRAM as configurações e torna-se o responsável pela propagação das informações sobre as VLANs para os demais *switches*. Os demais *switches* passam a operar como clientes (*clients*) do servidor e guardam as configurações na memória RAM. Portas VLANs só podem ser acrescentadas ou alteradas nos *switches* clientes com a notificação do *switch* servidor.

A formação de VLANs pode ser feita de maneira estática ou dinâmica.

No modo estático, as portas dos *switches* são especificadas para fazerem parte de um grupo (VLAN), ou seja, de uma maneira fixa. Este é o modo mais utilizado.

No modo dinâmico, a designação dos dispositivos de uma VLAN é feita automaticamente por *softwares* de gerenciamento, como o VMPS (VLAN *Management Policy Server*).

3.5.4 Roteadores para encaminhamento dos dados pela rede

Roteadores são equipamentos que fazem a conexão de redes distantes entre si ou que operam com protocolos diferentes. São também responsáveis pelo encaminhamento dos dados por meio da rede de acordo com o endereço de rede fornecido pelo protocolo da camada de rede ao enviar um pacote.

Redes geograficamente distantes entre si e interligadas por canais de comunicação de dados e roteadores são chamadas de WAN (*Wide Area Network*). Na arquitetura TCP/IP, as redes WAN são basicamente formadas pela interconexão de roteadores por meio de canais de comunicação (*links* de comunicação) de dados fornecidos pelas concessionárias públicas dos serviços de telecomunicações.

Esses canais de comunicação, também chamados de LPs (linhas privativas) ou circuitos de comunicação de dados, transmitem dados a velocidades de 19,2 Kbps, 64 Kbps, 128 Kbps, 256 Kbps, 512 Kbps, 2 Mbps, 10 Mbps ou mais, utilizando meios de comunicação como pares metálicos da rede telefônica, rádio micro-ondas, satélite ou fibras ópticas.

O canal de comunicação de dados em uma rede WAN é basicamente composto por um meio de transmissão com *modems* nas pontas. Os *modems* são os equipamentos responsáveis por transmitir os dados digitais pelo meio de transmissão, em um processo chamado de modulação, em que se colocam os dados em uma onda portadora analógica que os transporta por esse meio.

Os protocolos que controlam a transmissão dos dados no meio de transmissão de uma rede WAN são os protocolos de enlace (*data link*), como o PPP e HDLC.

O endereçamento e o roteamento dos pacotes de mensagens em uma rede WAN são feitos por protocolos da camada de rede como o IP e o X.25.

Assim, se houver necessidade de interligar duas redes locais com protocolos diferentes como *Ethernet* e *Token-Ring*, necessita-se colocar um roteador entre ambas, de forma que ele faça a conversão de um protocolo de enlace em outro, conforme a Figura 3.21.

Para ligar uma rede local a uma distante, por meio de canais de comunicação de uma rede pública *frame--relay*, deve-se usar o roteador que faz a rede local, que opera com protocolo de enlace *Ethernet* e comunica-se com a rede pública, que opera com protocolos de enlace do tipo PPP, HDLC ou *frame-relay*, por exemplo.

A rede local de uma empresa pode se comunicar com as redes locais de suas filiais ou parceiros, por exemplo, utilizando canais exclusivos (LPs), contratados das concessionárias, ou utilizando canais que compartilham redes públicas, como o *frame-relay*.

Figura 3.21 - Redes locais de arquiteturas diferentes interligadas por roteadores.

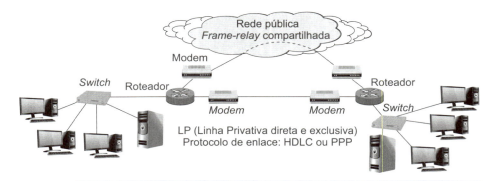

Figura 3.22 - Redes locais interligadas por uma rede pública compartilhada ou por um canal de comunicação dedicado (LP direta) sem compartilhamento.

No exemplo a seguir, a empresa interligou seus roteadores por meio de canais dedicados (LP), formando o que se chama de uma rede privativa, ou seja, uma rede cujos equipamentos e canais de comunicação são de uso exclusivo da empresa e não são compartilhados por outros.

Vê-se que os roteadores compreendem e convertem vários protocolos, como *frame-relay*, HDLC, PPP, FDDI, *Token-Ring*, *Ethernet* e outros, interligando redes heterogêneas com diferentes protocolos de acesso e compartilhando os meios de comunicação com diferentes usuários.

Atualmente, os roteadores são os equipamentos mais utilizados na integração de redes WAN, e vêm substituindo os antigos multiplexadores e outros equipamentos usados no compartilhamento de meios de comunicação. Os roteadores atuam na camada de rede dos modelos TCP/IP e OSI e fazem, principalmente, o roteamento ou encaminhamento dos pacotes ao longo da rede até a rede de destino.

O envio de um pacote IP a um único destinatário, a um grupo de destinatários ou a vários destinatários em uma rede IP é classificado da seguinte forma:

▸ **Unicast**: envio de um pacote IP a apenas um destinatário.

▸ **Multicast**: envio de um pacote IP a um grupo específico de destinatários.

▸ **Broadcast**: envio de um pacote IP aos dispositivos que estejam na mesma camada de enlace do originador da mensagem. Por exemplo, o computador de uma rede local ligada a um *switch*, que interliga várias redes locais, envia uma mensagem IP de *broadcasting*, que será enviada aos dispositivos de todas as redes locais ligadas ao *switch*. Denomina-se essa abrangência de domínio de *broadcasting*. Nesse caso, a mensagem de *broadcasting* IP só para em um roteador que não passa adiante a mensagem.

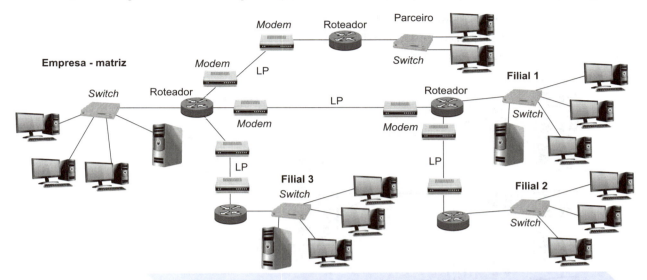

Figura 3.23 - Rede privativa formada por roteadores interligados por LPs exclusivas (privativa).

Roteadores bloqueiam mensagens de *broadcast*, as quais ficam restritas apenas à rede que as originou. O *switch* repassa essas mensagens a todos os segmentos ligados a ele, o que gera propagação de mensagens a todos os segmentos de redes interligados por *switches*.

3.5.5 *Backbones* corporativos

Chama-se *backbone* a arquitetura central de conexões em uma rede, ou seja, as artérias principais pelas quais passa o tráfego de comunicação entre as redes.

Em uma empresa locada em um edifício, normalmente as redes locais são interligadas por meio de um *switch* central, e as conexões entre as redes e o *switch* central formam um "esqueleto" dos meios de comunicação chamado de *backbone*.

Em uma rede WAN de conexões a longas distâncias, denominam-se *backbones* as conexões principais, que funcionam como artérias e levam a informação aos pontos mais remotos.

Esse conjunto de canais de comunicação que interligam as diversas redes locais e remotas de uma empresa chama-se *backbone* corporativo.

A Figura 3.24 apresenta dois edifícios interligados por roteadores e um anel de fibras ópticas. Em cada edifício, vê-se um *backbone* com várias redes locais interligadas por um *switch* que se liga ao roteador para acesso externo.

Os computadores das redes locais ligadas aos *backbones* dos edifícios se comunicam com as filiais por meio das LPs externas, e também à internet pela conexão ao roteador do provedor.

Vê-se que os *switches* são utilizados para integrar redes LAN e os roteadores para integrar LAN e WAN, permitindo a interoperabilidade de diferentes sistemas e plataformas tecnológicas.

Uma empresa também pode permitir a conexão remota de seus funcionários e parceiros a sua rede por meio de *modems* e linhas telefônicas da empresa. No exemplo a seguir, a empresa possui um servidor de acesso, ou servidor de comunicação, com vários *modems* ligados a ele, e com linhas telefônicas conectadas aos *modems* por meio das quais os usuários externos à empresa acessam a sua rede. O servidor disponibiliza o acesso desses *modems* à rede local da empresa.

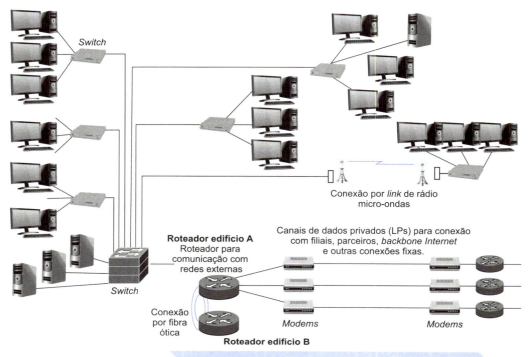

Figura 3.24 - *Backbone* de rede corporativa interligando prédios por fibra óptica, rádio e LPs.

Esse tipo de solução pode ser utilizado por vendedores externos, para acessarem o computador da empresa pelas linhas telefônicas, diretamente, sem usar a internet. Desta forma, micros distantes da empresa e funcionários na rua ou em suas residências podem acessar a rede local por uma conexão telefônica (*dial-up*), como se estivessem na empresa.

Os servidores de comunicação para acesso remoto são equipamentos denominados RAS (*Remote Access Server*). Trata-se de um equipamento dedicado a esse serviço, ligado diretamente ao *hub* ou a um *switch* de concentração das redes locais de uma empresa, como no exemplo seguinte. Pode também ter o formato de placas multisseriais, que ficam dentro de um servidor, das quais saem os cabos seriais (RS-232, V.24) para conexão aos *modems* ligados às linhas telefônicas.

Nesse caso, uma estação remota (computador remoto) com um *modem* acessa, por linha telefônica (conexão *dial-up*), um servidor de comunicação de acesso remoto na empresa com vários *modems* que conectam diversos usuários externos simultaneamente. Ambos (estação remota e servidor de comunicação) têm um *software* de comunicação que controla a comunicação dos dados e faz o controle de fluxo deles utilizando um protocolo de enlace para redes WAN, como o PPP.

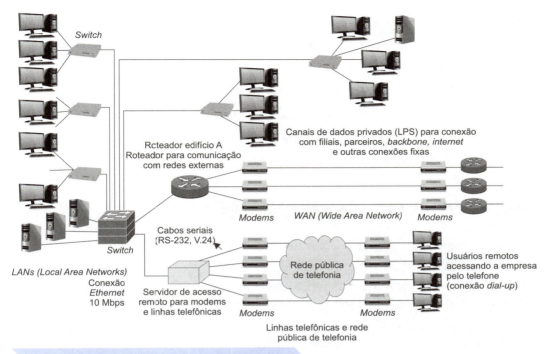

Figura 3.25 - Rede local da empresa com servidor de comunicação de acesso com quatro *modems*.

No exemplo, o servidor de comunicação recebe e transmite os dados do lado WAN com o protocolo PPP, e no lado interno a empresa envia e recebe os dados da rede local (LAN) com o protocolo *Ethernet-CSMA/CD*. Essa solução de acesso remoto pela rede telefônica, com servidores de acesso remoto, é tipicamente utilizada por provedores de acesso à internet em conexão por linha telefônica discada.

3.5.6 Modems

Existem diferentes tipos de *modems* que transmitem os dados por uma rede WAN. O tipo de *modem* utilizado depende do meio de transmissão. Para transmitir dados por fibra óptica, utiliza-se um *modem* óptico. Se o meio de transmissão for rádio ou satélite, usa-se um *modem* rádio com antena. Se a transmissão for com fios metálicos, faz-se uso dos *modems* conectados às LPs ou linhas telefônicas. Os *modems* para transmissão de dados por LPs e linhas telefônicas são os mais utilizados.

A função básica de um *modem* é colocar o sinal digital que sai dos equipamentos (PCs, roteadores, multiplexadores e outros) em um sinal analógico chamado de portadora, a qual é transmitida pelo meio de comunicação. Esse processo de colocação do sinal digital do computador em uma onda portadora analógica se chama modulação, e o processo inverso demodulação. Daí o nome *modem* (modulador/demodulador).

Cada meio de transmissão possui suas próprias características e, para atravessá-lo ou utilizá-lo com o intuito de levar um sinal elétrico, esse sinal deve ter uma frequência compatível com o meio.

Por exemplo:

▶ Para um sinal ser transmitido por uma linha telefônica analógica, deve ter uma frequência na faixa de 1.000 Hz a 3.000 Hz.

▶ Para um sinal ser transmitido por rádio micro-ondas, deve ter uma frequência na faixa de 1 GHz a 30 GHz.

▶ Para um sinal ser transmitido por fibras ópticas, deve ter uma frequência na faixa de 300 THz.

Os *modems* analógicos transportam os dados por uma portadora analógica. O exemplo mais comum são os utilizados para transmissão de dados pela rede telefônica (que é analógica).

VAMOS RECAPITULAR?

Vimos conceitos de equipamentos de redes como roteadores, *switches*, *modem* e cabeamento de redes, como funcionam e como são interligados.

Estudamos como são compostas as redes corporativas, os *backbones* corporativos, sua arquitetura e equipamentos que fazem parte deles.

Por fim, conhecemos a arquitetura TCP/IP, seus principais protocolos e forma de comunicação no controle da transmissão de dados em redes.

AGORA É COM VOCÊ!

1. Defina arquitetura TCP/IP e apresente suas características principais.

2. Que são *ports* do TCP?

3. Defina as camadas do modelo TCP/IP e dê suas funções.

4. Qual é a função do *hub*?

5. Qual é a finalidade de um *switch*?

6. Explique o conceito de VLANs em *switches*.

7. Quais são as principais funções do roteador?

8. Projeto prático: desenhe um *backbone* corporativo, ligando as redes locais da matriz de uma empresa a duas redes locais remotas de filiais. A empresa possui três redes locais internas com *switches* interligados por um *switch* central conectado a um roteador. O roteador se comunica com as filiais por meio de LPs e *modems*.

FUNDAMENTOS E ADMINISTRAÇÃO DO ENDEREÇAMENTO DE REDES

PARA COMEÇAR

Vamos conhecer como é feito o endereçamento em redes, em que cada computador possui um endereço IP na arquitetura TCF/IP que permite a sua localização na rede.

Estudaremos o endereçamento hierárquico IP e como funcionam as classes e os tipos de endereçamento de redes.

Veremos também alguns componentes da arquitetura TCP/IP como o DHCP, NAT e DNS que distribuem, traduzem e convertem endereços IP para os computadores.

4.1 Endereçamento em redes

Em um ambiente com uma ou várias redes de computadores, cada rede e cada equipamento precisam de um endereço para receber dados enviados de outras redes e computadores. O endereço de rede também é necessário para que os roteadores consigam encaminhar os pacotes aos seus destinos, assim como os carteiros levam cartas aos destinatários, encaminhando-as por país, cidade, bairro, rua, endereço e número da residência, em uma estrutura de endereços que se chama hierárquica.

Na arquitetura TCP/IP, o endereçamento utilizado é o do protocolo IP, conhecido como endereço IP. O datagrama (pacote) IP que trafega na rede possui os endereços IP de origem e destino, além dos campos de controle do protocolo IP. Cada computador, em uma rede TCP/IP, possui um endereço IP único. Cada rede possui um endereço de rede único também.

O endereço IP é composto por 32 *bits* (quatro *bytes*) e, na representação decimal, fica com quatro números separados por pontos. Uma parte do endereço IP identifica o número da rede (NetID) e a outra é usada para identificar o computador ou equipamento (*host*) na rede. Essa forma de subdivisão do endereço denomina-se hierárquica ou endereçamento hierárquico, analogamente ao endereço de uma casa em que especificamos o país, estado, cidade, rua e finalmente o número da casa.

No endereçamento IP, a hierarquia é composta por endereços de rede, sub-rede e *host*. A parte do endereço utilizada para especificar a rede é chamada de endereço de rede (*network address*), o qual é usado pelos roteadores para encaminhar os pacotes IP à rede de destino.

O IP é um endereço lógico, ou seja, configurado nos programas e sistemas de um dispositivo ligado à rede. Diferentemente, o *MAC-address* é um endereço físico, pois é gravado no *hardware*, como, por exemplo, em uma placa de rede.

▶ **Exemplo de endereço IP:** 172.19.110.89

Cada um desses quatro números decimais pode ser representado também pelo seu equivalente binário de oito *bits*, utilizando a representação binária.

Por exemplo:

172 = 10101100   110 = 01101110

 19 = 00010011   89 = 01011001

No exemplo anterior, a parte 172.19 representa o número da rede e a parte 110.89 o número de um *host* (computador) dentro dessa rede. Vê-se, assim, que dentro da rede 172.19 é possível ter e endereçar muitos *hosts*, utilizando os dois *bytes* da direita no endereço IP, variando de 0.1 a 255.254.

Na instalação do TCP/IP em uma rede, o sistema de configuração solicita os números dos endereços IP compostos de quatro *bytes*. Cada computador que utiliza o TCP/IP terá um endereço IP único na rede, o qual deve ser especificado pelo administrador da rede, carregado e configurado no TCP/IP do sistema operacional da máquina. No Windows, por exemplo, a configuração e a instalação do TCP/IP são feitas no painel de controle e na rede.

O IP é um endereço lógico (especificado por *software*), ou seja, não é um endereço de *hardware* ou físico. Desta forma, é possível referenciar-se a um equipamento da rede independentemente do tipo de *hardware* ou da arquitetura física utilizada.

4.1.1 Códigos de representação numérica

Antes de prosseguir, vamos rever a representação binária de números.

Matematicamente, quantidades podem ser representadas de diversas formas e sistemas de numeração.

4.1.1.1 Sistema decimal (base 10)

O sistema de numeração mais conhecido e utilizado é o decimal que, como o próprio nome diz, utiliza dez caracteres (base 10) para representar quantidades numericamente.

Os dez caracteres, como sabemos, são 0, 1, 2, 3, 4, 5, 6, 7, 8 e 9.

Na representação numérica, os dígitos da direita possuem valor menor que os da esquerda. Assim, da direita para a esquerda, no sistema decimal, têm-se unidade, dezena, centena, milhar e assim por diante crescentemente.

▶ **Exemplo de número decimal:** 1 0 8 5 0

Existem outros sistemas de numeração que utilizam um conjunto maior ou menor de caracteres para representar os números.

4.1.1.2 Sistema hexadecimal (base 16)

Esse sistema utiliza 16 caracteres (base 16) para representar números. Os caracteres utilizados no sistema de numeração hexadecimal são 0, 1, 2, 3, 4, 5, 6, 7, 8, 9, A, B, C, D, E e F.

▸ **Exemplo de um número hexadecimal:** F 1 2 3 A 4 B D 7 0 C 3

4.1.1.3 Sistema binário (base 2)

O sistema binário utiliza apenas dois caracteres (base 2) para representar números. Os caracteres utilizados no sistema binário são 0 e 1.

▸ **Exemplo de um número binário:** 1 1 1 0 0 1 1 0

Para obter o valor decimal de um número, em qualquer sistema de numeração em que esteja, basta multiplicar cada dígito do número pela sua base do sistema numérico elevada ao número da posição em que ele está (começando da direita para a esquerda, os valores da potência são 0, 1, 2, 3, 4 e assim por diante) e somar todos os valores.

Por exemplo, o valor decimal do número decimal 10.850 é:

$$\frac{1}{\underset{10.000}{10^4}} + \frac{0}{\underset{0}{10^3}} + \frac{8}{\underset{800}{10^2}} + \frac{5}{\underset{50}{10^1}} + \frac{0}{\underset{0}{10^0}} = 10.850$$

Como visto, o valor decimal é o mesmo do número, pois ele já estava no sistema decimal. Se o número estiver em outro sistema numérico, a conversão fica mais clara, como se vê em seguida.

Por exemplo, vamos converter o número binário 1 1 1 0 0 1 1 0 em decimal. Como a base é 2, multiplica-se cada posição pela base do sistema numérico binário (2) elevada à potência da posição, crescendo da direita para a esquerda (pois os dígitos da direita têm menor valor que os da esquerda):

$$\frac{1}{\underset{128}{2^7}} + \frac{1}{\underset{64}{2^6}} + \frac{1}{\underset{32}{2^5}} + \frac{0}{\underset{0}{2^4}} + \frac{0}{\underset{0}{2^3}} + \frac{1}{\underset{4}{2^2}} + \frac{1}{\underset{2}{2^1}} + \frac{0}{\underset{0}{2^0}} = 230$$

Assim, observa-se que o número binário 11100110 equivale a 230 na representação decimal.

Repare nos valores de cada posição binária, pois vamos utilizá-los frequentemente para converter números binários em decimais:

Posições do byte	1	1	1	1	1	1	1	1
Valor decimal	128	64	32	16	8	4	2	1

Na conversão de binário em decimal, se uma posição binária tem valor zero, o valor não é computado na soma para obter o valor decimal correspondente.

Observa-se também que, com oito *bits*, é possível representar números decimais de 0 a 255, ou seja, 00000000 a 11111111.

Um *byte* é composto normalmente de oito *bits* que, combinados, representam letras, números e caracteres especiais. Essa combinação de *bits* para representar um determinado caractere chama-se codificação. O método de codificação mais utilizado é o ASCII de oito *bits*. Quando um *byte* é composto de oito *bits*, ele também é chamado de octeto.

O endereço IP é composto de quatro octetos (*bytes* de oito *bits*), separados por vírgula e especificados no sistema decimal.

4.2 Classes de endereçamento IP

O endereçamento IP é estruturado em classes, e uma parte do endereço IP representa o endereço e a outra o computador da rede. O que varia de uma classe para outra é o número de *bytes* utilizado para representar os endereços de rede e os de *hosts*.

4.2.1 Classe A

Na classe A, utilizam-se oito *bits* (um *byte*) para endereçar a rede e 24 *bits* (três *bytes*) para endereçar os *hosts* dentro da rede. O primeiro *byte* da esquerda representa o número do endereço de rede, que pode variar de 0 a 127 (00000000 a 01111111), observando que o *bit* da esquerda é sempre 0 (zero) na classe A. Os demais *bytes* formam o endereço do *host*.

Pode-se ter 16.777.216 combinações na parte de endereços de *hosts* que é composta por três *bytes* ou 24 *bits* (2 elevado a 24). O endereço de *host* não pode ser todo composto de zeros nem de uns, pois o *host* todo zerado é utilizado para representar o endereço da rede, e repleto de uns é utilizado para fazer *broadcasting* de mensagens a todos os *hosts* dentro da rede.

Na classe A, os endereços válidos das redes podem variar de 1.0.0.0 a 126.0.0.0. Os endereços 0 e 127 são reservados, assim, só é possível ter 126 redes na classe A.

O número de endereços de *hosts* possível é 16.777.214, variando de 0.0.1 a 255.255.254, pois não se pode usar o endereço todo zerado (que indica rede), nem todo formado com uns (que é usado para fazer *broadcasting* de mensagens na rede).

$$\underbrace{1 \text{ a } 127}_{\text{rede}} \quad . \quad \underbrace{X \cdot X \cdot X}_{\text{computador } (host)}$$

Os computadores da mesma rede devem possuir número igual de rede e cada computador um número diferente dentro da rede.

A seguir, um exemplo de endereços IP de uma rede de número 50 com cinco *hosts* ligados a ela.

50.244.11.1

50.244.11.2

50.244.11.3

50.244.11.4

50.244.11.5

50.0.0.0   é o endereço que indica a rede.

50.255.255.255   é o endereço que indica o *broadcasting* para toda a rede.

Os endereços dos dispositivos dentro da rede 50 podem variar de 50.0.0.1 a 50.255.255.254.

A classe A é indicada a redes com um número elevado de *hosts*, pois é possível ter e endereçar uma quantidade grande de *hosts* na rede. Porém, vê-se que o número de redes possível nessa classe é muito reduzido, apenas 126.

Como há uma quantidade muito grande de *hosts* em uma rede de endereço classe A, é necessário dividi-la em sub-redes, de forma a conseguir administrá-la.

Não é viável ter uma rede com um número muito grande de *hosts*, pois fica difícil controlar problemas de *broadcast* de mensagens e colisões dentro dessa rede, por exemplo. Essa subdivisão da rede principal é feita por meio de máscaras de sub-redes que estudaremos à frente.

A máscara de sub-rede define ou confirma quantos e quais *bytes* e *bits* do endereço IP serão usados para identificar o endereço de rede e quantos e quais *bytes* e *bits* do endereço IP serão usados para identificar o endereço de *hosts*.

O conceito de sub-rede (*subnetting*) é desmembrar uma rede grande em redes menores para reduzir o tráfego no barramento de cada uma delas, facilitar o gerenciamento, a detecção e a solução de problemas, além de aumentar a performance.

A máscara de rede especifica as posições do endereço IP utilizadas para representar o endereço de rede com o *bit* 1. As posições do endereço IP utilizadas para representar o *host* ficam com o *bit* 0 na máscara. Para o exemplo anterior, que mostra uma rede de número 50, sem sub-redes, a máscara é 255.0.0.0 (11111111 00000000 00000000 00000000), padrão para a classe A. Ou seja, somente os primeiros oito *bits* do endereço IP serão utilizados para representar o endereço da rede.

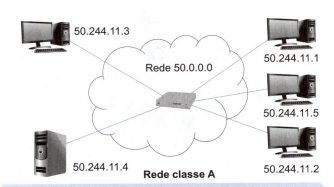

Figura 4.1 - Uma rede IP com endereçamento classe A em um mesmo barramento. A máscara utilizada é 255.0.0.0.

FUNDAMENTOS E ADMINISTRAÇÃO DO ENDEREÇAMENTO DE REDES

4.2.1.1 Endereçamento de sub-redes

No endereçamento de classe A é possível endereçar sub-redes dentro da rede principal. Assim, uma empresa que tenha uma rede com endereço classe A pode subdividi-la ou segmentá-la em várias redes, dentro da rede principal.

No exemplo seguinte, na rede 50 criaram-se as sub-redes 50.1, 50.2, 50.130 e 50.244.

Isso é feito utilizando o segundo *byte* do endereço IP para especificar a sub-rede e não mais os endereços de *host*. Ou seja, pega-se um *byte* que era utilizado para endereçar os computadores da rede e passa-se a utilizá-lo para endereçar sub-redes.

Nesse caso, no endereçamento de classe A com sub-redes, nos *bytes* da esquerda para a direita, encontram-se:

- **Primeiro *byte*** = *NetID* (endereço de rede).
- **Segundo *byte*** = *SubnetID* (endereço de sub-rede).
- **Terceiro *byte*** = *HostID* (endereço de equipamento).
- **Quarto *byte*** = *HostID* (endereço de equipamento).

Assim, na rede 50, é possível ter várias sub-redes com diversos *hosts* cada uma delas, separadas por *gateways* (*switches*, *routers*, *bridges*) com os endereçamentos:

Nesse caso, como se utilizam os dois primeiros *bytes* (16 *bits*) do endereço IP para representar o endereço de rede (rede e sub-rede), a máscara deve ter *bits* 1 nessas posições. Com isso, a máscara para o exemplo anterior, que utiliza dois *bytes* para representar a rede, passa a ser 255.255.0.0 (11111111 11111111 00000000 00000000).

Tabela 4.1 - Sub-redes e *hosts* da rede 50

Sub-rede 50.1	Sub-rede 50.2	Sub-rede 50.130	Sub-rede 50.244
50.1.0.1	50.2.0.1	50.130.0.1	50.244.0.1
50.1.0.2	50.2.0.2	50.130.0.2	50.244.0.2
50.1.0.3	50.2.0.3	50.130.0.3	50.244.0.3
50.1.0.4	50.2.0.4	50.130.0.4	50.244.0.4
50.1.0.5	50.2.0.5	50.130.0.5	50.244.0.5

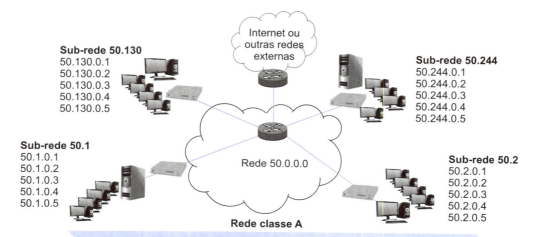

Figura 4.2 - Rede 50 vista como única pelo mundo externo, mas internamente é dividida em quatro sub-redes, utilizando a máscara 255.255.0.0.

4.2.2 Classe B

Na classe B, utilizam-se 16 *bits* (dois *bytes*) para endereçar redes, e o primeiro *byte* tem o valor de 128 a 191 (10000000 a 10111111). As redes vão de 128.0.0.0 a 191.255.0.0.

Como na classe B os dois primeiros *bits* da esquerda devem ser sempre 10, só sobram seis *bits* do primeiro *byte* mais oito *bits* do segundo *byte* para representar as redes. São, portanto, 14 *bits* que podem ser combinados, totalizando um número de redes possível de ser endereçado, igual a 16.384 (2 elevado a 14).

Na parte de endereçamento de *hosts* do endereço IP (dois *bytes* = 16 *bits*), o número de combinações possível para endereçar *hosts* é igual a 65.536 (2 elevado a 16).

O número de endereços de *hosts* possível é 65.534, pois não se pode usar o endereço de *host* zerado (que indica rede) nem todo formado por uns (que é utilizado para fazer *broadcasting* de mensagens na rede para todos os *hosts*).

O número da rede é representado no primeiro e no segundo *byte* da esquerda, visto que o primeiro varia de 128 a 191 (os primeiros dois *bits* são 10). O terceiro e o quarto *bytes* formam o endereço do computador, que varia de 0.1.a 255.254, como mostrado a seguir.

$$\underbrace{128 \text{ a } 191}_{\text{rede}} \; . \; \underbrace{X . X . X}_{\text{computador } (host)}$$

Todos os computadores de uma mesma rede devem possuir o mesmo número de rede e cada computador dentro da rede deve ter um número diferente.

A seguir, vê-se um exemplo de endereços IP de uma rede de número 130.250 com cinco *hosts* ligados a ela. Nesse caso, em que os dois primeiros *bytes* (16 *bits*) do endereço IP são utilizados para endereçar redes, a máscara é 255.255.0.0 (11111111 11111111 00000000 00000000), padrão para classe B.

130.250.3.1

130.250.3.2

130.250.3.3

130.250.3.4

130.250.3.5

130.250.0.0   indica o endereço da rede.

130.250.255.255   indica o *broadcasting* para todas as estações dessa rede.

Os endereços dos dispositivos dentro da rede 130.250 podem variar de 130.250.0.1 a 130.250.255.254.

A classe B é indicada a redes com uma quantidade média-grande de *hosts* ligados a ela. Em uma rede com endereço classe B, como visto anteriormente, é possível endereçar 65.534 *hosts*. Uma quantidade muito grande de *hosts* em uma única rede, ou seja, no mesmo domínio de *broadcast*, gera problemas de colisões e de tráfego no barramento da rede local. Em virtude disso, divide-se a rede principal em sub-redes. A divisão é feita por meio das máscaras de sub-redes.

A máscara de sub-rede define ou confirma quantos e quais *bytes* e *bits* do endereço IP serão utilizados para identificar o endereço de rede, e quantos e quais serão utilizados para identificar o endereço dos *hosts* dessa rede.

A máscara de rede especifica as posições do endereço IP utilizadas para representar o endereço de rede, com o *bit* 1. As posições do endereço IP utilizadas para representar o *host* ficam com o *bit* 0 na máscara. Para o exemplo anterior, que mostra uma rede de número 130.250, sem sub-redes, a máscara é 255.255.0.0 (11111111 11111111 00000000 00000000), padrão para a classe B. Ou seja, somente os primeiros 16 *bits* do endereço IP serão utilizados para representar o endereço da rede.

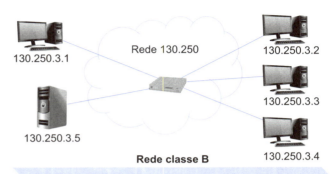

Figura 4.3 - Uma rede IP com endereço classe B em um único barramento. A máscara utilizada é 255.255.0.0.

4.2.2.1 Endereçamento de sub-redes

No endereço de classe B, pode-se endereçar sub-redes na rede principal. No exemplo seguinte, dentro da rede 130.250 criamos as sub-redes 130.250.1, 130.250.2, 130.250.3 e 130.250.4.

O endereçamento das sub-redes é feito com o terceiro *byte* do endereço IP para especificar a sub-rede e não mais os *hosts* dessa rede. Pega-se um *byte* que era utilizado para endereçar os computadores da rede e utiliza-se para endereçar sub-redes.

Neste exemplo, no endereço de classe B com sub-redes, nos *bytes* da esquerda para a direita, temos:

- **Primeiro *byte*** = *NetID* (endereço de rede).
- **Segundo *byte*** = *NetID* (endereço de rede).
- **Terceiro *byte*** = *SubnetID* (endereço de sub-rede).
- **Quarto *byte*** = *HostID* (endereço de equipamento).

Desta forma, na rede 130.250 é possível ter várias sub-redes com diversos *hosts* cada uma delas, separadas por *gateways* (*switches*, *routers* e *bridges*), como:

Tabela 4.2 - Sub-redes e *hosts* da rede 130.250

Sub-rede 130.250.1	Sub-rede 130.250.2	Sub-rede 130.250.3	Sub-rede 130.250.4
130.250.1.1	130.250.2.1	130.250.3.1	130.250.4.1
130.250.1.2	130.250.2.2	130.250.3.2	130.250.4.2
130.250.1.3	130.250.2.3	130.250.3.3	130.250.4.3
130.250.1.4	130.250.2.4	130.250.3.4	130.250.4.4
130.250.1.5	130.250.2.5	130.250.3.5	130.250.4.5

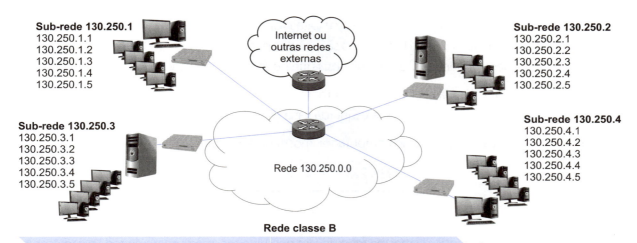

Figura 4.4 - Rede 130.250 é vista como única pelo mundo externo, mas internamente é dividida em quatro sub-redes, utilizando a máscara 255.255.255.0.

Nesse caso, como se utilizam os três primeiros *bytes* (24 *bits*) do endereço IP para representar o endereço de rede e sub-rede, a máscara deve ter *bits* 1 nessas posições. Com isso, a máscara utiliza três *bytes* para representar a rede e a sub-rede:

255.255.255.0 (11111111 11111111 11111111 00000000)

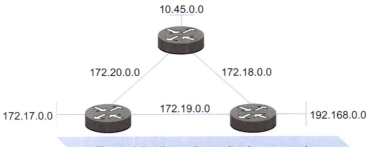

Figura 4.5 - Várias redes interligadas por roteadores.

4.2.3 Classe C

Na classe C, utilizam-se 24 *bits* (três *bytes*) para representar a rede, e o primeiro *byte* tem valor de 192 a 223 (11000000 a 11011111). O endereço classe C começa sempre com os *bits* 110 e a variação nesse primeiro *byte* do endereço só ocorre nos cinco *bits* da direita.

As redes têm endereços de 192.0.0.0 a 223.255.255.0.

Como o número de *bits* que se pode combinar para especificar os endereços de redes nesses três primeiros *bytes* é 5 + 8 + 8 = 21, o número de redes possível é igual a 2.097.152 (2 elevado a 21).

Para representar os *hosts* da rede fica-se com apenas um *byte*. O número de combinações possível para *hosts*, ou seja, o número de *hosts* que pode ser endereçado com apenas um *byte* é igual a 254, variando de 1 a 254 no quarto *byte*.

O número de combinações possível com um *byte* (oito *bits*) é 256. No entanto, como não se pode usar o valor 0 (00000000) nem o valor 255 (11111111), pois são usados para especificar o endereço de rede e mensagens de *broadcast* respectivamente, o número de *hosts* que pode ser endereçado é 256 – 2 = 254.

Assim, em um endereço IP classe C padrão, o número da rede é representado pelo primeiro, segundo e terceiro *bytes* da esquerda. O primeiro *byte* da esquerda varia de 192 a 223 (os primeiros três *bits* são 110).

O *byte* da direita indica o endereço do computador, mostrado em seguida.

$$\underbrace{192 \text{ a } 223}_{\text{rede}} \;.\; \underbrace{X\,.\,X\,.\,X}_{\text{computador (host)}}$$

Todos os computadores dentro da mesma rede devem possuir o mesmo número de rede e cada computador (*host*) um número exclusivo.

A seguir, um exemplo de endereços IP de uma rede de número 210.30.40 com cinco *hosts* ligados a ela.

210.30.40.1

210.30.40.2

210.30.40.3

210.30.40.4

210.30.40.5

210.30.40.0   indica o endereço da rede.

210.30.40.255   indica o *broadcasting* de mensagem para todos os *hosts* da rede.

Os endereços dos dispositivos dentro da rede 210.30.40 variam de 210.30.40.1 a 210.30.40.254.

A classe de endereçamento C é utilizada para redes que possuam 254 *hosts* ou menos.

Vê-se que é possível endereçar uma quantidade grande de redes, pois há três *bytes* para representá-las, porém um número pequeno de *hosts* em cada endereço de rede (no caso, no máximo 254 *hosts* em cada rede). Para o exemplo anterior, de um endereço

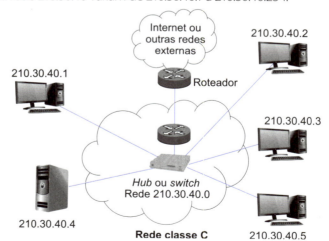

Figura 4.6 - Rede 210.30.40 com máscara 255.255.255.0 é vista como única pelo mundo externo, mas é dividida internamente utilizando máscaras de sub-rede que dividem o *byte* de endereçamento de *hosts* em duas partes, sendo uma parte do *byte* para representar o número e outra para os *hosts*.

de classe C, sem sub-redes, a máscara padrão é 255.255.255.0 (11111111 11111111 11111111 00000000). Ou seja, os primeiros 24 *bits* são utilizados para representar o endereço de rede.

4.2.3.1 Endereçamento de sub-redes

No endereço de classe C também é possível criar e endereçar sub-redes dentro do endereço de rede principal. Isso é feito com o uso de máscaras de sub-redes, vistas à frente.

No endereço de classe C, nos *bytes* da esquerda para a direita:

▸ **Primeiro *byte*** = *NetID* (endereço de rede).

▸ **Segundo *byte*** = *NetID* (endereço de rede).

▸ **Terceiro *byte*** = *NetID* (endereço de rede).

▸ **Quarto *byte*** = *HostID* (endereço de equipamento).

Para endereçar sub-redes em classe C, usa-se o artifício de máscaras de sub-redes, as quais utilizam uma parte do *byte* de endereço de *host* (quarto *byte*) para endereçar sub-redes e outra para endereçar os *hosts* dentro da sub-rede.

4.2.4 Classe D

A classe de endereçamento D é utilizada para o envio de dados a grupo específico de computadores, e chama-se *multicast*. Não é utilizada para endereçar computadores na rede.

Nessa classe, os valores do primeiro *byte* da esquerda variam de 224 a 239 e os dos endereços de 224.0.0.0 a 239.255.255.255.

4.2.5 Classe E

A classe E é reservada à pesquisa e ao desenvolvimento de novas aplicações, começando em 240.0.0.0 até 247.255.255.255, e é utilizada para fins experimentais.

Essa classe usa os endereços do primeiro *byte* de 240 a 255.

É destinada a testes e novas implementações do TCP/IP, não sendo usada para endereçar computadores na rede.

4.3 Endereços reservados à redes internas

Para evitar conflitos entre endereços utilizados em redes internas e externas como a internet, foram reservadas faixas de endereços IP para serem utilizadas exclusivamente em redes internas. Essas faixas de endereços IP não são usadas em redes públicas ou externas, evitando assim conflitos de endereços entre redes locais e externas quando estão interligadas.

Os seguintes endereços de rede são reservados e não usados na rede pública internet. Têm-se três faixas de endereços, cada uma delas dentro de uma das classes de endereçamento:

- **Faixa de endereços IP privados:** 10.0.0.0 a 10.255.255.255 (rede 10).
- **Faixa de endereços IP privados:** 172.16.0.0 até rede 172.31.255.255.
- **Faixa de endereços IP privados:** 192.168.0.0 até rede 192.168.255.255.

Os computadores de uma mesma rede devem ter endereços compatíveis (de uma mesma classe e número de rede) para se comunicarem entre si. Computadores com classe ou número de rede diferentes dentro de uma mesma rede não se comunicam entre si.

Quando um computador envia um pacote com endereço de destino diferente dos endereços internos da rede em que ele está, um roteador padrão definido na rede encaminha esse pacote para as outras redes com endereços diferentes dos existentes no segmento.

O protocolo IP verifica se o endereço de destino pertence ao segmento ou não. Se sim, lança o pacote no segmento; se não, verifica se existe um roteador padrão e envia o pacote para que ele encaminhe a outras redes. Assim, para que várias redes se comuniquem entre si, utilizam-se roteadores que encaminham os dados de uma rede para outra por meio de rotas (caminhos ou *links* de comunicação) usando os endereços IP. Na Figura 4.7, diferentes segmentos de rede, com distintos endereços e classes, comunicando-se por meio de roteadores.

A função do roteador é escolher o melhor caminho ao envio dos pacotes IP (datagramas). Ele utiliza tabelas de roteamento IP com os endereços das redes para encaminhar os datagramas ao seu destino.

Quando ocorrem problemas ao longo da transmissão, como excesso de tráfego em alguma rota, falhas físicas ou problemas no roteamento, os roteadores geram mensagens de erro ICMP. Desta forma, tem-se mais um protocolo utilizado na rede, o ICMP (*Internet Control Message Protocol*), que envia mensagens informativas de problemas que estão ocorrendo no processo de roteamento. Quando se perde parte de um datagrama ao longo da transmissão, por exemplo, o ICMP devolve o que restou dele ao originador. O protocolo ICMP existe para suprir a lacuna do protocolo IP em relação à informação de falhas na transmissão.

Em uma rede privativa que não esteja ligada à internet, pode-se utilizar qualquer endereço IP e diferentes classes de endereçamento, respeitando as regras já vistas.

No caso de redes conectadas à internet, deve-se utilizar os endereços de rede registrados e controlados por meio de um órgão internacional chamado InterNIC, cuja função é evitar conflitos de endereçamento, impedindo que haja endereços duplicados em redes interconectadas pela internet.

O centro de controle NIC (*Network Information Center*) é o responsável por gerar, padronizar e delegar os endereços IP, evitando a repetição deles e garantindo a interoperabilidade na comunicação entre as redes.

Quando uma pessoa acessa a internet pelo seu provedor, por linha telefônica, por exemplo, um endereço IP da rede do provedor é fornecido. O provedor possui uma faixa de endereços válidos e registrados na internet para compartilhar com seus clientes.

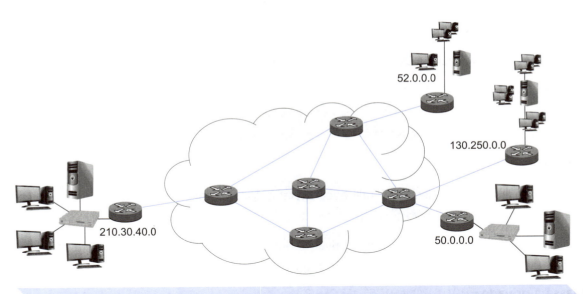

Figura 4.7 - Diferentes redes, com diferentes classes de endereçamento, comunicando-se por meio de roteadores.

Os roteadores e servidores que tratam do acesso da rede local à internet funcionam como *gateways*, traduzindo os endereços válidos da internet para a comunicação com os endereços internos da rede da empresa. Sistemas operacionais de rede usam produtos como o IP *Gateway* ou NAT para fazer essa tradução. É possível ver as configurações das interfaces de um roteador Cisco, suas rotas e protocolos, utilizando os comandos *show interface*, *show IP route*, *show IP protocol*, *show* CDP *neighbor*.

Na Figura 4.8, vemos o roteador com uma porta acessando a internet por meio de um endereço válido e registrado na internet, fazendo o papel de *gateway* para interligar a rede local interna com o endereço 10.

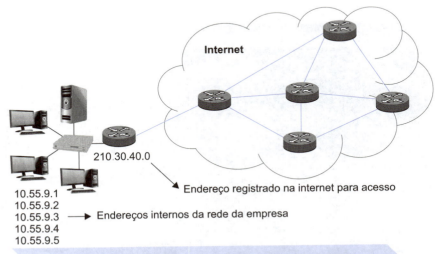

Figura 4.8 - Empresa com endereço de classe C 210.30.40.0 registrado na internet para acesso a ela. O roteador, que faz o papel de *gateway* para a comunicação externa ou um servidor, traduz e associa o endereço externo 210.30.40.x aos endereços internos da rede 10 da empresa para que os hosts dessa rede acessem a internet.

FUNDAMENTOS E ADMINISTRAÇÃO DO ENDEREÇAMENTO DE REDES

4.3.1 Resumo de endereços de rede válidos

- **Classe A** = 1.0.0.0 /8 a 126.0.0.0 /8 (em que /8 confirma os primeiros oito *bits* para rede).
- **Classe B** = 128.0.0.0/16 a 191.255.0.0/16 (/16 = 16 primeiros *bits* para rede).
- **Classe C** = 192.0.0.0/24 a 223.255.255.0/24 (/24 = 24 primeiros *bits* para rede).
- **Classe D** = 224.0.0.0 a 239.255.255.255.

4.3.2 Endereços privados

Para evitar conflitos entre endereços IP utilizados em redes locais e em internet, foram reservadas algumas faixas de endereços para uso exclusivo em redes locais internas. São chamados de endereços privados.

Ao utilizar esses endereços nas redes locais privativas internas das empresas, evita-se o uso de endereços públicos e os conflitos de endereços na internet. A seguir, têm-se as faixas reservadas:

- **Classe A privado** = 10.0.0.0/8 a 10.255.255.255/8.
- **Classe B privado** = 172.16.0.0/12 a 172.31.255.255/12.
- **Classe C privado** = 192.168.0.0/16 a 192.168.255.255/16.

Em que /8, /12 e /16 indicam o número de *bits* utilizado para representar o número da rede no endereço IP.

O endereço de rede 127 na classe A é reservado e usado como endereço de *loopback* de teste do dispositivo em que nos encontramos. Por exemplo, digitando o comando *ping* no *prompt* do Windows, testa-se o funcionamento desse dispositivo. O 127.0.0.1 é o endereço da interface de *loopback* desse equipamento. São enviados quatro pacotes que devem retornar com 0% de perda. Essa facilidade é muito importante para o diagnóstico e a solução de problemas.

C:\WINDOWS>ping 127.0.0.1

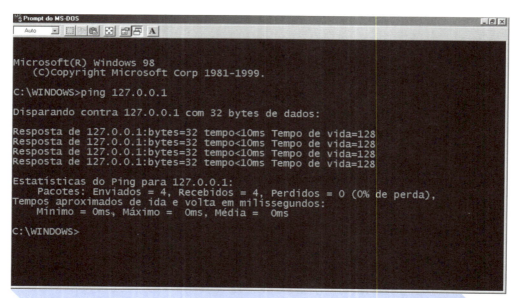

Figura 4.9 - Comando ping para verificar se a interface do equipamento está respondendo.

4.4 Protocolo ARP (*Address Resolution Protocol*)

A associação do endereço IP ao endereço MAC da placa de rede, em uma rede local TCP/IP, é necessária para um computador se comunicar com outro.

Para um computador enviar dados a outro, necessita ter:

▶ o endereço IP do outro computador;

▶ o endereço da placa de rede (MAC) do outro computador.

A associação entre o endereço IP e o endereço MAC de um *host* é feita pelo protocolo ARP, que tem a função de obter o endereço físico da placa de rede do outro computador, a partir do endereço IP dele.

O ARP é um protocolo que descobre o endereço da placa de rede Ethernet de um *host* (endereço MAC) a partir do endereço IP dele e mantém uma tabela com essa correlação de endereços.

Esse protocolo envia um *frame* em *broadcasting* na rede, perguntando "quem tem o endereço IP xxxx, informe o endereço MAC da placa de rede".

Ao receber a resposta, o *host* que enviou o pedido guarda o endereço MAC em uma tabela com o endereço IP, e passa a utilizar esse endereço MAC para enviar os próximos datagramas IP.

Deste modo, todos os *hosts* passam a montar uma tabela com os endereços de placas de rede local MAC (camada de enlace) em correspondência aos respectivos endereços IP dos *hosts* (camada de rede), de forma que, quando enviar outro datagrama IP, não tenha de pesquisar novamente o endereço MAC de enlace. Com isso, ganham-se tempo e agilidade nas comunicações seguintes e diminui-se o *broadcasting* na rede.

Para consultar essa tabela, no caso do Windows, por exemplo, digite no *prompt* do DOS: C:\WIN98>ARP-A.

Em resumo, o protocolo IP pede ao ARP que descubra o endereço MAC correspondente a um determinado IP.

No caso, o ARP é um protocolo de interface entre as camadas de enlace (Ethernet) e rede (IP).

Esse tabelamento entre o endereço IP e o endereço da camada de enlace não seria necessário se todas as interfaces de rede compreendessem o endereçamento IP.

4.5 Máscaras de sub-redes

No endereçamento IP por classes uma parte dos endereços fica muitas vezes sem uso, devido a utilizar apenas parte da numeração. Para aproveitar melhor o uso de todos os endereços foi desenvolvido o conceito de utilização de máscaras de sub-redes, que permitem um aproveitamento mais efetivo dos endereços IP.

O endereçamento IP passou de um conceito inicial de classes ao uso efetivo de máscaras de sub-redes para um melhor aproveitamento de endereços. Quando se utilizam as máscaras de sub-redes, o conceito de classes deixa de ser aproveitado e passa-se a usar as posições da máscara que indicam qual parte do endereço é rede e sub-rede.

Quando se configura o TCP/IP em um computador, é preciso especificar o endereço IP e a máscara de sub-rede. A máscara serve para definir a classe de endereçamento, especificando que parte do endereço IP representa a rede e que parte representa o *host* (computador).

FUNDAMENTOS E ADMINISTRAÇÃO DO ENDEREÇAMENTO DE REDES

A máscara confirma ou altera a classe do endereço.

O número 255, na máscara, confirma que o respectivo *byte* do endereço IP faz parte do endereço de rede.

Exemplo

▸ **255.255.255.0** = máscara para endereço classe C, em que os três primeiros *bytes* representam o endereço de rede e o último *byte* os endereços dos computadores na rede.

▸ **255.255.0.0** = máscara para endereço classe B, em que os dois primeiros *bytes* representam o endereço de rede e os dois últimos *bytes* os endereços dos computadores na rede.

▸ **255.0.0.0** = máscara para endereço classe A. Somente o primeiro *byte* representa o número da rede e os três últimos *bytes*, os endereços dos computadores dentro dessa rede. Vemos que com a máscara de endereço classe A podemos ter uma grande quantidade de computadores nessa rede, pois temos um conjunto de três *bytes* para numerar todos os computadores.

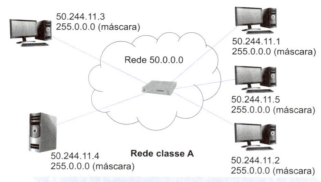

Figura 4.10 - Uma rede de endereço classe A com máscara classe A, confirmando a classe.

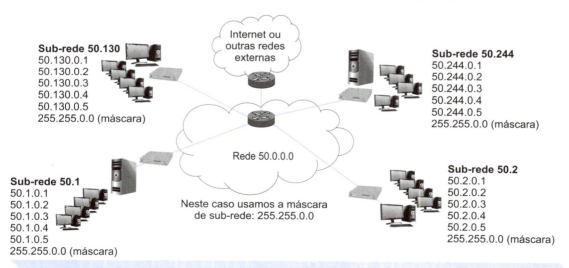

Figura 4.11 - Rede 50 vista como única pelo mundo externo, mas internamente dividida em quatro sub-redes com a máscara 255.255.0.0 indicando que dois *bytes* são reservados para endereço de rede e sub-rede.

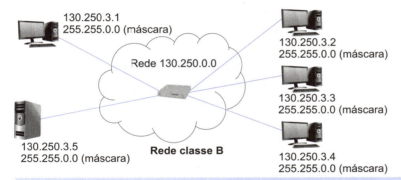

Figura 4.12 - Rede IP com endereço classe B e máscara confirmando a classe de endereço.

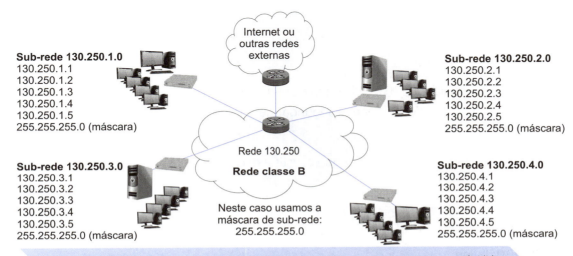

Figura 4.13 - Rede 130.250 vista como única pelo mundo externo, mas internamente dividida em quatro sub-redes, utilizando a máscara 255.255.255.0, que indica três *bytes* utilizados para endereçar a rede e sub-redes e somente um *byte* para endereçar *hosts*.

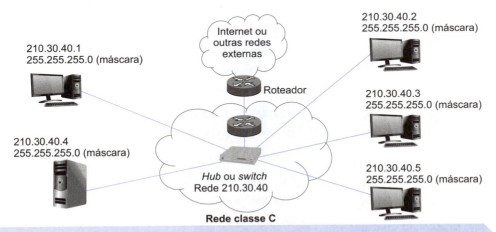

Figura 4.14 - Rede 210.30.40 vista como única pelo mundo externo, o que é confirmado pela máscara 255.255.255.0. Para dividi-la internamente em sub-redes, deve-se alterar a máscara padrão, alterando o último *byte* da direita da máscara de zero para valores que o dividem em duas partes, uma para representar o número da rede e outra para representar o número dos hosts dentro de cada sub-rede.

O uso da máscara de rede é importante quando, por exemplo, uma empresa com várias redes locais internas e apenas um endereço internet necessita que todos os seus computadores acessem a internet.

Por exemplo, supõe-se que o endereço de rede classe C de uma empresa seja 210.128.170.0. Os endereços de *host* da rede são especificados no quarto *byte* da direita (x) no endereço IP 210.128.170.x.

Nesse caso, tem-se apenas x, variando de 1 a 254 computadores em um único segmento (rede) da empresa, todos usando a máscara 255.255.255.0.

Por exemplo, para ter e endereçar vários segmentos de rede dentro da empresa:

▸ Usar metade do *byte* x para endereçar as sub-redes (segmentos).

▸ Usar a outra metade de x para endereçar os computadores de cada segmento.

Isso pode ser feito pela colocação da máscara 255.255.255.240, em que:

▸ 240 em binário = 11110000.

No caso, a metade esquerda com 1111 indica que, no endereço IP, o último *byte* (x) representa em sua primeira metade o endereço da sub-rede. Somente a segunda metade do *byte* (com máscara 0000) representa os números dos *hosts* (computadores).

Na máscara, os *bits* 1 indicam as posições que constituem os endereços de rede e os *bits* 0, os endereços de *hosts*.

▸ Para o exemplo anterior, a máscara 240 pode ser representada por 255.255.255.240, ou coloca-se o número de *bits* usado para a rede no endereço IP.

▸ 210.128.170.0/28 (em que /28 indica que os 28 primeiros *bits* do endereço são para rede, o que equivale à máscara 255.255.255.240).

Com a máscara 240 (1111 0000) é possível representar 16 sub-redes, combinando os quatro *bits* 1 da esquerda:

Não se pode utilizar nem a primeira combinação (0) nem a última (240), pois são endereços de rede e *broadcast* da rede principal. Com isso, de um total de combinações igual a 16, só é possível utilizar 14, ou seja, é possível criar até 14 sub-redes com essa máscara. Em relação ao número de *hosts* possível em cada sub-rede, também é 14, pois têm-se quatro *bits* para endereçá-los.

Tabela 4.3 - Sub-redes possíveis com a máscara 240 (1111 0000)

0000 0000 = sub-rede 0	(210.128.170.0 /28)
0001 0000 = sub-rede 16	(210.128.170.16 /28)
0010 0000 = sub-rede 32	(210.128.170.32 /28)
0011 0000 = sub-rede 48	(210.128.170.48 /28)
0100 0000 = sub-rede 64	(210.128.170.64 /28)
0101 0000 = sub-rede 80	(210.128.170.80 /28)
0110 0000 = sub-rede 96	(210.128.170.96 /28)
0111 0000 = sub-rede 112	(210.128.170.112 /28)
1000 0000 = sub-rede 128	(210.128.170.128 /28)
1001 0000 = sub-rede 144	(210.128.170.144 /28)
1010 0000 = sub-rede 160	(210.128.170.160 /28)
1011 0000 = sub-rede 176	(210.128.170.176 /28)
1100 0000 = sub-rede 192	(210.128.170.192 /28)
1101 0000 = sub-rede 208	(210.128.170.208 /28)
1110 0000 = sub-rede 224	(210.128.170.224 /28)
1111 0000 = sub-rede 240	(210.128.170.240 /28)

Vamos supor agora que a empresa recebeu o endereço de acesso à internet 210.128.170.0 e precisa distribuir esse acesso internamente a quatro redes com 20 computadores cada. Qual seria a máscara ideal para dividir esse endereço principal em sub-redes?

É a máscara 255.255.255.224 (ou /27), que endereça até seis sub-redes com 30 *hosts* cada. Essa máscara utiliza três *bits* do quarto *byte* à direita para representar sub-redes.

Com a máscara 224 (111 00000) é possível constituir oito sub-redes, combinando os três *bits* 1 da esquerda:

Não se pode utilizar a primeira combinação (0) nem a última (224), pois são endereços de rede e *broadcast* da rede principal. Desta forma, de um total de combinações igual a oito, só se pode utilizar seis, ou seja, criam-se até seis sub-redes com essa máscara. O número de *nosts* possível em cada sub-rede é 30, que é o total de combinações com os cinco *bits* da direita menos os endereços de rede (00000) e *broadcast* (11111), sendo 32 − 2 = 30.

Tabela 4.4 - Sub-redes possíveis com a máscara 224 (111 00000)

000 00000 = sub-rede 0	(210.128.170.0 /27)
001 00000 = sub-rede 32	(210.128.170.32 /27)
010 00000 = sub-rede 64	(210.128.170.64 /27)
011 00000 = sub-rede 96	(210.128.170.96 /27)
100 00000 = sub-rede 128	(210.128.170.128 /27)
101 00000 = sub-rede 160	(210.128.170.160 /27)
110 00000 = sub-rede 192	(210.128.170.192 /27)
111 00000 = sub-rede 224	(210.128.170.224 /27)

As máscaras de sub-rede permitem a subdivisão de endereços de redes, disponibilizando assim mais redes dentro de uma mesma faixa de endereçamento IP.

//// **AMPLIE SEUS CONHECIMENTOS** ■ □ ■

Saiba mais sobre máscaras de sub-rede em: <https://www.hardware.com.br/livros/linux-redes/entendendo-mascaras-sub-rede.html> e <https://www.alura.com.br/artigos/como-calcular-mascaras-de-sub-rede>. Acesso em: 1 maio 2020.

4.6 Outros componentes do endereçamento de redes na arquitetura TCP/IP

4.6.1 Protocolo DHCP: configuração e geração automática de endereços IP na rede

Como estudado, a geração e a administração de endereços IP são trabalhosas. Para automatizar parte dessas tarefas, foi criado o protocolo DHCP (*Dynamic Host Configuration Protocol*) o qual, por meio de um servidor DHCP, distribui os endereços IP para os computadores da rede, máscaras, endereço IP do *default gateway* da rede (roteador de saída da rede) e outras configurações automaticamente.

Além do servidor DHCP, os computadores da rede devem possuir um *software* cliente DHCP para se comunicar com esse servidor. O *software* cliente DHCP solicita e obtém do servidor DHCP as configurações básicas do TCP/IP, como endereço IP, máscara e *default gateway* (ou roteador padrão), quando é ligado. O *software* cliente

FUNDAMENTOS E ADMINISTRAÇÃO DO ENDEREÇAMENTO DE REDES ■ ■ ■ 81

DHCP já vem dentro de sistemas operacionais como o Windows e, quando ativado, procura um servidor DHCP para solicitar uma configuração TCP/IP e aceitá-la.

A partir de uma faixa de endereços IP predefinidos, o servidor DHCP atribui endereços aos computadores da rede configurados com o *client* DHCP. O servidor DHCP normalmente atende a um segmento de rede.

Para atender a outros segmentos da rede, o roteador que os interliga deve ter o agente DHCP e fazer a ponte entre o computador cliente e o servidor DHCP.

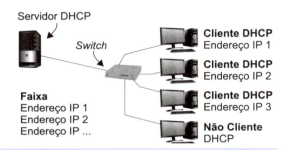

Figura 4.15 - Faixa de endereços IP fornecida. O servidor DHCP cria e distribui os endereços e as configurações de endereços para os hosts de cada rede. Isso evita que o trabalho de endereçamento seja feito manualmente.

A partir de uma faixa de endereços IP fornecida, o servidor DHCP faz a alocação dinâmica dos endereços IP e outras configurações básicas aos computadores da rede.

4.6.2 NAT (*Network Address Translation*)

Quando uma rede de computadores interna de uma empresa é ligada à internet, é preciso que todos os computadores tenham endereços válidos para se comunicarem com ela.

Como a quantidade de endereços IP da internet é limitada, e também para evitar conflitos de endereços entre as redes internas e endereços válidos da internet, foram reservados três conjuntos de numeração para redes internas, conforme já estudado.

Esses endereços são chamados de endereços privados ou reservados e são:

▸ **Classe A privado** = 10.0.0.0/8 a 10.255.255.255/8 (endereça uma rede).
▸ **Classe B privado** = 172.16.0.0/12 a 172.31.255.255/12 (endereça até 16 redes).
▸ **Classe C privado** = 192.168.0.0/16 a 192.168.255.255/16 (endereça até 256 redes).

As empresas utilizam essas faixas de endereços IP em suas redes internas e para acesso à internet utilizam endereços externos registrados e diferentes dos endereços internos.

Quando um computador das redes internas da empresa vai acessar a internet, é preciso associar o endereço IP do computador na rede interna com o endereço IP externo de acesso à internet.

O NAT tem a função de traduzir os endereços válidos e registrados de acesso à internet para os endereços reservados da rede interna e vice-versa. Essa tradução de endereços também é chamada de *address translation*. O NAT pode ser implementado em um roteador ou em um computador, em conjunto com um *firewall*.

O roteador com NAT monta uma tabela com o endereço local interno e o externo que ele está acessando. Quando os dados vêm do endereço externo, o roteador consulta a tabela de tradução e encaminha-os para o endereço interno. Assim, as redes e os *hosts* de uma rede interna com endereços privados acessam os endereços IP públicos da rede internet.

É possível também mudar a faixa de endereços IP da internet sem alterar a numeração interna dos computadores da empresa, evitando muito trabalho de configurações.

A tradução dos endereços da rede interna para a externa pode ser de um para um, ou seja, de um endereço interno a um externo, ou pode ser feita dinamicamente, em que só é feita a associação quando um computador da rede interna pretende fazer um acesso externo. A associação dinâmica é mais racional, pois otimiza a utilização dos endereços externos, permitindo que, para uma faixa reduzida de endereços externos válidos, haja uma quantidade relativamente maior de endereços internos. Por exemplo, para uma faixa de apenas 14 endereços externos IP válidos, pode-se ter internamente na empresa 30 *hosts* ou mais acessando a internet, utilizando compartilhadamente os 14 endereços disponíveis.

O NAT altera os endereços IP dentro de cada pacote IP, traduzindo os endereços IP externos registrados na internet para os das redes internas não registrados.

Figura 4.16 - Roteador de uma empresa conectado à internet com um endereço registrado. O NAT faz a correlação dos endereços externos da faixa registrada na internet com os endereços internos.

4.6.3 DNS (*Domain Name System*)

Os endereços de acesso que trafegam nos equipamentos da rede internet ou em intranets são os endereços IP no formato x.x.x.x, difíceis de lembrar.

Para superar essa dificuldade e facilitar o acesso, foi desenvolvida uma equivalência de nomes aos endereços IP. Esses nomes são chamados de domínios. Assim, os acessos passam a ser feitos por nomes, os quais conhecemos como www.nome.

▸ **Exemplo de domínio:** www.empresaxyz.com.br

Para que os dados percorram a rede e os endereços sejam entendidos por ela, é preciso traduzir o nome www para o seu respectivo endereço IP numérico. Essa tradução é feita pelos servidores DNS, que possuem tabelas de conversão e ficam alocados nos provedores de acesso à internet ou em outros pontos da rede, bem como em servidores DNS de intranets.

O DNS é o sistema que traduz os nomes de domínios (www) para os seus respectivos endereços IP que trafegam na rede. Os nomes e endereços IP são armazenados em tabelas do banco de dados que fica alocado nos servidores DNS.

Trata-se de um sistema de gerenciamento e tradução de nomes dos domínios .edu; .com; .net; .gov; .mil; *versus* os endereços IP correspondentes.

Na internet, existem vários servidores DNS interligados logicamente em uma estrutura hierárquica a servidores DNS centrais (*root*). Toda rede deve ter um servidor DNS para ler um nome de domínio (www) e descobrir o seu endereço IP correspondente. Se um determinado servidor DNS não possuir o endereço IP correspondente, ele procura e consulta em outros servidores DNS espalhados pela rede.

//// VAMOS RECAPITULAR?

Estudamos os conceitos básicos dos sistemas de numeração decimal e binários e como eles são utilizados no endereçamento de computadores em redes.

Vimos como funciona o endereçamento IP, suas classes e máscaras de sub-redes.

O DHCP, que é um programa que distribui endereços IPs para os computadores de uma rede, facilitando a configuração dos endereços IP nos computadores.

O NAT, que é um programa que faz a associação do endereço de um computador na rede interna com o endereço externo da internet com o qual ele está se comunicando.

O DNS, que é um programa armazenado em servidores que associam o endereço da internet ao seu nome www.

AGORA É COM VOCÊ!

1. Defina endereçamento hierárquico.

2. Descreva as características de um endereço classe A.

3. Cite as características de um endereço classe B.

4. Quais são as características de um endereço classe C?

5. Explique endereços privados e sua utilização.

6. Descreva as funções e utilizações das máscaras de sub-redes.

7. Explique a função do DHCP.

8. Qual é a finalidade do NAT?

5

ADMINISTRAÇÃO E CONFIGURAÇÃO DE ROTEADORES - INTERCONEXÃO DE REDES

PARA COMEÇAR

Neste capítulo, vamos aprender a configurar roteadores utilizando como referência um equipamento Cisco.

Vamos estudar os comandos básicos de configuração, as interfaces do roteador, memória e o sistema operacional.

Veremos também como configurar um programa Telnet no seu computador para acessar o roteador e fazer a sua configuração.

Os roteadores estudados vêm de fábrica com um setup básico a partir do qual fazemos a configuração necessária. A configuração de roteadores usa uma interface do sistema operacional do equipamento IOS (*Internetwork Operating System*) que se comunica com o usuário para entrada dos comandos. Essa interface chama-se CLI (*Command Line Interface*) e é acessada pela porta de console do roteador por modem ou sessão Telnet de um PC ligado a essa porta de console, ou pela própria rede. O sistema operacional IOS está presente em todos os roteadores da Cisco da linha de switches denominada Catalyst 1900, mas também é análoga para outros modelos.

Quando se liga o equipamento, o primeiro passo é um conjunto de rotinas de testes chamado POST (*Power-on Self Test*). Se estiver tudo bem com o *hardware*, o equipamento encarrega-se do segundo passo, carregar o sistema operacional na memória de execução RAM. Em seguida, realiza-se o terceiro passo, que é carregar a configuração do equipamento na memória RAM.

Para entrar com os comandos de configuração na interface de comando CLI, eles devem ser digitados em um dos modos de comando existentes. Cada modo de configuração possui um *prompt* diferente.

Tem-se o modo EXEC, que só permite comandos básicos de monitoração do roteador.

Há também o modo EXEC privilegiado, que permite a entrada de comandos de configuração do roteador. Para entrar nesse modo privilegiado, recomenda-se colocar senha de acesso para evitar que pessoas não autorizadas alterem a configuração do roteador.

O acesso ao roteador, para configurá-lo, é normalmente feito pela porta de console na qual se liga um PC (computador) com o programa Telnet, conforme a Figura 5.1.

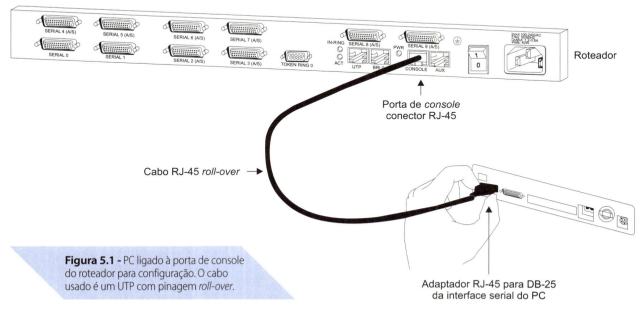

Figura 5.1 - PC ligado à porta de console do roteador para configuração. O cabo usado é um UTP com pinagem *roll-over*.

Quando se acessa um roteador pela porta de console, por exemplo, abre-se uma sessão EXEC com o nome do roteador (*hostname*) e o *prompt* ">" exibido em seguida.

```
hostname>
```

Se o roteador possuir o nome R1, aparece:

```
R1>
```

Se digitar "?", o sistema operacional mostra os comandos disponíveis neste ponto:

```
R1>?
```

Para ir ao modo EXEC privilegiado, no qual é possível alterar a configuração do roteador, digita-se o comando *enable*. O sistema operacional solicita a senha (*password*) que tenha sido configurada anteriormente. Após a digitação da senha, surge o *prompt* "#", indicando que se está no modo privilegiado, no qual é possível digitar comandos para configurar ou alterar a configuração do roteador.

```
R1>enable
R1#
R1#?         (interrogação mostra os comandos disponíveis neste ponto)
R1#disable   (o comando disable faz o roteador voltar ao modo EXEC normal)
R1>
```

5.1 Configuração de roteadores

Veremos como um roteador é configurado, utilizando como referência o roteador da família Cisco 2500/2600. São estudados a estrutura interna de armazenagem de dados do roteador e os comandos para ativação e configuração.

O roteador funciona como um computador composto de processador e memórias. Assim como um computador, ele possui memória com a carga inicial do sistema operacional (BIOS-ROM) e uma memória volátil (RAM) para armazenagem dos programas e dos dados que são processados.

O sistema operacional que controla a maior parte dos roteadores e *switches* da Cisco chama-se IOS (*Internetwork Operating System*). Ele fica armazenado na memória do equipamento, controlando operação, tráfego dos dados, acesso e bloqueio de seus usuários.

O sistema operacional do roteador (IOS) fica guardado na memória *Flash* que não se apaga mesmo quando o equipamento é desligado. Quando se liga o roteador, o IOS é transferido da memória *Flash* para a memória RAM, na qual é executado.

A interface de comunicação com o operador é a CLI (*Command-Line Interface*), que interage com o usuário na entrada de comandos e na troca de mensagens de configuração com o roteador, ou seja, quando o usuário digita os comandos no roteador, o processamento dos comandos digitados é feito por essa interface.

Os sistemas operacionais são atualizados periodicamente, agregando novas funções e corrigindo erros (*bugs*) por meio de novas versões.

Além do sistema operacional, configurações e memórias, o roteador possui interfaces ou portas às quais os equipamentos são conectados.

Roteadores normalmente possuem interfaces ou portas seriais para conexão de *modems* ou cabos para conexão direta, interfaces *Ethernet* ou *Fast-Ethernet* para conexão a *hubs* e *switches* de redes locais, interface de console para conectar um PC que configure o roteador e uma interface auxiliar assíncrona para conectar um *modem* de acesso discado remoto, que é utilizado para *backup* no caso de falha do canal principal ou para configuração remota.

As interfaces são numeradas de acordo com a placa e a porta da placa em que estão. Por exemplo, uma interface que está na placa (*slot*) 4 do roteador na porta 1 dessa placa será referenciada pelo nome interface 4/1 do roteador.

Quando se liga o roteador, inicia-se a execução das rotinas de testes e carga dos *softwares* como o sistema operacional e a configuração do roteador. Primeiramente, são feitos testes do *hardware* por rotinas denominadas POST (*Power-on Self Test*). Em seguida, o sistema operacional IOS é carregado. Finalmente, carrega-se o arquivo com as configurações do roteador.

Se não existe uma configuração no roteador, ele entra em um diálogo de configuração, como:

```
    --- System Configuration Dialog ---
Continue with configuration dialog? [yes/no]: yes
    (respondendo yes iniciamos a criação de uma configuração básica)
```

Para um roteador que já possui um arquivo de configuração armazenado, aparece o nome do roteador (R1, por exemplo) com o *prompt* do modo usuário (>):

```
R1 con0 is now available
Press RETURN to get started
R1>
R1>
```

O roteador tenta carregar uma configuração já existente. Se a configuração não existir, ele vai ao diálogo de configuração (*system configuration dialog* ou *setup dialog*) para o usuário iniciar a montagem de uma configuração básica mínima para começar a operar.

No diálogo do *setup*, as respostas padrão da configuração ficam entre colchetes "[ ]". Apertando a tecla Enter, aceita-se a palavra sugerida entre colchetes.

Quando o diálogo do *setup* inicia, opta-se por continuar ou não (*yes* ou *no*). Se digitar *yes*, ele continua.

A qualquer momento, se apertar as teclas Ctrl+C, retorna-se ao *prompt* do modo de EXEC de usuário (>).

Em seguida, pergunta-se se deseja o *setup* básico, que não configura as interfaces do roteador. Se responder *no*, é aberta a configuração do *setup* completo, que configura também as interfaces do roteador:

```
R1#setup
     ---System Configuration Dialog ---
Continue with configuration dialog? [yes/no]: yes
Would you like to enter basic management setup? [yes/no]: no
Configuring global parameters:
Enter host name [Router]: R1(aqui digitamos o nome do roteador, no caso R1)
```

Após isso, são solicitadas as especificações das duas senhas de acesso, sendo uma senha comum e outra criptografada (*enable password*) para maior segurança.

As demais perguntas para a montagem da configuração normalmente são respondidas com *no*, exceto se desejar configurar alguma dessas opções.

Ao final desse processo de configuração, o *setup* mostra a configuração criada. Seleciona-se a opção [2] para gravá-la na memória não volátil NVRAM, de forma que não se apague caso o roteador seja desligado.

Para modificar, alterar ou complementar a configuração feita pelo *setup*, é preciso entrar no modo de configuração.

Quando se entra no roteador com uma configuração já feita e o sistema operacional, vê-se o *prompt* ">", o qual indica que se está no modo de execução de comandos de usuário (*user mode exec*). Esse modo só permite comandos de visualização que não alteram a configuração do roteador.

Para entrar no modo que permite alterar configurações, que é o modo privilegiado (*privileged mode exec*), digita-se o comando *enable* e aparece o *prompt* "#". Então, pode-se entrar com comandos que alteram ou completam a configuração do roteador.

Para sair desse modo, digita-se o comando *disable*. Se for definida senha para acessar o modo privilegiado, ela será solicitada. Se precisar de ajuda para saber os comandos disponíveis no ponto em que se está, digita-se interrogação (?).

```
R1 con0 is now available
Press RETURN to get started.
R1>
R1>enable
R1#
R1#disable
R1>
R1>?     (aparecerão os comandos disponíveis neste ponto. Se a tela encher, aperte a tecla
          Enter para surgir o próximo comando, ou a barra de espaço para aparecer a próxima
          tela, ou qualquer tecla para voltar ao prompt)
```

Quando se digitam algumas letras de um comando e aciona-se a tecla Tab, ela faz com que o comando seja completado automaticamente. Os comandos podem ser digitados abreviados também.

No caso de entrada de comandos com erros, o sistema operacional apresenta mensagens de erro e assinala com "^" o ponto em que está o provável erro.

O comando *show history* mostra os últimos comandos que foram dados ao roteador. O *default* consiste em guardar os dez últimos comandos, mas é possível alterar esse número com o comando *terminal history size* nº de linhas, como em seguida, para 20 linhas:

```
R1>show history  (mostra os últimos comandos, armazenados em buffer)
R1>terminal history size 20 (aumenta para 20 o número de comandos armazenados)
```

Para mostrar os comandos anteriores, usa-se a tecla Seta para cima. Para mostrar os comandos à frente, a tecla Seta para baixo.

Analogamente à carga da configuração, o roteador tenta carregar um sistema operacional já existente e armazenado em sua memória não volátil *Flash*. Caso não exista um sistema operacional armazenado, ele passa para o modo Boot ROM, que disponibiliza um sistema mínimo para que o operador possa iniciar uma carga externa. Esse processo de tentativas em níveis é chamado de *fallback*.

5.1.1 Configurações e comandos básicos

Para configurar um roteador. o primeiro método visto foi o *setup*, que permite criar uma configuração básica inicial.

Para fazer configurações mais complexas e específicas, utiliza-se a interface de linhas de comandos do modo de configuração no *prompt* (config)#.

No modo de comandos (EXEC *mode*) têm-se os modos EXEC usuário (*user* EXEC) e EXEC privilegiado (*privileged* EXEC), que permite configurações.

No modo EXEC privilegiado, digita-se o comando *configure terminal*, para então configurar as interfaces do roteador. Com esse comando passa-se ao chamado modo de configuração global, que possui o *prompt* (config)#. Aqui, é possível entrar nas interfaces específicas e configurá-las com os seguintes comandos, exemplificados para o roteador R1:

```
R1#configure terminal
R1(config)#
R1(config)#interface nome interface
               (para configurar a interface especificada do roteador e passar para o prompt
                seguinte em que se digitam os comandos de configuração desta interface)
```

```
R1(config-if)#
R1(config)#subinterface nome subinterface
                (para configurar uma interface virtual de uma interface física e passar para o
                 prompt seguinte, em que se digitam os comandos  de configuração)
R1(config-subif)#
                (prompt para entrar com os comandos de configuração da subinterface)
R1(config)#controller nome
                (configura interfaces para links E1 e T1)
R1(config-controller)#
                (prompt para entrar com os comandos para esta interface)
R1(config)#line nome
                (configura a forma de operação de um terminal de acesso ao roteador)
R1(config-line)#
                (prompt para entrar com os comandos de configuração)
R1(config)#router nome
                (para configurar protocolo de roteamento)
R1(config-router)
                (prompt para entrar com os comandos de configuração do roteamento)
R1(config)#IPX-router
                (para entrar com comandos de configuração de protocolos de rede Novell)
R1(config-ipx-router)#
                (prompt para entrar com os comandos de configuração para IPX)
```

Digitando o comando *exit* em qualquer modo do roteador, volta-se ao modo anterior. Quando se digita um comando e pressiona-se a tecla Enter, automaticamente o comando é armazenado na configuração que está sendo usada na memória e começa a funcionar imediatamente.

A seguir, alguns exemplos de entrada no modo de configuração global. Há três exemplos de início de configuração, sendo na interface serial1, na interface de console e no roteamento:

```
R1(config)#interface serial1
                (entra na interface serial1 para configurar)
R1(config-if)#shutdown
                (desabilitada a interface serial0)
R1(config-if)#
R1(config-if)#line console 0
                (entra na porta de console para configurar)
R1(config-line)#password senha1
                (especifica a senha senha1 para acesso do console)
R1(config-line)#
R1(config-line)#router rip
                (entra na configuração para o roteamento rip)
R1(config-router)#network 172.17.0.0
                (aplica o rip para a rede 172.17.0.0 ou outra especificada)
```

Observe que para passar de um modo de interface a outro, não é preciso entrar com o comando *exit*. Basta digitar o modo de interface em que se quer ir, o nome e o número dela, e o *prompt* altera-se automaticamente.

Após fazer alterações nessa configuração, que está na memória RAM (*running-configuration*), deve-se copiá-la para uma memória não volátil chamada de NVRAM, de forma que a configuração não se apague quando desligar o roteador. A configuração armazenada na NVRAM é chamada de *startup-configuration*. Utiliza-se o comando seguinte para fazer essa cópia.

```
R1#
R1#copy running-config startup-config
            (copia a configuração da memória RAM para a NVRAM)

Destination filename [startup-config]?
            (apertar a tecla Enter para confirmar a gravação do arquivo de configuração com
             o nome entre colchetes)
```

Na configuração inicial (*setup*), se não for especificado o nome do roteador, ele vem com o nome padrão de fábrica *router*. Para alterar ou dar um novo nome ao roteador, usa-se o comando seguinte (*hostname*). Neste exemplo, dá-se o nome R1 ao roteador:

```
Router(config)#
Router(config)#hostname R1
            (altera o nome do roteador para R1)

R1(config)#
```

É possível configurar no roteador uma mensagem de identificação para que, quando acessado, essa mensagem apareça. Pode ser uma mensagem informativa ou de identificação, o que facilita a operação da rede. Isso é feito pelo comando *banner motd*, seguido de um ou mais espaços e a frase desejada delimitada por um caractere (no caso, utiliza-se o caractere "*" como delimitador da frase).

```
R1(config)#
R1(config)#banner motd
      *Este é o roteador R1 da rede 172.17.0.0. Acesso proibido a pessoas não autorizadas*
R1(config)#
```

Também é possível configurar uma frase de identificação e informação nas interfaces do roteador para que, quando solicitadas informações sobre as interfaces, com o comando *show*, por exemplo, a frase seja mostrada. Isso facilita a identificação e a administração das redes.

A seguir, o exemplo de identificação da interface ethernet1 do roteador R1. A frase explica que rede da empresa está ligada naquela interface.

```
R1(config)#
R1(config)#interface ethernet1
R1(config-if)#description -esta rede local é do departamento de vendas e marketing no 11° andar-

R1(config-if)#
```

Senhas e segurança no acesso ao roteador

Como já comentado, pode-se restringir o acesso ao roteador com o uso de senhas. As senhas de acesso podem ser colocadas para acessar o modo de configuração do roteador, a interface de console do roteador ou para terminais virtuais (Telnet) acessarem o roteador.

A seguir, vê-se como estabelecer uma senha de acesso para a porta de console do roteador. Utiliza-se o comando *line* console 0 seguido dos subcomandos *login* e *password*, para estabelecer uma senha de acesso a usuários que desejam entrar na porta de console do roteador.

```
R1(config)# line console 0
R1(config-line)#login
R1(config-line)#password senha1
            (estabelece a senha senha1 para acessar a porta de console)
```

Para acessar a configuração de um roteador remotamente, utiliza-se uma sessão Telnet. Para estabelecer senhas no roteador para acessos remotos, usa-se o comando *line* vty 0 4 seguido do subcomando *password*, em que se especifica a senha.

```
R1(config)#line vty 0 4
R1(config-line)#password senha2
              (estabelece a senha senha2 para acessar por Telnet o roteador)
```

Para configurar o roteador, entra-se no modo EXEC privilegiado. A entrada nesse modo pode ser protegida por senhas especificadas nos comandos *enable password* e *enable secret*. Se ambas as senhas forem especificadas, a senha secreta (*secret password*) será a utilizada, pois tem mais segurança por ser criptografada.

```
R1(config)#
R1(config)#enable password senhax
              (estabelece a senha senhax para acessar a configuração)
R1(config)#
R1(config)#enable secret senhay
              (estabelece a senha senhay para acessar a configuração)
R1(config)#
```

Para desabilitar senhas, utiliza-se o comando *no* na frente do comando que especifica a senha no modo de configuração global (config).

```
R1(config)#
R1(config)#no enable secret senhay
              (desabilita a senha secreta senhay para configuração do roteador)
R1(config)#
```

O comando *exec-timeout* 0 0 (0 minuto e 0 segundo) ou *no exec-timeout* é utilizado para manter a porta de console aberta indefinidamente. Isso é bom quando se está em laboratório atuando em um roteador, mas não em roteadores que estão em produção, pois após usar e sair da porta de console, ela permanece acessível a qualquer um que conecte um PC a ela.

No comando *exec-timeout* é possível especificar o tempo em minutos e segundos que a porta ficará aberta ao entrar nela com senha.

```
R1(config)#line console 0
R1(config-line)#exec-timeout 0 0
```

Mensagens de console podem surgir no meio dos comandos que se está digitando, atrapalhando a atividade. O comando *logging synchronous* faz com que o último comando se repita após as mensagens que possam aparecer.

```
R1(config)#line console 0
R1(config-line)#logging synchronous
```

Na configuração das interfaces (portas) de um roteador deve-se especificar o tipo de porta (serial, *Ethernet* ou outra), o número da placa (*slot*) e o número da porta dessa placa. Por exemplo, interface ethernet1/0 indica a porta *Ethernet* 0 da placa 1 do roteador.

A seguir, um exemplo de configurações em uma interface serial.

```
R1#
R1#configure terminal
              (entra no modo de configuração)
```

```
R1(config)#interface serial1
                (especifica a interface que vamos configurar, no caso a serial1)
R1(config-if)#
R1(config-if)#bandwidth 64
                (especifica a velocidade do link ligado nesta interface para ser utilizado
                 como métrica pelo protocolo de roteamento)
R1(config-if)#
R1(config-if)#clock rate 64000
                (especifica a taxa de transmissão do link nesta interface, caso ela esteja
                 atuando como DCE - que é o responsável pela geração do clock do link)
R1(config-if)#exit
R1(config)#exit
R1#show interface serial1
                (mostrar as configurações da interface serial1)
```

Para desabilitar uma interface, utiliza-se o comando *shutdown*. Para habilitar a interface, o comando *no shutdown*. Após configurar uma interface, é preciso utilizar o comando *no shutdown* para habilitá-la; caso contrário, ela ficará em *shutdown*.

```
R1#
R1#configure terminal
R1(config)#interface serial1
R1(config-if)#shutdown
                (desabilita a interface serial1)
R1(config-if)#
R1(config-if)#no shutdown
                (habilita a interface serial1)
R1(config-if)#exit
R1(config)#exit
R1#show interfaces
                (mostra o estado das interfaces)
```

Para obter informações de roteadores ou *switches* vizinhos ou remotos, usa-se o protocolo CDP (*Cisco Discovery Protocol*) ou o utilitário Telnet respectivamente.

O CDP é um protocolo de enlace (camada 2 do modelo OSI) utilizado para obter informações de equipamentos Cisco diretamente conectados (vizinhos).

Quando o equipamento é ligado, automaticamente processa o CDP para descobrir os equipamentos diretamente conectados a ele. Utiliza-se o comando *show* cdp para mostrar essas informações (nome dos dispositivos, protocolos utilizados, portas, tipo de *hardware*). O comando digitado no roteador R1 mostra informações sobre seus vizinhos.

```
R1#
R1#show cdp entry
                (mostra informações dos vizinhos do roteador R1 em detalhes)
R1#show cdp interface
                (mostra informações sobre o estado e a configuração)
R1#show cdp neighbors
                (mostra informações dos vizinhos do roteador R1)
R1#show cdp traffic
                (mostra informações de tráfego)
R1#
R1#configure terminal
                (entra no modo de configuração)
```

```
R1(config)#no cdp run
          (desabilita o protocolo CDP para todas as portas do roteador)
R1(config)#interface serial1
          (entra na interface serial1)
R1(config-if)#no cdp enable
          (desabilita o protocolo CDP somente nesta interface serial1)
```

Para obter informações de dispositivos remotos (não vizinhos), deve-se utilizar a aplicação Telnet para atuar como um terminal virtual do dispositivo que deseja acessar e obter informações.

Em um roteador Cisco com IOS é possível acionar o Telnet apenas digitando o comando Telnet seguido do endereço IP do dispositivo do qual se quer obter informações. Por exemplo, se está no roteador R1 e quer obter informações de outro roteador ou *switch* da rede com endereço 172.17.2.3, digita-se em R1 o comando telnet 172.17.2.3, como mostrado a seguir.

```
R1#
R1#telnet 172.17.2.3
Trying 172.17.2.3.................Open
---------informações..................
.
Rx>    (prompt do roteador Rx - podemos entrar em Rx, obter informações e efetuar
       configurações)
```

O CDP e o Telnet são úteis para obter informações sobre a rede e montar um mapa da topologia da rede. Pode-se também utilizar outros comandos, como o *ping* e o *traceroute*.

O comando *ping* verifica a conectividade ao ponto especificado e também uma estatística de erros de pacotes enviados e retornados desse ponto. O comando *traceroute* mostra as rotas que os pacotes percorrem para atingir o destino especificado.

5.1.2 Memórias, conexões e modelos de roteador

O roteador possui as memórias descritas em seguida, nas quais são armazenados os dados que são processados, as configurações e os módulos do sistema operacional.

5.1.2.1 Memória ROM

ROM é uma memória que não se apaga. Os dados são gravados nela na fabricação do equipamento.

Nessa memória fica o programa que faz a carga inicial do roteador quando ele é ligado (programa *bootstrap*), analogamente à BIOS de um computador.

A BIOS é um conjunto de microcódigos de funções básicas de carga do roteador, como *bootstrap* (que carrega o IOS), POST (testes de funcionalidade do *hardware*), ROM Monitor (um sistema operacional básico para testes e solução de problemas) e o RXBOOT (um IOS parcial).

Ao ligar o roteador, o programa *bootstrap*, armazenado na ROM, automaticamente começa a carregar o sistema operacional que está armazenado em uma memória chamada de *Flash* à memória de trabalho RAM do roteador. O programa *bootstrap* carrega também o arquivo de configuração da memória NVRAM à memória de trabalho RAM.

Caso o arquivo de configuração não exista, o roteador entra em operação no modo *setup*, uma configuração básica que vem de fábrica no equipamento. No modo *setup*, com uma configuração básica, é possível alterá-la ou incrementá-la. Esse processo de carga inicial denomina-se inicialização.

5.1.2.2 Memória *Flash*

A memória *Flash* é do tipo EEPROM (*Electrical Erasable Programable Read Only Memory*), que não se apaga ao desligar o equipamento. Esse tipo de memória também pode ser regravado, ou seja, alterado quando, por exemplo, se quer carregar no equipamento uma nova versão do sistema operacional do roteador.

Nessa memória fica armazenado o sistema operacional do roteador (IOS) que é lido pelo programa *Bootstrap* quando se liga o roteador e ele é transferido para a memória de trabalho RAM. Nela é possível gravar várias versões de IOS.

5.1.2.3 Memória NVRAM (*Non Volatile Randomic Access Memory*)

A memória NVRAM também não se apaga (não volátil) ao desligar o roteador. Nela fica armazenado o arquivo de configuração do roteador, composto pelos comandos que especificam o que o roteador deve fazer.

Essa memória também pode ser alterada ou regravada por meio de comandos. Assim, é possível alterar a configuração do equipamento e regravar esse arquivo na memória NVRAM do roteador.

O arquivo de configuração armazenado na memória NVRAM é lido pelo programa *bootstrap* quando o roteador é ligado e carregado na memória RAM, em que é utilizado durante a operação do roteador. O arquivo de configuração possui os endereços das interfaces, processos de roteamento e demais características operacionais que são especificadas.

A NVRAM usa uma bateria para manter seus dados de configuração quando o roteador é desligado.

5.1.2.4 Memória RAM (*Randomic Access Memory*)

RAM é a memória de trabalho do roteador na qual ficam armazenados todos os programas e dados que são processados. Ela é apagada quando o roteador é desligado, ou seja, quando o equipamento é desenergizado.

Na memória RAM são carregados para operarem: o sistema operacional (IOS), tabelas de roteamento, tabelas ARP, *buffers*, arquivo de configuração ativo (*running-config*), o executor dos comandos, o programa *bootstrap* de carga inicial e os dados utilizados e processados na operação do equipamento.

Desta forma, ao ligar o roteador, o programa *bootstrap*, que está fixo na memória ROM, inicia o processo de ativação do roteador, carregando na memória RAM:

▶ o sistema operacional (IOS) que está guardado na memória *Flash*;

▶ o arquivo de configuração que está guardado na memória NVRAM;

▶ demais inicializações necessárias para a operação do roteador.

Na inicialização do roteador, caso ele não tenha o sistema operacional IOS armazenado em sua memória *Flash*, é possível carregar o IOS a partir de um servidor TFTP.

ADMINISTRAÇÃO E CONFIGURAÇÃO DE ROTEADORES - INTERCONEXÃO DE REDES

O arquivo de configuração também pode ser carregado a partir de um servidor TFTP, caso não haja um arquivo de configuração na memória NVRAM e não se deseje digitá-lo manualmente, comando por comando, no modo *setup*.

O comando *show flash* exibe o conteúdo da memória *Flash* do roteador, nome do arquivo do IOS, tamanho e ocupação da memória.

Figura 5.2 - Memórias do roteador. O IOS é carregado da memória *Flash* à memória RAM para ser executado. Alguns roteadores (como o da linha 2500) executam o IOS diretamente da memória *Flash* e não carregam na memória RAM pela falta de espaço.

Após o IOS ser carregado e iniciado, o roteador precisa ativar a configuração existente na memória NVRAM, carregando-a para a memória RAM. Caso não haja arquivo de configuração na memória NVRAM, o roteador inicia o processo de *setup* para especificar uma configuração inicial pelo console ligada ao roteador.

É possível também baixar um arquivo de configuração guardado em um PC para o roteador, utilizando o programa de transferência de arquivos denominado TFTP-*Server*.

A configuração existente na memória NVRAM pode ser vista com o comando *show startup-config*.

A configuração existente e executada na memória RAM, ou seja, a configuração corrente (*current configuration*) pode ser vista com o comando *show running-config*.

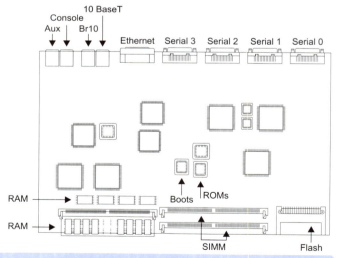

Figura 5.3 - Placa de um roteador da linha 2500 que possui quatro portas seriais, sendo uma *Ethernet* com conector AUI, uma ISDN (BRI), uma de console e uma auxiliar.

A seguir, exemplos de uso dos comandos em um roteador de nome R1:

```
R1#
R1#show flash
                (mostra o conteúdo da memória Flash - arquivo IOS)
R1#show running-config
                (mostra a configuração em execução na memória RAM)
R1#
R1#show startup-config
                (mostra a configuração guardada na memória NVRAM)
R1#
R1#copy running-config startup-config (copia a configuração em uso na RAM para a NVRAM quando
                                 se altera a configuração corrente. Deve-se salvá-la
                                 na NVRAM para que não se apague quando desligar o
                                 roteador)
R1#
R1#copy startup-config running-config (copia a configuração da NVRAM para a RAM)
R1#
R1#copy tftp running-config           (copia a configuração existente em um arquivo guardado
                                 no PC com TFTP para a memória RAM do roteador)
R1#
R1#copy running-config tftp           (copia a configuração em uso na memória RAM do roteador
                                 para um arquivo em um PC com TFTP ativo. Este é um
                                 processo de backup da configuração)
R1#
R1#copy tftp startup-config           (copia a configuração guardada em um arquivo de um
                                 PC com o TFTP-Server ativo para a memória NVRAM do
                                 roteador)
R1#
R1#copy startup-config tftp           (copia a configuração da memória NVRAM para um arquivo
                                 em um PC com TFTP ativo. Este é um processo de backup
                                 da configuração).
R1#erase startup-configuration        (apaga a configuração da NVRAM)
```

> **FIQUE DE OLHO!**
>
> Quando copiamos um arquivo de configuração para a memória RAM do roteador (*running-config*), são gravadas somente as alterações e inclusões efetuadas. Os demais comandos são mantidos. Ou seja, é feita uma mescla (*merge*) com a configuração existente.

Nas cópias de arquivos, é necessário sempre especificar o nome do arquivo de destino a ser gravado ou aceitar o nome sugerido entre colchetes ([ ]). No caso do TFTP, também é preciso fornecer o endereço IP do PC em que está o TFTP. Pode-se ainda usar a URL para especificar o arquivo a ser copiado pelo TFTP:

```
R1#copy nvram:tftp://172.17.4.9/config.txt    (grava o arquivo de configuração da NVRAM
                                         no arquivo config.txt que fica no endereço
                                         especificado)
```

5.1.2.5 Conexões às interfaces físicas do roteador

A seguir, alguns exemplos de conexões às interfaces do roteador.

A Figura 5.6 mostra a conexão do roteador a uma rede local por um conector AUI de 15 pinos (DB-15). Como a conexão a um *hub* exige um conector RJ-45, é preciso usar um *transceiver* para realizar a conversão.

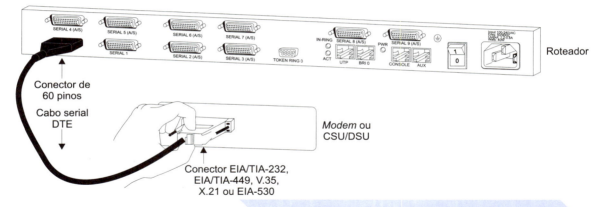

Figura 5.4 - Conexão de porta serial (serial 0) a um *modem* ou CSU/DSU com cabo serial DTE para conexão WAN.

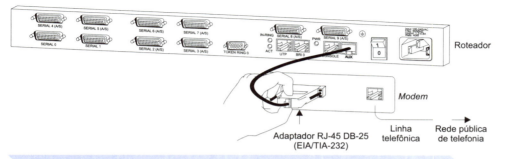

Figura 5.5 - Conexão de *modem* à porta auxiliar do roteador para ligação *backup* por linha telefônica. A conexão por linha telefônica (*dial-up*) pode ser acionada no caso de falha da conexão principal ligada na porta serial.

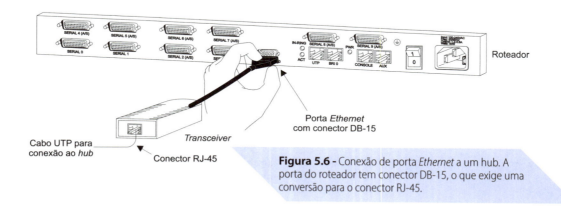

Figura 5.6 - Conexão de porta *Ethernet* a um hub. A porta do roteador tem conector DB-15, o que exige uma conversão para o conector RJ-45.

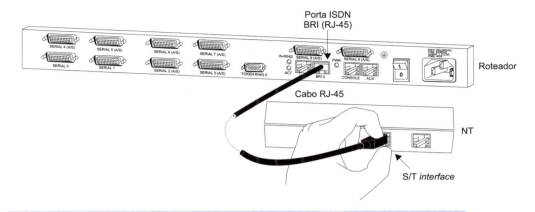

Figura 5.7 - Conexão de porta ISDN BRI do roteador a um dispositivo de acesso à rede ISDN. O acesso a uma rede ISDN (ou RDSI - rede digital de serviços integrados) é feito por meio de um dispositivo chamado NT (*network terminal*), ligado por um par de fios da rede telefônica à central telefônica ISDN da operadora.

5.1.2.6 Modelos de roteadores

A seguir, alguns modelos de roteadores com suas interfaces (portas).

Os modelos seguintes possuem *slots*, que são os escaninhos em que se encaixam as placas. Cada *slot* passa a ter um número (0, 1, 2, ...) e suas portas são especificadas pelos números do *slot* e da porta no *slot*.

Exemplo:

- **Serial 0/0** (porta serial do *slot* 0, porta 0);
- **Serial 0/1** (porta serial do *slot* 0, porta 1);
- **Ethernet 0/0** (porta *Ethernet* do *slot* 0, porta 1);
- **Ethernet 1/0** (porta *Ethernet* do *slot* 1, porta 0);
- **Serial 1/0** (porta serial do *slot* 1, porta 0);
- **Bri 1/0** (porta ISDN do *slot* 1, porta ISDN 0).

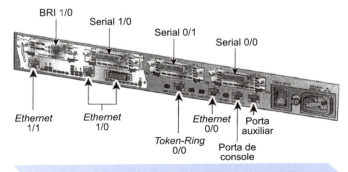

Figura 5.8 - Roteador da linha 2612 com dois *slots* (0 e 1) e portas seriais, *Ethernet*, ISDN, *Token-Ring*, auxiliar e console.

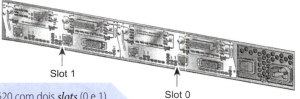

Figura 5.9 - Roteador 3620 com dois *slots* (0 e 1) com diversas interfaces.

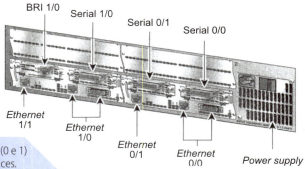

Figura 5.10 - Roteador 3600 com dois slots (0 e 1) expansíveis até quatro *slots* com várias interfaces.

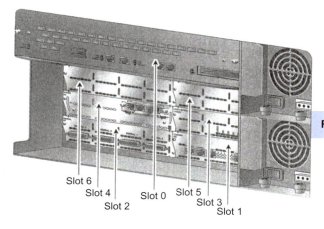

Figura 5.11 - Roteador 3660 com vários *slots* (0 a 6).

5.1.3 Acesso à configuração do roteador

O acesso ao sistema operacional do roteador e aos seus comandos de configuração pode ser realizado de várias formas. A mais comum é conectar um PC (*Personal Computer* ou microcomputador) à porta de console do roteador.

Liga-se a interface serial do microcomputador (RS-232 ou COM1) à de console do roteador (RJ-45) por um cabo UTP denominado *roll-over*, que possui conector RJ-45 com adaptador para DB-9/RS-232 em uma ponta e RJ-45 na outra. Normalmente, esse cabo vem com o roteador.

A porta de console permite monitorar ou configurar um roteador, *switch* ou *hub*.

A pinagem do cabo *roll-over* é diferente dos cabos *Ethernet* já vistos. A pinagem entre os dois conectores RJ-45 nas duas pontas do cabo é:

1 - 8
2 - 7
3 - 6
4 - 5
5 - 4
6 - 3
7 - 2
8 - 1

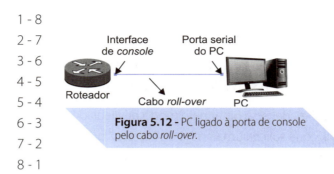

Figura 5.12 - PC ligado à porta de console pelo cabo *roll-over*.

O acesso à configuração do roteador também se faz pelas outras portas (interfaces), utilizando uma sessão Telnet remota. Pode-se utilizar a interface AUX (auxiliar) do roteador para conectar um *modem* com linha telefônica e por um PC com emulador Telnet acessar e fazer a configuração remotamente.

A porta auxiliar AUX é configurada pelo console com os parâmetros de comunicação de 9600 bps, oito *bits*, sem paridade e com um *bit* de parada (*stop*). Ela pode ser usada para realizar a conexão discada de *backup* ou como porta de configuração remota por *modem*.

É possível empregar outras portas (interfaces seriais ou *Ethernet*) do roteador nas quais estejam ligadas redes que contêm PCs com emulador de terminal Telnet, servidor TFTP ou de gerenciamento para acessar e configurar o roteador.

Com o TFTP-*Server* é possível armazenar os arquivos de configuração e IOS em um PC, por questões de segurança e de gerenciamento.

O processo de *backup*, ou seja, cópia e armazenagem de arquivos de IOS e configuração, é fundamental para recuperar a operação dos equipamentos em caso de panes ou acidentes.

Para configurar o roteador, utiliza-se a forma mais comum de acesso, a porta de console. A porta serial do PC deve ser ligada à de console do roteador por um cabo com conector serial em uma ponta (COM1 do micro, por exemplo) e conector RJ-45 na outra (porta de console do roteador).

Carregue no PC o *software* HyperTerminal. No Windows, a carga é feita pelo menu Iniciar, Programas, Acessórios, Comunicações, HyperTerminal e a criação de uma conexão com o Hypertrm.exe para a COM1 com as configurações para a porta serial (COM1) do PC:

- ▶ *Bits* **por segundo:** 9600;
- ▶ *Bits* **de dados:** oito;
- ▶ **Paridade:** nenhuma;
- ▶ *Bits* **de parada:** um;
- ▶ **Controle de fluxo**: nenhum.

Uma vez conectada a porta de console do roteador à porta COM1 do PC com o HyperTerminal, surge o nome com o qual se configurou o *software* seguido do *prompt* (>) em que se começa a digitar os comandos:

```
nome>
nome>?      (digitando "?" o roteador mostra os comandos disponíveis neste ponto)
```

O roteador possui modos de configuração que acessam diferentes comandos. O mais simples é o usuário (ou EXEC usuário), estudado anteriormente com o *prompt* ">".

Esse modo de configuração só permite acesso a comandos básicos e que não alteram a configuração do roteador. Assim, no modo usuário não é possível alterar as configurações do roteador.

Para alterar configurações, deve-se optar pelo modo privilegiado (ou EXEC privilegiado), o que se faz digitando o comando enable, que solicita uma senha de acesso. Após a digitação da senha colocada na configuração, o roteador passa para o modo privilegiado, representado pelo *prompt* "#".

```
nome>
nome>enable
            (para entrar no modo privilegiado no qual se alteram as configurações)
Password: senha
            (senha para entrar no modo privilegiado)
nome#
nome#?
            (Para saber os comandos disponíveis no prompt "#", digitar "?")
```

Ao digitar "?", aparecem os comandos ou seus complementos disponíveis para aquele ponto. Caso a tela fique cheia, aperte Enter para surgirem os próximos comandos disponíveis. O "?" é um *help* muito útil, pois facilita a escolha e a digitação dos comandos.

Durante a digitação, a tecla Tab também é muito útil, pois ao digitar apenas parte de um comando, apertando a tecla Tab, todo o restante é preenchido automaticamente.

5.1.3.1 Alguns exemplos de comandos mais utilizados

Para saber o conteúdo das memórias do roteador, utilizam-se os comandos seguintes, que devem ser digitados no modo privilegiado (#):

```
nome#show version
            (mostra a versão do IOS que está na memória RAM)
nome#show memory
            (mostra a memória RAM)
nome#show stacks
            (mostra processos interrompidos e reiniciados na memória RAM)
nome#show buffers
            (mostra os buffers que estão na memória RAM)
nome#show processes
            (mostra os programas que estão na memória RAM)
nome#show protocols
            (mostra os protocolos de camada
             3 que estão na memória RAM)
nome#show running-config
            (mostra a configuração que está em uso na memória RAM)
nome#show startup-config
            (mostra a configuração guardada na memória NVRAM)
```

```
nome#show configuration        (idem)
nome#show flash
             (mostra o conteúdo e o sistema operacional guardados na memória Flash)
```

O comando *show flash* exibe a quantidade de memória disponível e o nome do arquivo do IOS, que permanece guardado na memória *Flash* (também chamado de imagem) e é composto de várias partes, como c2500-sy-l-121-6.bin.

```
nome#show interfaces
             (mostra o status das interfaces configuradas do roteador)
nome#show ip route
             (mostra as rotas e tipos de rotas estabelecidas)
nome#show ip interface serial 1
             (mostra a configuração IP da porta serial 1)
nome#show ip interface brief
             (mostra um resumo da configuração IP das interfaces)
nome#show ip arp
             (mostra a tabela ARP do roteador)
nome#ping 10.3.120.40
             (faz o roteador enviar um ping ao endereço IP especificado)
```

Para acertar hora e data do roteador, emprega-se o comando *clock*. No exemplo seguinte, vê-se o estabelecimento da hora no dia 24/6/2002.

```
nome#clock set 14:35:55 24 june 2002
```

Para sair do modo configuração, digite o comando *disable*:

```
nome#disable
nome>
```

Para efetuar o *logoff* do roteador, digite o comando *exit*.

```
nome>exit
```

Esses comandos são básicos e devem ser decorados.

O roteador possui outros modos de configuração, como o *setup* e a configuração global.

Usa-se o modo *setup* para criar uma configuração básica inicial, normalmente quando o roteador não tem nenhum arquivo de configuração gravado na NVRAM.

No *setup*, colocam-se o nome do roteador (*hostname*) que aparece no *prompt*, senhas, endereços IP e outras configurações básicas para iniciar a operação. Se não houver o arquivo de configuração na NVRAM ao ligar o roteador, ele pergunta se o usuário deseja entrar na configuração inicial ("*would you like to enter the initial configuration dialog?*"). Se responder *yes*, entra-se no modo *setup* para efetuar a configuração básica.

Ao final do *setup* pergunta-se se deseja usar essa configuração. Se disser *yes*, ela é gravada na NVRAM e utilizada nas próximas recargas do roteador.

A entrada nesse modo é feita ao digitar o comando *setup* no modo privilegiado:

```
nome#
nome#setup
             (inicia a criação de uma configuração básica para o roteador)
```

Após digitar o comando *setup*, ele pergunta e sugere configurações básicas para o roteador. Deve-se responder *yes*, nome do roteador, senha de acesso e demais dados solicitados para uma configuração básica.

Após o término da configuração básica, é possível incrementá-la. A configuração está na memória RAM e é preciso gravá-la na memória NVRAM, com o comando *copy*; caso contrário, será apagada se o roteador for recarregado.

Usa-se o modo configuração global para configurações específicas e das interfaces (portas) do roteador. Nesse modo aparece antes do *prompt* o termo (config), e se entrar em uma interface específica para configuração, aparece (config-if).

Acessa-se o modo de configuração global digitando:

```
nome#configure terminal
nome(config)#
```

Para configurar uma interface específica, digita-se seu nome no modo configuração (config) que passa ao de interface (config-if), como no exemplo seguinte, em que se configura a interface serial0:

```
nome(config)#
nome(config)#interface serial0
nome(config-if)#
              (aqui se digitam os comandos de configuração para esta interface)
```

A qualquer momento é possível digitar "?" (*help*) para conhecer os comandos disponíveis no ponto em que se encontra.

Para especificar senhas de acesso às interfaces, usam-se os comandos login e password para cada uma, no modo configuração. A seguir, a especificação de senhas para as interfaces de console, auxiliar e para acesso Telnet:

```
nome(config)#line console 0
              (entra na interface Console)
nome(config-line)#login
nome(config-line)#password senha3
              (especifica a senha senha3 para acesso à interface de console)
nome(config-line)#line aux 0
              (entra na interface auxiliar)
nome(config-line)#login
nome(config-line)#password senha4
              (especifica a senha senha4 para acesso à interface auxiliar)
nome(config-line)#line vty 0 4
              (entra na interface que será usada para acesso Telnet serial)
nome(config-line)#login
nome(config-line)#password senha5
              (especifica a senha senha5 para acesso à interface)
```

5.1.3.2 Resumo dos modos de configuração

```
Modo usuário (USER EXEC): nome>
Modo privilegiado (PRIVILEGED EXEC): nome#
              (alteração de configurações)
```

```
Modo setup (SETUP)
            (para montar uma configuração inicial)
Modo configuração global (GLOBAL CONFIGURATION): nome(config)#
Modo configuração de interfaces (INTERFACE CONFIGURATION): nome(config-if)#
Modo configurações complexas: nome(config-mode)#
Modo RXBOOT
            (para recuperação de senhas ou do sistema operacional se forem apagados da
             memória Flash)
```

Outros comandos de uso comum e que facilitam a edição de comandos, quando a função *terminal editing* estiver ativada, são:

```
nome#show history
            (mostra os últimos comandos que foram efetuados)
```

A seguir, um exemplo de configuração do HyperTerminal de acesso a um roteador e os comandos disponíveis. Ao final, faz-se a carga inicial em um roteador que não possui arquivo de configuração nem nome, utilizando o *setup*.

5.1.4 Criação de um HyperTerminal e acesso aos comandos do roteador

O roteador possui em seu *hardware* memórias que armazenam o sistema operacional (IOS), os arquivos de configurações e de *backup*, além de programas e tabelas necessários a sua operação. As memórias existentes no roteador são:

- ROM;
- RAM;
- NVRAM;
- *Flash*.

Na memória RAM é carregado o sistema operacional do roteador (IOS), que fica guardado na memória *Flash* e é copiado para a memória RAM.

Também se armazenam na memória RAM o arquivo de configuração ativo, os programas como protocolos, dados de *buffer* (memória de armazenamento temporário de dados em trânsito) e tabelas.

Quando o roteador é ligado, o arquivo de configuração vem da memória NVRAM, na qual fica guardado e é colocado na memória RAM. O arquivo de configuração gravado na NVRAM fica armazenado mesmo ao desligar o roteador.

Na memória *Flash* se guarda o sistema operacional dos roteadores (IOS - *Internetwork Operating System*), que controla o equipamento. Ao ligar o roteador, o IOS é carregado da memória *Flash* à RAM e o arquivo de configuração da memória NVRAM para a RAM. A configuração de roteadores é feita por comandos especificados ao sistema operacional do equipamento.

A seguir, estudam-se a relação de comandos que podem ser utilizados e sua forma de entrada.

Para configurar o roteador, antes de iniciar a configuração, é preciso criar um acesso Telnet no computador que fará a configuração do roteador. Isso é realizado por uma conexão Telnet em um PC para comunicação com o roteador.

No Windows a emulação Telnet é feita pelo HyperTerminal, executado pelo menu Iniciar, Programas, Acessórios, Comunicações e HyperTerminal.

Figura 5.13 - Tela do Windows para criação do HyperTeminal.

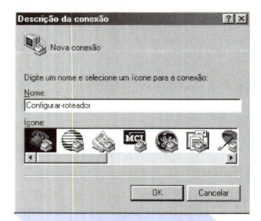

Figura 5.14 - Nome da conexão.

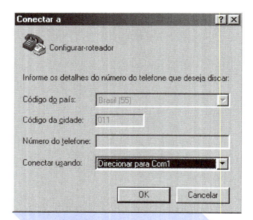

Figura 5.15 - Especificação da porta de conexão.

Configure o HyperTerminal para operar como emulador de terminal do roteador.

Execute o HyperTerminal e gere uma conexão com nome (no exemplo, o nome dado foi Configurar--roteador) e ícone, direcionando a conexão para a COM1 do PC, considerando a porta COM1 do PC ligada à de console do roteador por cabo *roll-over*, a velocidade 9600 baud, oito data *bits*, *no parity*, um *stop bit* e nenhum controle de fluxo.

Figura 5.16 - Configuração da porta.

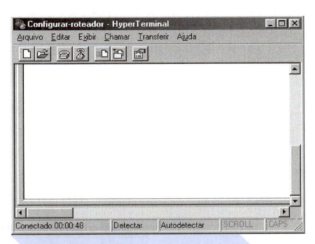

Figura 5.17 - Tela de acesso ao roteador.

Ao ligar o roteador, surge o processo de carga e, ao final desta, caso o roteador já tenha sido configurado anteriormente, aparece o nome com o qual foi configurado, seguido de um *prompt* (>). No exemplo, o roteador foi configurado com o nome "R".

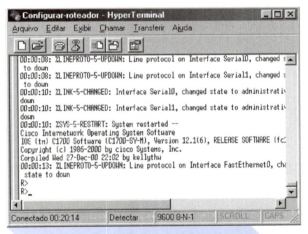

Figura 5.18 - Dados enviados pelo roteador.

5.1.5 Configurações do roteador

Quando se liga o roteador, aparece um *prompt* no formato ">" no qual se digitam os comandos. Para conhecer os comandos disponíveis nesse ponto, digite "?" e recebem-se do equipamento a relação e a função de cada um.

Nesse primeiro modo de configuração, com o *prompt* ">", só é possível introduzir comandos que não alteram a configuração do roteador. Digitando "?", o sistema lista os comandos disponíveis.

Para entrar no modo que permite inserir comandos que alteram a configuração do roteador, deve-se entrar no modo privilegiado digitando o comando *enable* e a senha de acesso criada na configuração inicial do roteador (*setup*). No modo privilegiado, o *prompt* muda de ">" para "#". Digitando "?", o sistema lista os comandos disponíveis.

É possível ir ao modo configuração global de interfaces com o comando *configure terminal*, em que há outros disponíveis para configuração. Com esse comando mostra-se "R(config)" antes do *prompt*.

Para entrar em uma interface específica do roteador e configurá-la, digita-se o comando interface seguido do nome da interface a ser configurada (serial0, serial1, fastethernet0 ou outra). No modo de configuração da interface aparece "R(config-if)" antes do *prompt*, em que se digitam todos os comandos de configuração necessários a essa interface.

Para retornar aos modos anteriores, digite o comando *exit*.

Figura 5.19 - Acesso e saída de uma interface do roteador.

Em qualquer ponto de um comando pode-se digitar o ponto de interrogação (?) e Enter quando a tela encher, pois o sistema operacional do roteador mostra os comandos disponíveis naquele ponto.

A seguir, encontram-se a relação dos comandos do modo usuário, configuração e interfaces (serial, *Ethernet* e console). A relação disponível em cada modo foi obtida com o comando "?".

```
R>?
          (mostra os comandos disponíveis no modo usuário)
R>
R>
```

Em seguida entra-se no modo privilegiado, o qual permite alterações na configuração do roteador. Nesse modo, a entrada é feita pelo comando *enable* e pela senha de acesso.

```
R>
R>enable
          (vai ao modo privilegiado)
Password:
          (digitar a senha configurada no setup)
```

```
R#
R#
R#
R#configure ?
               ("?" após o conando, mostra os seus complementos)

     memory     Configure from NV memory
     network    Configure from a TFTP network host overwrite-network    Overwrite NV memory
                from TFTP network host
     terminal   Configure from the terminal <cr>
R#configure terminal
               (vai para o modo de configuração)
Enter configuration commands, one per line. End with CNTL/Z.
R(config)#?
               (mostra os comandos disponíveis para configuração)
R(config)#
R(config)#
R(config)#interface ?
               ("?" mostra os complementos para o comando interface)
R(config)#interface serial0
               (entra na interface serial0 para configurá-la)
R(config-if)#?
               ("?" mostra os comandos disponíveis para configurar a interface)
R(config-if)#
R(config-if)#exit
               (volta ao modo anterior)
R(config)#
R(config)#interface fastethernet0
               (entra na interface fastethernet0 para configurá-la)
R(config-if)#?
               (mostra os comandos disponíveis para utilizar na configuração)
R(config-if)#
R(config-if)#exit
               (volta ao modo anterior)
R(config)#router ?
               (mostra os complementos para o comando router)

     bgp        Border Gateway Protocol (BGP)
     egp        Exterior Gateway Protocol (EGP)
     eigrp      Enhanced Interior Gateway Routing Protocol (EIGRP)
     igrp       Interior Gateway Routing Protocol (IGRP)
     isis       ISO IS-IS
     iso-igrp   IGRP for OSI networks
     mobile     Mobile routes
     odr        On Demand stub Routes
     ospf       Open Shortest Path First (OSPF)
     rip        Routing Information Protocol (RIP)
     static     Static routes
R(config)#router igrp ?
               (mostra o complemento disponível para o comando router igrp)

     <1-65535>   Autonomous system number
R(config)#router igrp 202
               (ativa o protocolo de roteamento igrp para o roteador R)

IP routing not enabled
Rconfig)#line ?
               (mostra os complementos disponíveis para o comando line)

     <0-10>     First Line number
     aux        Auxiliary line
     console    Primary terminal line
     tty        Terminal controller
     vty        Virtual terminal
```

```
R(config)#line console 0
                (entra na interface de console para configurá-la)
R(config-line)#?
                ("?" mostra os comandos disponíveis para configurar)
R(config-line)#
R(config-line)#exit
                (volta ao modo anterior)
R(config)#
R(config)#exit
                (volta ao modo anterior)
R#
```

Para obter informações sobre roteadores vizinhos e suas configurações, utiliza-se o protocolo CDP (*Cisco Discovery Protocol*) para equipamentos Cisco. Os comandos utilizados para conseguir dados sobre equipamentos vizinhos são:

```
R#show cdp neighbor       (mostra as características dos roteadores vizinhos)
R#show cdp entry nomeA     (mostra as características do roteador nomeA)
```

Cada comando pode ter vários complementos. Os exemplos mostram como entrar nas interfaces mais comuns e configurá-las, além dos comandos disponíveis.

É importante desenvolver o uso dos comandos estudados e as configurações mostradas em um roteador. A prática direta nos equipamentos é fundamental para o entendimento integral dos tópicos estudados.

5.1.6 *Setup*

Como iniciar a configuração de um roteador sem nenhuma gravada em sua memória? Utilize o comando *setup*. Esse modo carrega uma configuração mínima no roteador quando ele não possui ou não encontra a sua. Entra-se nesse modo ao digitar:

```
nome>
nome>enable
Password:
                (digitar a senha de acesso ao roteador)
nome#
nome#setup
      --- System Configuration Dialog ---
Continue with configuration dialog? [yes/no]:
                (inicia a configuração respondendo yes)
```

No exemplo anterior havia uma configuração no roteador, pois se entrou nele com a senha de acesso que já estava na configuração.

No caso de a configuração guardada na NVRAM ser apagada, não existir e não estar ativa na memória RAM, deve-se entrar no modo *setup* para estabelecer uma configuração básica inicial, a partir da qual se efetua a final.

A seguir, aprende-se como apagar a configuração que está na NVRAM (*startup-config*), recarregar o roteador (*reload*) e entrar no *setup* para criar outra:

```
nome#
nome#erase startup-config
                (apaga a configuração da memória NVRAM)
nome#reload
                (inicializa o roteador)
```

Considere desligar o roteador. Ao ligá-lo novamente, o IOS é carregado, mas sem a configuração, que foi apagada. O sistema do roteador percebe que não há configuração na NVRAM e pergunta se o usuário deseja iniciar uma configuração básica, ou seja, inicia o *setup* automaticamente:

```
    --- System Configuration Dialog ---
Would you like to enter the initial configuration dialog? [yes/no]:
          (responder yes para configurar)
```

Após digitar ou confirmar os comandos do *setup*, a opção 2 ([2] *Save this configuration to nvram and exit*) salva a configuração na NVRAM.

Após isso, se desligar o roteador e ligá-lo em seguida, é carregado com ela, sem a necessidade de entrar no *setup*.

```
nome>
```

Se responder *no* à pergunta para iniciar o diálogo de configuração, o roteador entra no modo usuário sem configuração. Se quiser estabelecer uma configuração básica, basta digitar o comando *setup* ou digitá-lo manualmente.

```
      --- System Configuration Dialog ---
Would you like to enter the initial configuration dialog? [yes/no]: no
Would you like to terminate autoinstall? [yes]:
Press RETURN to get started!
Copyright (c) 1986-2000 by Cisco Systems, Inc.
Compiled Wed 27-Dec-00 22:02 by kellythw
Router>
Router>
Router>setup
          (inicia e grava uma nova configuração básica)
nome>
nome>enable
          (vai para o modo privilegiado)
Password:
          (digitar a senha de acesso definida na configuração)
nome#
nome#
```

Nas configurações, os comandos padrão (*default*) aparecem entre colchetes "[ ]". Para escolher o comando entre colchetes, basta clicar Enter. Para entrar com um comando diferente do sugerido, é só digitá-lo e clicar Enter. Para encerrar o processo de configuração a qualquer momento, digite Ctrl + c.

Ao final do processo de *setup* é exibida a configuração e pergunta-se se deseja usá-la. Se a resposta for *yes*, a configuração é gravada na memória NVRAM. Se digitar *no*, não é salva e o processo recomeça.

5.1.6.1 Processo de setup do roteador: especificação das *configurações básicas*

A seguir, a configuração do *setup* desde o início.

Para entrar no modo *setup*, em que é possível especificar nome do roteador, senhas de acesso e configurações iniciais básicas em roteadores sem nenhuma configuração, utiliza-se o comando *setup* no modo configuração ou entra-se no *setup* quando ligar o roteador.

```
nome#setup
     --- System Configuration Dialog ---
Continue with configuration dialog? [yes/no]: yes
              (digitar yes)

Would you like to enter basic management setup? [yes/no]: yes
              (digitar yes)

Configuring global parameters:
Enter host name [nome]:R
              (vamos dar o nome R ao roteador a aparecer no prompt)

The enable secret is a one-way cryptographic secret used instead of the enable password
when it exists.
Enter enable secret [<Use current secret>] xxxxx
              (digitar a senha secreta de acesso, criptografada, para entrar na configuração)

Enter enable password [san-fran]: yyyyy
              (digitar a senha de acesso não criptografada, para entrar na configuração)

Enter virtual terminal password [san-fran]: xxxxx
              (digitar a senha contra acesso não autorizado de outras portas além da porta de
               console)

Configure SNMP Network Management? [no]                      (enter)
```

O *setup* apresenta e sugere configurações básicas para as interfaces existentes no roteador, como *Ethernet*, *Token-Ring* e seriais, endereços IP, protocolos e outras opções que podem ser aceitas (*yes*) ou negadas (*no*). É possível aceitar as sugestões entre colchetes ou alterá-las digitando o valor desejado.

No final do *setup* surge o nome dado ao roteador com o *prompt* "#", em que é possível incrementar ou alterar a configuração padrão. É importante guardar as senhas definidas no *setup*, pois serão solicitadas nos próximos acessos ao roteador.

É preciso também, após terminar a configuração, transferi-lo à NVRAM. Ou seja, o arquivo de configuração criado está na memória RAM (*running-config*). Se o roteador for desligado, ele é perdido, portanto é preciso copiá-lo para a NVRAM (*startup-config*) com o comando *copy*.

```
R#copy running-config startup-config
```

Quando o roteador for ligado ou feito *reload*, o arquivo de configuração será buscado na NVRAM.

A senha secreta (*secret*) é criptografada pelo sistema operacional do roteador não visível. A normal (*password*) não é criptografada e fica visível, com menor segurança que a secreta.

Se a senha secreta for utilizada, a normal não é. Se ambas forem especificadas, vale a senha secreta criptografada para acesso ao roteador.

Após a configuração de todas as interfaces no *setup*, ele exibe as configurações criadas e solicita a gravação. Se responder *yes*, a configuração é gravada na memória NVRAM. Se responder *no*, ela não é salva e o processo reinicia. A configuração gerada pode ser vista pelo comando *show*:

```
R#show running-config
              (mostra a configuração gravada na RAM)

R#show startup-config
              (mostra a configuração gravada na NVRAM)
```

5.2 Recuperação de senha de roteador

Caso perca a senha do roteador ou receba um roteador sem a senha de acesso, existe um procedimento pelo qual se ignora a carga da configuração da NVRAM e entra na do *bootstrap*, no qual se criam outras senhas de acesso. Esse procedimento consiste em alterar o registro de configuração do roteador.

O valor do registro de configuração é visto com o comando *show version*.

```
R1#show version
              (mostra IOS, boot e registro de configuração)
R1#configure terminal
R1(config)#config-register 0x2102
              (altera e especifica o valor do registro de configuração)
```

O registro de configuração é lido somente no processo de carga do roteador, quando é inicializado. Desta forma, ao alterar o valor do registro, para que passe a valer, é preciso desligar e ligar o roteador ou utilizar o comando *reload*.

Esse registro é composto de 16 *bits*, representado por quatro dígitos. Os quatro *bits* da direita, ou seja, o dígito da direita, especificam a forma de carga do roteador (*boot process*):

▶ Se igual a zero, faz a carga pelo ROM Monitor quando o roteador é ligado.

▶ Se igual a um, faz a carga pela memória ROM.

▶ Se igual a dois, faz a carga *default* (padrão) usando os comandos de carga (*boot system commands*) que estão na NVRAM.

Para ignorar a carga da configuração normal da NVRAM, deve-se alterar o registrador que especifica a configuração básica do *boot*. Esse registrador, composto de 16 *bits*, está configurado para efetuar a carga a partir da NVRAM e possui o valor 0x2102.

Se alterar o valor do registrador (registro de configuração do roteador) para 0x2142, ignora-se a carga da configuração da NVRAM ao recarregar o roteador, ficando aberta no modo *setup* do ROM Monitor.

No modo *setup* ROM Monitor faz-se a cópia da configuração da NVRAM para a RAM, criam-se outras senhas e copia-se novamente na NVRAM. Em seguida, volta-se o registro ao formato inicial 0x2102 para que o roteador volte a ler a configuração da memória NVRAM quando recarregado.

Para que, inicialmente, o roteador entre no *setup* ROM Monitor, deve ser desligado. Ao ligá-lo, apertam-se as teclas Ctrl + Break. O roteador entra no modo ROM Monitor (analogamente ao PC que, quando se liga e apertam-se Ctrl + Del, entra no modo *setup*) no qual é possível alterar o registrador e iniciar o modo de configuração ROM Monitor.

O ROM Monitor é um *software* da memória ROM. Inicia a carga do roteador quando ele é inicializado. Na abertura do roteador, para ignorar a carga da configuração gravada na memória NVRAM, deve-se alterar o registro de configuração.

Procedimentos:

1. Desligar o roteador.

2. Ligar o roteador e pressionar Ctrl + Break.

3. A carga do roteador é interrompida e ele fica no modo ROM Monitor, no qual se altera o registro:

```
monitor: command "boot" aborted due to user interrupt
rommon 1 >
rommon 1 >
rommon 1 >o/r 0x2142
              (digitar o valor do novo registro com o comando o/r 0x2142 ou confreg 0x2142,
               a alteração do registro para  0x2142 que ignora a carga pela NVRAM)

rommon>i
              ("i" recarrega o roteador)

      --- System Configuration Dialog ---
Would you like to enter the initial

configuration dialog? [yes/no]: no
              (ignora o setup)

Press RETURN to get started!
Compiled Wed 27-Dec-00 22:02 by kellythw
Router>
              (o roteador foi ativado sem configuração)

Router>enable
              (vai para o modo privilegiado sem digitar senha)

Router#
              (entrou no modo privilegiado sem pedir senha)

Router#copy startup-config running-config
              (copia-se a configuração para a memória RAM)

Destination filename [running-config]?
618 bytes copied in 0.800 secs
R#
              (estamos dentro do roteador com a configuração da NVRAM)
              (observar que o nome do roteador veio como estava na configuração "R")

R#configure terminal
              (vamos ao modo configuração para criar outras senhas)

R(config)#enable secret xxxxx
              (cria-se uma senha secreta)

R(config)#enable password xxxxx
              (cria-se uma senha normal)

R(config)#exit
R#show running-config
              (mostra a configuração corrente com senhas alteradas)

R#copy running-config startup-config
              (copia-se a configuração alterada para a NVRAM)

R#configure terminal
R(config)#
R(config)#config-register 0x2102
              (volta o registrador ao valor inicial de carga pela NVRAM)

R(config)#exit
              (sai do modo configuração)
```

```
R#show version
            (mostra a versão e o novo valor do registro de configuração a ser carregado)
R#reload
            (recarrega a configuração do roteador da NVRAM com as novas senhas)
```

Com o comando *reload* o roteador é recarregado. Na nova carga a configuração é obtida da NVRAM. Como sua configuração é a nova *running-config*, que se alterou na memória RAM e copiou-se para a memória NVRAM, as senhas de acesso solicitadas serão as criadas.

5.4 *Backup* e recuperação do arquivo do sistema operacional (IOS) e do arquivo de configuração

É importante fazer uma cópia do IOS e do arquivo de configuração do roteador para que, em caso de perda ou pane no equipamento, seja possível recarregá-los.

Normalmente o *backup* (cópia) é feito pelo programa TFTP (*Trivial File Transfer Protocol*), que fica em um computador PC. Trata-se de um protocolo de transferência de arquivos da Cisco que copia os arquivos IOS e de configuração do roteador para o PC, guardando-os em um diretório. O programa TFTP pode ser obtido pelo site da Cisco, por meio de *download* e carregando-o no computador que fará o *backup*.

O PC com o programa TFTP deve ter a placa de rede *Ethernet* ligada à interface de rede *Ethernet* do roteador por um cabo de par trançado *crossover*. Deve-se especificar e configurar um endereço IP para a porta do roteador ligado ao PC e também ativar a interface com o comando *no shutdown*.

Após configurar um endereço IP, no exemplo 192.168.60.30, e máscara 255.255.255.0, e ativar a interface com o comando *no shutdown*, vá até o DOS do Windows e teste a comunicação entre o PC e o roteador com o comando *ping*.

A seguir, a especificação do endereço IP para a interface *Fast-Ethernet* do roteador:

```
R#
R#configure terminal
Enter configuration commands, one per line. End with CNTL/Z.
R(config)#interface fastethernet0
R(config-if)#ip address 192.168.60.30 255.255.255.0
R(config-if)#no shutdown
            (ativa a interface fastethernet)

R(config-if)#exit
R(config)#exit
R#
```

Vamos testar se a interface *Fast-Ethernet* do roteador responde a um *ping* dado do Windows. A interface deve estar ativa com o comando *no shutdown*.

Como a placa de rede do PC está diretamente ligada à *Fast-Ethernet* do roteador, a configuração do TCP/IP deve ter o *gateway* de saída (*default gateway* ou roteador padrão) configurado com o endereço IP da interface do roteador (192.168.60.30).

Para realizar essa configuração no Windows, entre no menu Iniciar, Configurações, Painel de Controle, Rede, TCP/IP *Fast-Ethernet Adapter*, Propriedades e digite o endereço 192.168.60.30 como *gateway* de saída.

Com isso, quando der o *ping* no PC, o Windows o encaminha para esse endereço.

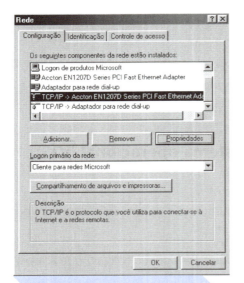

Figura 5.20 - Configuração do TCP/IP na placa de rede.

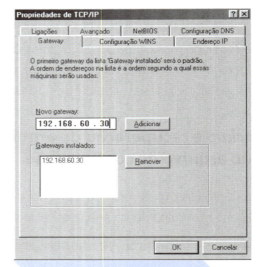

Figura 5.21 - Configuração do endereço IP do roteador no PC.

No PC com a placa de rede ligada à interface *Ethernet* ou *Fast-Ethernet* do roteador, *prompt* do Windows, no DOS, digita-se:

`C:\WINDOWS>ping 192.168.60.30`

A porta do roteador responde indicando que a conexão entre ele e o PC está funcionando com 0% de perda, ou seja, os quatro pacotes enviados pelo *ping* devem retornar como recebidos.

Com a conexão entre o micro (PC) e o roteador testada e funcionando, o próximo objetivo é copiar o arquivo do IOS, também chamado de imagem IOS ou imagem do sistema, que está na memória *Flash* do roteador para um arquivo no computador PC ligado ao roteador, pelo programa TFTP. Depois, faz-se o processo inverso de copiar o arquivo com o IOS guardado no PC para o roteador.

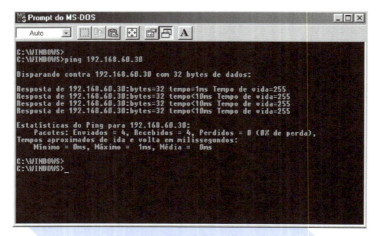

Figura 5.22 - Comando ping para testar o acesso da placa de rede do PC à porta do roteador.

ADMINISTRAÇÃO DE REDES LOCAIS

Nesse caso é importante verificar o tamanho da memória *Flash*, para saber se comporta o sistema operacional a ser copiado nela, o que é feito com o comando *show flash*.

A seguir, uma configuração da porta do roteador e os procedimentos de *backup* do arquivo de configuração da NVRAM e do IOS da *Flash* para o servidor (PC) TFTP:

```
nome#interface ethernet0
            (entrar na porta Ethernet para configurar o endereço IP)
nome(config)#ip address 192.168.60.30 255.255.255.0
            (especificação do endereço IP)
nome(config)#no shutdown
            (ativa a porta Ethernet0 do roteador)
nome(config)#exit
            (sai do modo de configuração da porta)
            (neste ponto testar a conexão PC x roteador dando um ping 192.168.60.30 no DOS)
```

Primeiramente o programa TFTP deve estar instalado no PC (pode ser obtido pelo site da Cisco). O TFTP cria para si um endereço IP no PC (TFTP-*Server*), por exemplo 10.4.9.65, configurado como o endereço IP do PC no Windows no menu Iniciar, Configurações, Painel de Controle, Rede, TCP/IP, Propriedades, Endereço IP, e que se comunica com o do roteador para efetuar as transferências de arquivos de *backup* e recuperação.

Com o TFTP carregado no PC e a placa de rede conectada à interface *Fast-Ethernet* do roteador, inicia-se o *backup*.

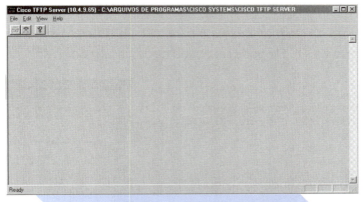

Figura 5.23 - Tela do utilitário TFTP para *backup*.

5.4.1 *Backup* do arquivo de configuração

Para copiar o arquivo de configuração da NVRAM (*startup-config*) do roteador no servidor TFTP, que é um microcomputador PC com placa de rede ligada à *interface Ethernet* do roteador por um cabo UTP do tipo *cross*, com o nome *startup-config-backup*, digite no HyperTerminal:

```
R#
R#copy startup-config tftp                              (copia a configuração da NVRAM do
                                                         roteador para o TFTP)
Address or name of remote host []? 10.4.9.65            (digitar o endereço IP do TFTP no
                                                         PC)
Destination filename [r-config]? startup-config-backup  (digitar o nome do arquivo a gravar
                                                         no PC)
```

```
!!
713 bytes copied in 1.120 secs (713 bytes/sec)          (tamanho do arquivo copiado)
R#
R#
```

5.4.2 Recuperação do arquivo de configuração

Para copiar o arquivo de configuração do TFTP-*Server* de volta ao roteador na memória NVRAM (*startup-config*), digite no HyperTerminal:

```
R#
R#copy tftp startup-config                              (copia o arquivo do TFTP do PC para
                                                         a NVRAM do roteador)

Address or name of remote host []? 10.4.9.65            (digitar o endereço IP do TFTP onde
                                                         está o arquivo)

Source filename []? startup-config-backup               (digitar o nome do arquivo do
                                                         TFTP que será copiado)

Destination filename [startup-config]?                  (clicar Enter para assumir o
                                                         nome sugerido entre colchetes)

Accessing tftp://10.4.9.65/startup-config-backup...
Loading startup-config-backup from 10.4.9.65 (via FastEthernet0): !
[OK - 713/1024 bytes]
[OK]
713 bytes copied in 19.992 secs (37 bytes/sec)
01:27:06: %SYS-5-CONFIG_NV_I: Nonvolatile storage configured from tftp://10.4.9.65/startup-
config-backup by console
R#
```

5.4.3 *Backup* do arquivo do sistema operacional (IOS)

Para copiar o arquivo do IOS da memória *Flash* para o PC (TFTP-*Server*), especifique no comando *copy* o nome do arquivo que possui o IOS. Ele pode ser obtido na descrição dada pelo comando *show version*:

```
R#
R#show version
Cisco Internetwork Operating System Software
System image file is "flash:c1700-sy-mz.121-6.
bin"
Configuration register is 0x2102
R#
```

Digitam-se o comando *copy*, o endereço IP do TFTP e o nome do arquivo:

O nome do arquivo gravado no diretório do TFTP é o mesmo de origem, pois se clicou Enter na opção *Destination filename*, assumindo o nome sugerido entre colchetes, de origem. Pode-se também simplesmente usar o comando:

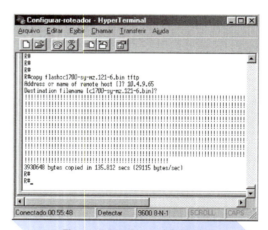

Figura 5.24 - Comando para cópia do IOS do roteador para o PC.

```
R#copy flash tftp
```

5.4.4 Recuperação do arquivo do sistema operacional (IOS)

Para copiar um arquivo com o IOS do *TFTP-Server* de volta à memória *Flash* do roteador ou para gravar no roteador uma nova versão do IOS, deve-se tê-la em um arquivo no diretório do servidor TFTP.

É importante, antes de iniciar a cópia, verificar se a memória do roteador possui tamanho suficiente para comportar o arquivo. Sugere-se, antes de fazer a gravação no roteador, apagar a memória *Flash*.

```
R#
R#copy tftp flash
                (copia o arquivo do servidor TFTP no PC para a memória Flash)
Address or name of remote host []? 10.4.9.65
                (digitar o endereço IP do TFTP- Server)
Source filename []? c1700-sy-mz.121-6.bin
                (digitar o nome do arquivo)
Destination filename [c1700-sy-mz.121-6.bin]?
                (nome a ser gravado no roteador)
Accessing tftp://10.4.9.65/c1700-sy-mz.121-6.bin...
Erase flash: before copying? [confirm]
                (Enter confirma que se deve apagar a Flash antes)
Erasing the flash filesystem will remove all files! Continue? [confirm]
Erasing device... eeeeeeeeeeeeeeeeeeeeeeeeeeeeeeeeeeeeeeeeeeeeeeeeeeee ...erased
Erase of flash: complete
Loading c1700-sy-mz.121-6.bin from 10.4.9.65 (via FastEthernet0): !!!!!!!!!!!!!!
!!!!!!!!!!!!!!!!!!!!!!!!! !!!!!!!!!!!!!!!!!!!!!!!!!!!!!!!!!!!!!!!!!!!!!!!!!!!!!!
[OK - 3930648/7861248 bytes]
Verifying checksum... OK (0xF832)
3930648 bytes copied in 114.120 secs (34479 bytes/sec)
R#
R#show flash                                        (mostra o IOS gravado na memória
Flash)
```

No processo de carga, cada ponto de exclamação "!" indica que um segmento UDP foi transferido com sucesso.

Se o roteador não possui IOS gravado na memória *Flash*, para copiá-lo usa-se o comando tftpdnld após especificar os endereços IP, bem como a máscara e o nome do arquivo a ser copiado. Sem o IOS o roteador entra no modo ROM Monitor e então se digitam os endereços IP, o nome do arquivo e o comando tftpdnld:

```
rommon 1 >
rommon 1 > IP_ADDRESS=192.168.60.30            (digita-se o IP do roteador)
rommon 2 > IP_SUBNET_MASK=255.255.255.0        (digita-se a máscara do roteador)
rommon 3 > DEFAULT_GATEWAY=10.4.9.65           (digita-se o default gateway do
                                                roteador)
rommon 4 > TFTP_SERVER=10.4.9.65               (digita-se o IP do TFTP server)
rommon 5 > TFTP_FILE=c1700-sy-mz.121-6.bin     (digita-se o nome do arquivo a ser
                                                copiado)
rommon 6 > tftpdnld                            (comando para iniciar a cópia do
                                                arquivo do TFTP para a
memória Flash)
IP_ADDRESS:            192.168.60.30
IP_SUBNET_MASK:        255.255.255.0
DEFAULT_GATEWAY:       10.4.9.65
TFTP_SERVER:           10.4.9.65
TFTP_FILE:             c1700-sy-mz.121-6.bin
Invoke this command for disaster recovery only.
WARNING: all existing data in all partitions on flash will be lost!
Do you wish to continue? y/n: [n]: y
Receiving c1700-sy-mz.121-6.bin from 10.4.9.65 !!!!!!!!!!!!!!!!!!!!!!!!!!!!!!!!!!
!!!!!!!!!!!!!!!!!!!!!!!!!!!!!!!!!!!!!!!!!!!!!!!!!!!!!!!!!!!!!!!!!!!!!!!!!!!!!!!!!
```

```
File reception completed.
Copying file c1700-sy-mz.121-6.bin to flash.
Erasing flash at 0x607f0000
Programming location 603b0000
rommon 7 >
rommon 7 >
```

Nessa etapa, desliga-se e liga-se novamente o roteador para recarregar o novo IOS. Após a carga é possível confirmar o arquivo copiado com o comando *show flash* e:

```
R>
R>enable
Password:
R#show flash
System flash directory:
File Length Name/status
    1 3930648 c1700-sy-mz.121-6.bin
[3930712 bytes used, 4457896 available, 8388608 total]
8192K bytes of processor board System flash (Read/Write)
R#show version
Cisco Internetwork Operating System Software
IOS (tm) C1700 Software (C1700-SY-M), Version 12.1(6), RELEASE SOFTWARE (fc1)
ROM: System Bootstrap, Version 12.0(3)T, RELEASE SOFTWARE (fc1)
System returned to ROM by power-on
System image file is "flash:c1700-sy-mz.121-6.bin"
    . Configuration register is 0x2102
R#
```

5.5 Conceitos de roteamento

Roteamento é a maneira como os roteadores encaminham dados por meio de uma ou mais redes, utilizando o endereço IP do pacote de dados que é transmitido. Assim, os roteadores são utilizados para interconectar redes diferentes ou distantes entre si, rotear e encaminhar os pacotes na camada de rede utilizando protocolos e técnicas de roteamento, fazer a comunicação entre múltiplos domínios de *broadcasting*, ou seja, entre diferentes redes.

Para encaminhar os pacotes de dados ao seu destino final, os roteadores precisam conhecer as redes diretamente conectadas e não conectadas a eles, a fim de montar tabelas de roteamento para encaminhar os dados no sentido correto.

As rotas de comunicação com roteadores vizinhos e redes conectadas a elas podem ser especificadas manualmente e de maneira fixa, chamadas rotas estáticas (*static routes*). Também é possível defini-las automaticamente por protocolos de roteamento como RIP (*Routing Information Protocol*), IGRP (*Interior Gateway Routing Protocol*) e OSPF (*Open Shortest Path First*), que escolhem a melhor rota para alcançar outra rede, que se chamam rotas dinâmicas (*dynamic routes*).

Os protocolos de roteamento têm como função descobrir as rotas e encaminhar os pacotes de protocolos da rede como IP, IPX e outros. O IP é chamado de protocolo roteável.

Os protocolos de roteamento como o RIP e o OSPF preenchem uma tabela de roteamento com as rotas válidas. Cada rota possui um número de sub-rede, a especificação da interface pela qual os pacotes serão encaminhados e o endereço IP do próximo roteador a recebê-los e encaminhar ao seu destino final.

Por meio dessas tabelas, encaminham-se os pacotes de dados de um roteador para outro em direção ao destino final. Para um roteador encaminhar ou rotear um pacote a uma rede, ele só precisa conhecer a rota que a atinge.

Para tratar os dados das tabelas e escolher o melhor caminho ou rota para que cheguem ao seu destino, os roteadores utilizam protocolos de roteamento que executam essas funções. Os mais conhecidos são o RIP e o OSPF.

A seguir, algumas funções básicas de um protocolo de roteamento:

- Preencher as tabelas de roteamento com rotas para todas as sub-redes.
- Escolher a melhor rota, quando houver mais de uma.
- Remover rotas da tabela de roteamento quando não forem mais válidas.
- Evitar *loops* de roteamento.

Os protocolos de roteamento são definidos como externos ou internos. Os internos são os protocolos de roteamento que atuam dentro de uma rede privada, como a rede corporativa de uma empresa.

Os externos são utilizados entre roteadores de diferentes organizações, como a comunicação entre diferentes redes de operadoras de comunicação de dados. Como exemplo de protocolo de roteamento externo temos o BGP (*Border Gateway Protocol*).

Para encaminhar um pacote, o roteador deve ter seu endereço de destino, conhecer os roteadores vizinhos e as rotas que levam às redes remotas e manter atualizadas as tabelas de roteamento.

Para configurar uma rota estática em um roteador, usa-se o comando ip *route*. A seguir, um exemplo em que o roteador A é configurado para atingir a rede 172.17.0.0, nesse caso por meio da porta 172.18.0.1 do roteador B. O comando que especifica a rota, definindo a porta de encaminhamento no roteador A para atingir a rede do roteador B, é:

- A(config)#ip route 172.17.0.0 255.255.0.0 172.18.0.1.

Figura 5.25 - Configuração do roteador A para especificar a rota que acessa a rede 172.17.0.0 ligada ao roteador B.

Uma rede final ligada ao roteador, como a 172.17.0.0, chama-se rede *stub* (que fica na ponta). Nesse caso, o roteador B ao qual está ligada essa rede deve ser configurado para encaminhar a um *default router* os *frames* cujos endereços não estão em sua tabela de roteamento, portanto o *default router* é o roteador A. Essa configuração se faz no roteador B pelo comando ip *route*, no caso para a porta 172.18.0.2 do roteador A, como em seguida:

- B (config)#ip route 0.0.0.0 0.0.0.0 172.18.0.2

Usa-se um roteador quando se montam várias redes, cada uma com sua identidade própria, que se comunicam na necessidade de interconectar redes com diferentes protocolos como IP, IPX e outros, e para permitir que uma LAN acesse a internet ou uma WAN pelo uso de protocolos como o *frame-relay*, HDLC, PPP, X.25 e outros.

Um roteador concede o acesso de uma empresa ou provedor ISP (*Internet Service Provider*) à internet ou a interligação da rede local da matriz de uma empresa às de suas filiais.

Permite, inclusive, subdividir (segmentar) uma grande rede em sub-redes menores e mais fáceis de manusear, com domínios de *broadcast* independentes.

Cada rede precisa ter uma conexão física direta ao roteador. No uso de uma VLAN (*Virtual* LAN), rede local virtual cujos *hosts* não se encontram fisicamente em um único barramento, mas distribuídos em vários e agrupados logicamente, uma única conexão física pode ser compartilhada por diversas VLANs ao conectá-las a um roteador. Ou seja, nas redes locais virtuais divide-se a interface física do roteador em subinterfaces. Isso se chama ISL *trunking*, em que uma interface física de conexão ao roteador é dividida em múltiplas interfaces lógicas endereçáveis, uma por VLAN, chamadas de subinterfaces.

Desta forma, têm-se vários segmentos de redes locais virtuais, independentes, utilizando o mesmo segmento físico.

Em seguida, um exemplo de interligação de três redes, com classes de endereçamento diferentes, interligadas por três roteadores. Interligam-se as redes utilizando os roteadores R1, R2 e R3:

- 192.168.0.0 /16
- 172.16.0.0 /12
- 10.0.0.0 /8

Acompanhe como o *host* X com endereço 192.168.0.1, situado na rede 192.168.0.0/16, acessa o *host* Y de endereço IP 10.0.0.1, localizado na rede 10.0.0.0/8, para enviar um pacote IP. Esse pacote pode transportar dados ou ser um pacote IP de teste de acesso com o comando *ping*, dado no *prompt* do DOS no *host* X:

```
C:\WINDOWS>ping 10.0.0.1
```

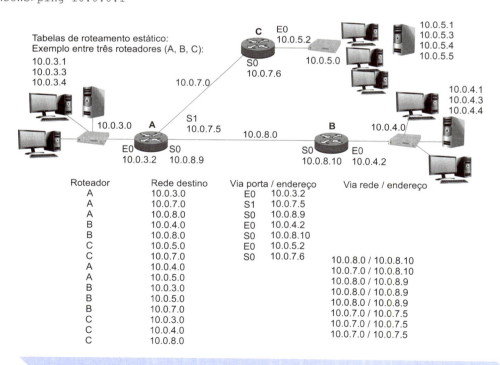

Figura 5.26 - Tabela de roteamento estático para três roteadores ligados por *links* de comunicação.

Esse comando envia um pacote ao *host* de endereço IP 10.0.0.1 e recebe uma resposta positiva de confirmação do recebimento, indicando que a comunicação funciona corretamente.

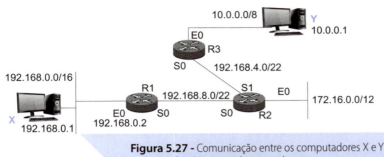

Figura 5.27 - Comunicação entre os computadores X e Y por meio de vários roteadores e redes.

Para o *host* X se comunicar com o Y em uma rede IP, ele precisa enviar o pacote ao roteador R1 que o encaminha ao seu destino por meio dos roteadores R2 e R3. O roteador R1 sabe que deve enviar o pacote ao R2, pois sua tabela de roteamento informa que para atingir a rede 10.0.0.0, ele precisa enviar o pacote por sua porta serial0 ao R2. O roteador R2, ao receber o pacote endereçado ao *host* Y, também verifica em sua tabela como alcançar a rede 10.0.0.0, e conclui que deve encaminhá-lo por sua interface serial1 para chegar ao R3, que finalmente o entrega à rede *Ethernet* ligada em sua interface *Ethernet*0 (E0).

Os passos que o pacote percorre são os seguintes:

- O *host* X com endereço IP 192.168.0.1, da rede 192.168.0.0, envia um pacote IP ao *host* Y de endereço IP 10.0.0.1, na rede 10.0.0.0.

- O protocolo IP do *host* X verifica que o endereço de destino não se situa em sua própria rede, portanto envia o pacote a um *default gateway* (roteador padrão), a porta de saída para comunicação com redes externas. Nesse caso, o roteador padrão de saída é o R1, conectado à rede local do *host* X pela interface *Ethernet* E0 de endereço IP 192.168.0.2.

- O *host* X precisa saber o *MAC-address* da interface E0 do roteador R1 para lhe enviar o pacote IP. Para tal, verifica em sua tabela ARP o *MAC-address* que corresponde ao endereço IP 192.168.0.2 do *default gateway*. Caso o *MAC-address* da interface E0 do roteador R1 ainda não esteja na tabela ARP do *host* X, o protocolo ARP desse *host* envia uma mensagem *broadcast* a todos da rede local 192.168.0.0 para descobrir quem possui o IP 192.168.0.2 e qual o seu *MAC-address* (endereço físico da interface *Ethernet* ou placa de rede).

- A interface *Ethernet* E0 do roteador R1 avisa com o protocolo ARP que o IP 192.168.0.2 é seu e o *MAC-address* é, por exemplo, 00-04-23-1C-4A-73. Lembre-se de que *MAC-address* é o endereço físico da interface *Ethernet* (placa de rede, por exemplo) e é composto por seis *bytes* mostrados no formato hexadecimal.

- O *host* X já pode enviar o pacote IP ao roteador R1, pois possui o endereço IP e seu *MAC-address*. Ele encapsula o pacote IP no *frame Ethernet* e a sua placa de rede o envia à interface *Ethernet* E0 do roteador. O *frame Ethernet* enviado pelo *host* X possui os endereços físicos de origem (*MAC-address* da placa de rede do *host*) e de destino (*MAC-address* da placa/interface de rede do roteador R1).

▶ A interface E0 do roteador R1 recebe o *frame* e verifica no CRC se os dados chegaram corretamente, constatando no campo *type* que se trata de um pacote IP. Em seguida, o roteador lê o endereço IP de destino. O R1, ao ver que o endereço de destino do pacote é 10.0.0.1 e que fica em outra rede não conectada diretamente a ele, procura na tabela de roteamento onde encaminhar esse pacote IP. No exemplo, o R1 vê em sua tabela que deve encaminhar o pacote por sua interface S0, para atingir o roteador R2 e de lá ir ao R3.

▶ O roteador R1 está conectado ao R2 por um *link* de comunicação de dados utilizando, por exemplo, o protocolo HDLC para comunicação entre os dois. Desta forma, o roteador R1, para enviar o pacote IP ao R2, encapsula-o em um *frame* HDLC que o leva ao roteador R2.

▶ O roteador R2, ao receber o *frame* HDLC, confere no campo CRC se ele foi transmitido sem erros e retira o pacote IP de dentro do *frame* HDLC, processo que se chama desencapsulamento. O R2 verifica no pacote o endereço IP de destino, no caso 10.0.0.1, e consulta em sua tabela que para atingir a rede 10.0.0.0, à qual ele pertence, deve encaminhar o pacote por sua interface S1 para chegar ao roteador R3. A interface S1 do R2 encapsula o pacote IP em um *frame* do protocolo de enlace que o conecta ao R3 (*frame* do protocolo HDLC, por exemplo) e encaminha o pacote IP a ele.

▶ O roteador R3, ao receber o *frame*, confere o campo CRC de controle dos erros de transmissão, retira o pacote IP de dentro do *frame* e lê o endereço de destino, confirmando sua localização na rede 10.0.0.0, diretamente conectada a ele pela interface *Ethernet* E0. O R3 precisa descobrir o *MAC-address* do *host* Y para lhe enviar o pacote, e para isso verifica se ele consta em sua tabela ARP. Caso o *MAC-address* do *host* Y, associado ao seu endereço IP (IP 10.0.0.1), ainda não esteja na tabela do roteador R3, o protocolo ARP envia uma mensagem de *broadcast* à rede 10.0.0.0 a fim de saber quem possui o IP 10.0.0.1 e qual o seu *MAC-address*. Os protocolos IP e ARP do *host* Y respondem que o *MAC-address* é, por exemplo, 00-50-8B-EB-1B-AA.

▶ Nessa fase o roteador R3 tem o endereço IP (10.0.0.1) e o *MAC-address* da placa de rede, ambos do destino (00-50-8B-EB-1B-AA), possibilitando o encaminhamento do pacote IP ao seu destino, encapsulado em um *frame Ethernet* da rede local e endereçado à placa de rede do *host* Y.

▶ O *host* Y recebe o *frame Ethernet*, verifica a ocorrência de erros na transmissão pelo campo CRC do *frame*, retira seu pacote IP (desencapsulamento) e o transmite a sua aplicação IP. Desta forma, conclui-se a transmissão de um pacote IP enviado do *host* X ao *host* Y.

Cada um dos roteadores tem uma tabela que mostra como alcançar as demais redes. Possui o número das redes de destino e as interfaces pelas quais o roteador deve encaminhar os pacotes IP. A seguir são apresentadas, simplificadamente, as tabelas de roteamento dos roteadores R1, R2 e R3 do exemplo anterior.

Como a forma manual de configurar rotas estáticas é trabalhosa, ela é aceitável para redes pequenas, porém para redes mais complexas se torna difícil definir e controlar essas configurações.

Para redes mais complexas é mais prático utilizar protocolos de roteamento que geram as tabelas automaticamente, como RIP, IGRP e OSPF. Quando se configura o protocolo RIP nos roteadores de uma rede, eles passam a criar tabelas de roteamento e a se comunicar entre si para mantê-las atualizadas.

Para o último exemplo estudado é preciso configurar a interface ativa de cada um dos roteadores com seus respectivos endereços IP e rotas estáticas para acessar as redes não diretamente conectadas. Considere que os roteadores R1, R2 e R3 estão interligados por *modems* em canal de comunicação com velocidade de 64 Kbps.

124   ADMINISTRAÇÃO DE REDES LOCAIS

Tabela 5.1 - Tabela de roteamento que indica qual interface (porta do roteador) deve ser utilizada para encaminhar os dados

Roteador R1		Roteador R2		Roteador R3	
Para atingir a rede	Usar a porta	Para atingir a rede	Usar a porta	Para atingir a rede	Usar a porta
192.168.0.0/16	E0	192.168.0.0/16	S0	192.168.0.0/16	S0
192.168.8.0/22	S0	192.168.8.0/22	S0	192.168.8.0/22	S0
192.168.4.0/22	S0	172.16.0.0/12	E0	172.16.0.0/12	S0
10.0.0.0/8	S0	192.168.4.0/22	S1	192.168.4.0/22	S0
172.16.0.0/12	S0	10.0.0.0/8	S1	10.0.0.0/8	E0

5.5.1 Configuração do roteador R1

Vamos configurar as interfaces *Ethernet* E0 e Serial0 do roteador R1, especificar seus endereços IP e as rotas estáticas para as redes não diretamente conectadas:

```
>enable
#configure terminal
#hostname R1                              (dá nome ao roteador)
#interface ethernet0                      (especifica a interface a ser configurada)
#ip address 192.168.0.2 255.255.0.0       (endereço IP da interface e máscara /16)
#no shutdown                              (ativa a interface)
#interface serial0                        (especifica a interface a ser configurada)
#ip address 192.168.8.2 255.255.252.0     (endereço IP da interface e máscara /22)
#no shutdown                              (ativa a interface)
#show ip route
             (mostra as rotas diretamente conectadas)
#ip route 172.16.0.0 255.240.0.0 192.168.8.1
             (rota estática para a rede 172.16.0.0)
#ip route 192.168.4.0 255.255.252.0 192.168.8.1
             (rota estática para a rede 192.168.4.0)
#ip route 10.0.0.0 255.0.0.0 192.168.8.1
             (rota estática para a rede 10.0.0.0)
#show ip route
             (mostra as rotas estáticas criadas e as diretamente conectadas)
```

5.5.2 Configuração do roteador R2

Vamos configurar as interfaces *Ethernet* E0, Serial0 e Serial1 do roteador R2, especificar seus endereços IP e as rotas estáticas para as redes não diretamente conectadas:

```
>enable
#configure terminal
#hostname R2
             (dá o nome ao roteador)
#interface ethernet0
             (especifica a interface a ser configurada)
#ip address 172.16.0.1 255.240.0.0
             (endereço IP da interface e máscara /12)
```

ADMINISTRAÇÃO E CONFIGURAÇÃO DE ROTEADORES - INTERCONEXÃO DE REDES

```
#no shutdown
               (ativa a interface)
#interface serial0
               (especifica a interface a ser configurada)
#ip address 192.168.8.1 255.255.252.0
               (endereço IP da interface e máscara /22)
#clock rate 64000
               (especifica a velocidade do link de comunicação do modem)
#no shutdown
               (ativa a interface)
#interface serial1
               (especifica a interface a ser configurada)
#ip address 192.168.4.1 255.255.252.0
               (endereço IP da interface e máscara /22)
#clock rate 64000
               (especifica a velocidade do link de comunicação do modem)
#no shutdown
#show ip route
               (mostra as rotas diretamente conectadas)
#ip route 192.168.0.0 255.255.0.0 192.168.8.2
               (rota estática para a rede 192.168.0.0)
#ip route 10.0.0.0 255.0.0.0 192.168.4.2
               (rota estática para a rede 10.0.0.0)
#show ip route
               (mostra as rotas estáticas criadas e as diretamente conectadas)
```

5.5.3 Configuração do roteador R3

Vamos configurar as interfaces *Ethernet* E0 e Serial0 do roteador R3, especificar seus endereços IP e as rotas estáticas para as redes não diretamente conectadas:

```
>enable
#configure terminal
#hostname R3
               (dá nome ao roteador)
#interface ethernet0
               (especifica a interface a ser configurada)
#ip address 10.0.0.1 255.0.0.0
               (endereço IP da interface e máscara 255.0.0.0)
#no shutdown
               (ativa a interface)
#interface serial0
               (especifica a interface a ser configurada)
#ip address 192.168.4.2 255.255.252.0
               (endereço IP da interface e máscara /22)
#no shutdown
#show ip route
               (mostra as rotas diretamente conectadas)
```

```
#ip route 192.168.0.0 255.255.0.0 192.168.4.1
            (rota estática para a rede 192.168.0.0)
#ip route 192.168.8.0 255.255.252.0 192.168.4.1
            (rota estática para a rede 192.168.8.0)
#ip route 172.16.0.0 255.240.0.0 192.168.4.1
            (rota estática para a rede 172.16.0.0)
#show ip route
            (mostra as rotas estáticas criadas e as diretamente conectadas)
```

5.5.3.1 Ativação automática da configuração de rotas

Para ativar rotas automaticamente (roteamento dinâmico), deve-se ativar nos roteadores um protocolo como o RIP (*Routing Information Protocol*). Para tanto, em cada roteador é preciso desativar as rotas estáticas anteriormente definidas e ativar o roteamento dinâmico com o protocolo RIP, como mostrado em seguida. Observe que se complementam as configurações dos roteadores feitas anteriormente.

Como se utiliza o roteamento automático para o exemplo anterior, primeiramente se retiram as rotas estáticas que foram definidas. Para isso, emprega-se o comando *no ip route*. A seguir, retiram-se os roteamentos estáticos dos roteadores R1, R2 e R3, ativam-se os dinâmicos com o RIP pelo comando *router rip* para cada um e especificam-se as redes a serem roteadas.

5.5.3.2 Retirada das rotas estáticas do roteador R1 e ativação do RIP

```
R1(config)#no ip route 172.16.0.0 255.240.0.0 192.168.8.1
            (retira rota estática para rede 172.16.0.0)
R1(config)#no ip route 192.168.4.0 255.255.252.0 192.168.8.1
            (retira rota estática para rede 192.168.4.0)
R1(config)#no ip route 10.0.0.0 255.0.0.0 192.168.8.1
            (retira rota estática para a rede 10.0.0.0)
R1(config)#exit
R1#show ip route
            (mostra as rotas diretamente conectadas)
R1#configure terminal
R1(config)#router rip
            (ativa o roteamento dinâmico no roteador R1)
R1(config)#network 172.16.0.0
            (rede a ter roteamento dinâmico)
R1(config)#network 192.168.4.0
            (rede a ter roteamento dinâmico)
R1(config)#network 10.0.0.0
            (rede a ter roteamento dinâmico)
R1(config)#exit
R1#show ip route
            (mostra as rotas diretamente conectadas e as dinâmicas criadas)
```

5.5.3.3 Retirada das rotas estáticas do roteador R2 e ativação do RIP

```
R2(config)#no ip route 192.168.0.0 255.255.0.0 192.168.8.2
            (retira rota estática para rede 192.168.0.0)
```

```
R2(config)#no ip route 10.0.0.0 255.0.0.0 192.168.4.2
            (retira rota estática para a rede  10.0.0.0)
R2(config)#exit
R2#show ip route
            (mostra as rotas diretamente conectadas)
R2#configure terminal
R2(config)#router rip
            (ativa o roteamento dinâmico no roteador R2)
R2(config)#network 192.168.0.0
            (rede a ter roteamento dinâmico)
R2(config)#network 10.0.0.0
            (rede a ter roteamento dinâmico)
R2(config)#exit
R2#show ip route
            (mostra as rotas diretamente conectadas e as dinâmicas criadas)
```

5.5.3.4 Retirada das rotas estáticas do roteador R3 e ativação do RIP

```
R3(config)#ip route 192.168.0.0 255.255.0.0 192.168.4.1
            (retira a rota estática para a rede 192.168.0.0)
R3(config)#ip route 192.168.8.0 255.255.252.0 192.168.4.1
            (retira a rota estática para a rede 192.168.8.0)
R3(config)#ip route 172.16.0.0 255.240.0.0 192.168.4.1
            (retira a rota estática para a rede 172.16.0.0)
R3(config)#exit
R3#show ip route
            (mostra as rotas diretamente conectadas)
R3#configure terminal
R3(config)#router rip
            (ativa o roteamento dinâmico no roteador R3)
R3(config)#network 192.168.0.0
            (rede a ter roteamento dinâmico)
R3(config)#network 192.168.8.0
            (rede a ter roteamento dinâmico)
R3(config)#network 172.16.0.0
            (rede a ter roteamento dinâmico)
R3(config)#exit
R3#show ip route
            (mostra as rotas diretamente conectadas e as dinâmicas criadas)
```

Com o comando *show ip route* observam-se as rotas criadas automaticamente pelo protocolo de roteamento dinâmico RIP. Vê-se que essa forma de criação de tabelas é muito mais rápida, todavia é importante lembrar que os protocolos de roteamento dinâmico possuem tempo maior de convergência (tempo de ativação) em relação às rotas estáticas, exigem mais memória e processamento do roteador e são menos confiáveis que as rotas estáticas.

5.6 Protocolos de roteamento e roteáveis

Os protocolos de roteamento encaminham dados entre os roteadores, controlam e atualizam as tabelas de roteamento, escolhem a melhor rota para que os dados cheguem ao destino, além de realizarem funções relativas às operações de roteamento. Os mais conhecidos são RIP (*Routing Information Protocol*), OSPF (*Open Shortest Path First*) e IGRP (*Interior Gateway Routing Protocol*).

Chamam-se protocolos roteáveis os que transmitem pacotes de dados com endereços de rede lidos, tratados e encaminhados aos roteadores pelos protocolos de roteamento. Os mais conhecidos são o IP, utilizado na arquitetura TCP/IP, e o IPX, utilizado na arquitetura Netware.

O roteador é configurado para encaminhar dados por:

▶ Rotas estáticas (fixas e definidas manualmente).

▶ Rotas dinâmicas (utilizam protocolos de roteamento de rede que escolhem o melhor caminho para o encaminhamento dos dados).

No roteamento estático, estabelecem-se rotas fixas pelas quais os dados são transmitidos. Esse tipo de roteamento é utilizado quando se tem apenas um caminho ou canal de comunicação para envio dos dados, ou quando se procura uma performance maior no roteamento, já que no roteamento estático o processamento de escolha e controle das rotas é mais rápido que no dinâmico, pois as rotas são preestabelecidas.

As rotas estáticas são configuradas pelo administrador da rede.

No roteamento dinâmico, as rotas são escolhidas de acordo com o status da rede e atualizadas constantemente pelos protocolos de roteamento, que avaliam continuamente os melhores caminhos para os pacotes chegarem ao destino. Além disso, podem alterar as rotas ao longo de um processo de transmissão. Vemos que no roteamento dinâmico a quantidade de processamento para escolha de rotas é maior em relação ao estático, o que indica um retardo (*delay*) nesse processo de roteamento em consequência de sua complexidade.

O roteamento dinâmico simplifica o gerenciamento da rede, facilita a criação das tabelas de roteamento e se mostra adequado a redes grandes, pois simplifica a configuração. Os protocolos de roteamento dinâmico podem ser dos tipos *distance vector* ou *link state*.

5.6.1 *Distance vector*

Esse protocolo de roteamento dinâmico computa a distância das diversas rotas existentes para atingir o destino pelo número de saltos ou *hops* que deve fazer. Em outras palavras, a métrica utilizada é o número de *hops* (saltos ou roteadores pelos quais o pacote precisa passar) necessário para atingir o destino.

O roteador divulga a sua tabela de roteamento aos roteadores vizinhos e vice-versa. Essa troca de informação entre os roteadores ajuda a escolher o melhor caminho, aquele com menor número de saltos (*hops*) ou trechos a percorrer.

Periodicamente o algoritmo *distance vector* passa cópias da tabela de roteamento aos demais roteadores. Quando um deles a recebe de seu vizinho, adiciona 1 aos valores das métricas existentes na tabela (soma 1 ao número de saltos) e a transmite ao próximo roteador, que repete o processo. Essa divulgação é chamada de *routing by rumor*. Se há alguma alteração de rota, o roteador atualiza a sua tabela.

Cada protocolo desse tipo tem seu algoritmo próprio para determinar a melhor rota de acordo com a métrica gerada pelo algoritmo para cada caminho na rede. Quanto menor a métrica, melhor é o caminho, na maioria dos casos.

O protocolo de roteamento RIP, por exemplo, usa a métrica de contagem do número de roteadores pelos quais o pacote deve passar para alcançar a rede de destino. Essa métrica é chamada de *hop count*.

Para evitar *loops* na atualização das tabelas entre os roteadores quando, por exemplo, uma rota deixa de funcionar e as tabelas devem ser atualizadas, utiliza-se uma técnica chamada *split horizon*, que faz com que o roteador nunca reenvie uma informação pela porta que a recebeu. Isso evita *loops*, ou seja, impede que o roteador receba de volta uma informação que enviou, o que poderia gerar retroalimentação da informação e instabilidade na rede.

Adicionalmente se programam os roteadores para realizarem as alterações de rota após esperarem um tempo especificado. Isso garante tempo aos demais roteadores para se atualizarem, evitando os *loops*.

Cada roteador possui uma tabela que indica o próximo roteador ou *hop* para o qual a informação deve seguir até que alcance seu destino. Eles trocam informações enviando tabelas de roteamento completas aos vizinhos e atualizam-nas periodicamente. Cada roteador representa um *hop* ou salto. No *distance vector*:

▶ As sub-redes conectadas diretamente ao roteador são automaticamente reconhecidas por ele e divulgadas aos roteadores vizinhos.

▶ As atualizações de rota são transmitidas por *multicast* aos roteadores vizinhos.

▶ Cada rota possui uma métrica e a menor delas especifica a melhor rota.

▶ As informações sobre topologia da rede utilizadas pelos algoritmos de escolha de rotas tratam basicamente dos endereços das sub-redes que fazem parte da rede e as métricas de cada rota.

▶ Uma rota que apresenta falha passa para uma distância ou métrica infinita. No protocolo de roteamento RIP, como a contagem máxima de *hops* é 15, o pacote é descartado na rede após 15 *hops*. A métrica infinita é especificada como 16.

RIP (*Routing Information Protocol*) e IGRP (*Interior Gateway Routing Protocol*) são exemplos de protocolo *distance vector*.

A métrica do IGRP utiliza a velocidade do *link* e o retardo na transmissão dos dados para definir a melhor rota, além do número de saltos, de forma que uma rota mais rápida possa ser considerada melhor que outra com menos saltos (*hops*) e menor velocidade.

O RIP emprega como métrica apenas a quantidade de saltos (*hops*) para atingir o destino. Nele, antes de o roteador enviar uma atualização da tabela de roteamento, incrementa 1 às métricas de suas rotas. A métrica de saltos (*hops*) indica o número de roteadores entre o roteador que recebe a tabela atualizada e a sub-rede de destino.

Para ativar o roteamento dinâmico com o protocolo RIP no roteador, utilizam-se os comandos *route rip* e *network*. O último especifica o número da rede que usará o RIP como protocolo de roteamento dinâmico, como o exemplo seguinte:

```
#router rip
#network 172.16.0.0
```

O IGRP também é um protocolo *distance vector*, proprietário da Cisco, e só opera em seus equipamentos. Ele tem as seguintes características: número de *hops* até 255, computa a velocidade e o atraso (*delay*) dos *links* para escolha da melhor rota e permite que outros parâmetros, como o tamanho do pacote (MTU - *Maximum Transmit Unit*) transmitido, sejam considerados na escolha da melhor rota.

Para ativar o roteamento dinâmico com o protocolo IGRP no roteador, utilizam-se os comandos *router igrp* nº domínio e *network*, que especifica o número da rede em que o roteamento atua, como o exemplo seguinte:

```
#router igrp 45
            (45 é o númerc do domínio ou conjunto de equipamentos da rede)
#network 172.16.0.0
              (número da rede geral que terá
               o IGRP habilitado e o domínio
               de número 45)
```

O número do domínio ou sistema autônomo (AS) representa um conjunto de equipamentos sob uma mesma administração.

O comando *network* faz com que as informações de roteamento sejam enviadas por *broadcast* ou *multicast* à rede especificada.

5.6.2 *Link State* (ou *Shortest Path First*)

O algoritmo utilizado pelo protocolo de roteamento do tipo *link state* captura a estrutura da árvore (arquitetura da rede) de comunicação e a partir dela calcula a tabela de roteamento. Os dados são obtidos por pacotes LSP (*Link-State Packets*) que vêm dos roteadores e descrevem o estado da rede. Com esses dados, o algoritmo monta a tabela de roteamento. Cada roteador monta um mapa completo da rede para depois escolher as melhores rotas a serem colocadas na tabela, utilizando um algoritmo chamado SPF (*Shortest Path First*).

O *link state* só envia atualizações das tabelas de roteamento quando acontecem mudanças na topologia da rede, o que faz dele um método mais racional de roteamento, principalmente para redes grandes, pois o volume de dados trocado entre os roteadores é menor em comparação ao *distance vector*, que envia as tabelas periodicamente.

Um roteador é eleito para divulgar a tabela de roteamento aos demais roteadores da rede.

Cada um deles divulga aos outros informações sobre os enlaces que possui. Todos têm informações sobre os enlaces utilizados pelos outros roteadores, por isso montam sua tabela de roteamento.

Cada roteador só volta a enviar informações ao restante quando ocorrem mudanças em seus enlaces. O *link state,* também conhecido como SPF (*Shortest Path First*), ou caminho mais curto, utiliza três tabelas no processo de escolha das rotas: tabela das redes diretamente conectadas, tabela da topologia de toda a rede e tabela de roteamento resultado das anteriores.

O OSPF (*Open Shortest Path First*) é um exemplo de protocolo *link state* utilizado para IP.

Alguns procedimentos são efetuados pelo protocolo de roteamento para evitar o *loop* de atualizações das tabelas entre os roteadores. Um de es chama-se *slit horizon*, e não envia atualizações ao roteador que recebe a tabela.

Se um roteador A envia uma atualização de rotas ao B, não inclui em sua tabela as rotas de acesso às redes diretamente ligadas ao roteador B. O roteador A se conscientiza de que aprendeu as rotas ligadas ao B pela interface conectada a ele, portanto não faz sentido informá-lo sobre rotas aprendidas por ele próprio. Isso evita *loops.*

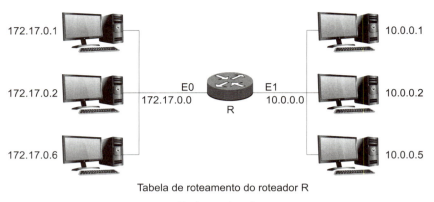

Figura 5.28 - Um roteador é utilizado para interligar redes distintas (com diferentes endereços). Nesta figura, um roteador interliga as redes 172.17.0.0 e 10.0.0.0. A tabela de roteamento indica a localização de cada rede na interface.

O protocolo pode não informar rotas ou alocar a elas a métrica infinita (16, no caso do RIP), processo que se chama *split horizon with poison reverse* ou *poison reverse*.

Utiliza-se também um temporizador chamado *holddown* que, ao receber informações de uma rota falha, ignora-as por um tempo definido. Isso evita que informações falsas indicando o funcionamento da rota, vindas por outros caminhos, sejam consideradas após a recepção da primeira informação de rota falha.

Exemplos de configuração do roteamento dinâmico para roteador e rede

Exemplo 1

```
#interface ethernet0
#ip address 10.0.0.1 255.0.0.0
#interface ethernet1
#ip address 172.17.0.1 255.255.0.0
#interface serial0
#ip address 200.10.5.1 255.255.255.0
#interface serial1
#ip address 200.10.6.1 255.255.255.0
#router rip
#network 10.0.0.0
#network 200.10.5.0
```

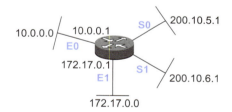

Figura 5.29 - Exemplo de configuração do roteamento RIP entre duas redes de endereços 10.0.0.0 e 200.10.5.0.

Exemplo 2

```
#interface ethernet0
#ip address 10.0.1.1 255.255.255.0
#interface serial0
#ip address 10.0.4.1 255.255.255.0
#interface serial1
#ip address 10.0.5.1 255.255.255.0
#router rip
#network 10.0.0.0
```

Para alterar o roteamento RIP em IGRP, empregam-se os comandos:

```
#no router rip        (remove a configuração
                       RIP)
#router igrp 9        (9 é a identificação
                       do grupo)
#network 10.0.0.0
```

Para habilitar no roteador um protocolo de roteamento dinâmico, escolhe-se o protocolo (como RIP ou IGRP), que deve ser especificado no roteador, e determina-se a rede a ser roteada. O comando a utilizar é o *router* protocolo nº do sistema.

O número do sistema referencia a área de roteamento abrangida pelo protocolo de roteamento IGRP. Esse número não é utilizado na especificação do protocolo RIP.

É preciso também estabelecer a rede na qual o protocolo de roteamento deve atuar. Isso é feito pelo comando *network* nº da rede.

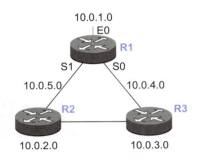

Figura 5.30 - Exemplo de configuração do roteador R1 para ativar o roteamento RIP em toda a rede 10.0.0.0.

Habilitação do roteamento RIP

```
R1(config)#router rip                    (ativa o protocolo de roteamento RIP)
R1(config-router)#network 172.17.0.0     (especifica a rede na qual o RIP vai atuar)
R1#show ip protocols                     (exibe informações de roteamento e do
                                          roteador)
R1#show ip route                         (mostra o conteúdo da tabela de
                                          roteamento)
R1#debug ip rip                          (mostra as atualizações de roteamento do
                                          RIP)
R1#no debug all                          (desabilita o debug)
```

Após isso, o roteador R1 do exemplo entende automaticamente as redes e rotas. Nesse caso, o protocolo configurado foi o RIP, que utiliza a métrica de saltos (*hops*) para escolha da melhor rota. O número máximo de saltos permitido para um pacote é 15; após isso é descartado. Toda a tabela de rotas é utilizada a cada 30 segundos.

Habilitação do roteamento IGRP

O IGRP é um protocolo *distance vector*, como o RIP, com algumas características adicionais:

▸ Permite configuração de saltos (*hops*) maiores que 15 (seu *default* é igual a 100), o que é bom para redes muito grandes.

▸ Para obter a sua métrica, utilizam-se o retardo da rede mais a velocidade de transmissão, além da contagem dos saltos.

Os roteadores da área de roteamento devem utilizar o mesmo número de sistema autônomo. A seguir, o exemplo de configuração do IGRP no roteador R1 ligado em duas redes.

ADMINISTRAÇÃO E CONFIGURAÇÃO DE ROTEADORES - INTERCONEXÃO DE REDES

```
R1(config)#router igrp 120                 (habilita o IGRP no roteador R1 com
                                               sistema de n° 120)

R1(config-router)#network 10.0.0.0
R1(config-router)#network 172.17.0.0
R1#show ip protocols                       (mostra informações de roteamento e do
                                               roteador)

R1#show ip route                           (mostra o conteúdo da tabela de
                                               roteamento)

R1#debug ip igrp transactions              (mostra informações do roteamento IGRP)
R1#no debug all                            (desabilita o debug)
R1#debug ip igrp events                        (mostra informações resumidas do
                                               roteamento IGRP)
```

///// VAMOS RECAPITULAR?

Vimos como acessar um roteador a partir de um computador utilizando um programa Telnet como o HyperTerminal, como fazer *backup* do sistema operacional, configurar senha de acesso e como funcionam as memórias do roteador.

Estudamos os principais comandos e sua utilização e aplicações. Estudamos, também, os protocolos que fazem o roteamento nos roteadores e suas aplicações.

AGORA É COM VOCÊ!

1. Cite os principais modos de comando utilizados na configuração de roteadores.

2. Explique as memórias do roteador e suas funções.

3. Que cabo conecta um PC à porta de console de um roteador para configurá-lo?

4. Que programa Telnet é normalmente utilizado no PC para configurar um roteador?

5. Cite o nome do programa que realiza *backup* dos arquivos de configuração ou do sistema operacional (IOS) de um roteador para um PC e vice-versa.

6. Qual é a função da porta AUX do roteador?

7. Cite e defina os protocolos de roteamento mais utilizados em uma rede TCP/IP.

8. Defina roteamento estático e roteamento dinâmico.

9. Como funcionam o roteamento *distance vector* e o roteamento *link state*?

10. Com o acesso Telnet em seu computador conectado ao roteador, configurar o roteamento dinâmico RIP para se comunicar com outros dois roteadores.

6

SWITCHES - ESTRUTURA E CONFIGURAÇÕES

PARA COMEÇAR

Estudaremos como funcionam os *switches*, equipamentos amplamente utilizados em redes locais para interligar computadores.

Veremos o funcionamento do protocolo *Spanning-Tree* que faz o controle da transmissão de dados no *switch*.

Por fim, serão abordados os comandos básicos de configuração de um *switch*.

6.1 Funcionamento de um *switch*

Switches Ethernet são utilizados basicamente para segmentar, isolar ou filtrar o tráfego de redes locais entre seus segmentos (barramentos).

Como visto, os *hubs* (equipamentos que antecederam os *switches*) irradiam por todas as portas os *frames* recebidos de uma estação. Isso pode ocasionar colisões no barramento da rede local se o número de estações e o tráfego forem elevados. Em uma rede local na qual as estações são interligadas por meio de um *hub*, diz-se que estão no mesmo segmento e domínio de colisão.

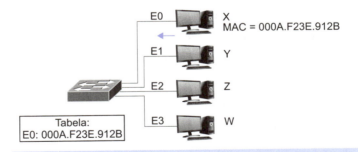

Figura 6.1 - *Switch* montando sua tabela de MAC-address conforme as estações transmitem *frames*. O *switch* registra na tabela o endereço MAC da estação que originou o *frame* e a porta pela qual ele chegou. Recebe dados do PC X e coloca na tabela o seu endereço MAC e a porta E0.

135

O *switch* segmenta, ou seja, separa uma rede local em vários segmentos com domínios de colisão separados. Isso é feito filtrando os *frames Ethernet* pelo endereço MAC, deixando passar para um segmento apenas os frames direcionados a ele.

Cada segmento de rede é ligado a uma porta do *switch*, e opera na camada 2 do modelo OSI, pois utiliza o endereço MAC do *frame Ethernet*. O filtro de *frames* Ethernet é feito pelo endereço MAC. Essa função do *switch* evita a sobrecarga no tráfego da rede e diminui a colisão, pois o tráfego de um segmento fica restrito somente a ele, não se propagando a outro.

Quando o *switch* recebe um *frame* e seu endereço MAC de destino consta na tabela de MAC-*address*, ele é enviado somente à porta na qual está ligado o segmento que possui uma estação com esse endereço. Caso não haja o endereço MAC de destino na tabela, ele envia o *frame* a todas as suas portas, ou seja, envia-o a todos os segmentos ligados ao *switch*, exceto à porta em que o *frame* foi recebido. Os *switches* montam tabelas com os endereços MAC de cada segmento para filtrar e encaminhar os *frames* apenas ao segmento de destino. A criação da tabela é feita automaticamente pelo *switch* conforme os *frames* passam por ele.

Quando o *switch* é ligado, as tabelas estão vazias e um *frame* recebido é transmitido a todos os segmentos. À medida que a tabela é montada e preenchida com os endereços MAC das estações que começam a enviar *frames*, o *switch* passa a reconhecer a localização dessas estações e ao receber um *frame* direcionado a uma que já está com seu endereço MAC na tabela, encaminha-o somente àquele segmento em que a estação está.

Alguns *frames* denominados *broadcast* ou *multicast* são enviados a todos os segmentos ou parte deles, pois são de interesse de todas as estações dos segmentos da rede. Nesse caso, o *switch* irradia *frames* do tipo *broadcast* a todos os segmentos e *multicast* ao grupo de estações ou segmentos aos quais for direcionado.

Os *switches* têm basicamente três funções, sendo aprendizado de endereços (*address learning*), encaminhamento e filtro de *frames* (*forwarding and filtering*) e evitar *loops* de *frames* em uma rede composta por vários *switches*.

As tabelas dos endereços MAC dos segmentos ligados a um *switch* chamam-se base de dados MAC (MAC *database*).

Em uma rede composta por diversos *switches* interligados por caminhos redundantes, pode ocorrer um fenômeno chamado *loop*, em que um *frame* transmitido por um caminho retorna por outro. É possível também que *frames* sejam entregues em duplicata às estações de destino, o que causa erros nos protocolos de rede (camada 3).

Frames de *broadcast* podem circular na rede por tempo indeterminado, causando a *broadcast storm*, que prejudica a performance da rede.

O *loop* inclusive provoca instabilidade nas tabelas MAC, pois um *frame* em *loop* chega a um *switch* por diferentes portas, ocasionando alterações na tabela.

Uma forma de evitar esses problemas é impedir que determinadas interfaces dos *switches* transmitam ou recebam *frames*. Faz-se isso pelo protocolo *Spanning-Tree*, pois o *Ethernet* não possui mecanismos de detecção e eliminação de *loops*.

6.1.1 Protocolo *Spanning-Tree*

O *Spanning-Tree* é um protocolo de comunicação entre *bridges* ou *switches*, descrito na especificação IEEE-802.1, que tem como objetivo detectar e eliminar *loops* em redes e bloquear portas para que eles não ocorram.

Esse protocolo monitora e explora continuamente a rede para detectar a inclusão ou adição de *links*. Quando alguma mudança acontece, ele reconfigura as portas do *switch* necessárias para impedir a criação de *loops* ou perda de comunicação na queda de algum *link*.

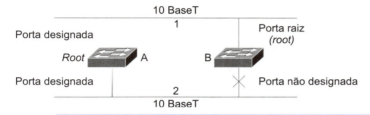

Figura 6.2 - O acesso do *switch* A ao B pelo caminho (*link*) 2 é bloqueado para evitar *loops* e o envio de *frames* em duplicidade.

Em uma rede composta por muitos *switches*, um é escolhido como *switch* raiz (*root switch*) para o *Spanning-Tree*. Nele todas as portas transmitem *frames* (*forwarding state*) e chamam-se portas designadas, que recebem e enviam *frames*. Em cada segmento só há uma porta designada.

Os demais *switches* possuem uma porta raiz (*root*) pela qual são ligados ao *switch* raiz, usando o melhor caminho existente ou o de maior velocidade. Por essa porta recebem e enviam *frames* (*forwarding state*).

As portas não designadas são bloqueadas (*blocking state*) para evitar *loops* na rede.

Os *switches* e *bridges* com *Spanning-Tree* trocam mensagens de configuração utilizando um *frame* chamado BPDU (*Bridge Protocol Data Unit*), que entre outras informações possui a identificação do *switch* ou *bridge* que o enviou. A identificação é composta por dois *bytes* que indicam a prioridade, mais seis *bytes* do endereço MAC. O valor padrão para os dois *bytes* de prioridade é 32768. O *switch* raiz é escolhido pelo menor número de identificação, ou seja, menor número de prioridade e de endereço MAC.

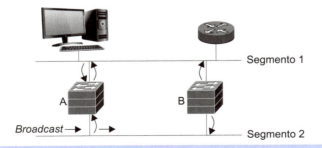

Figura 6.3 - *Switches* interligados por caminhos redundantes. Ter dois ou mais caminhos aumenta a segurança no caso de falhas de um deles, porém pode ocasionar *loop* de frames. Um *frame* fica circulando em virtude das conexões redundantes que servem de retorno para ele.

6.1.1.1 Comutação e encaminhamento dos *frames* em um *switch*

Os *frames* em um *switch* são encaminhados de diferentes maneiras:

- **Store-and-forward:** o *switch* recebe o *frame*, armazena-o na memória, verifica o CRC para saber se houve erro de transmissão, descarta o *frame* caso o erro exista ou, se não existir, encaminha-o à porta de destino.

- **Cut-through:** o *switch* lê apenas o endereço de destino no *header* do *frame* que chega e imediatamente o encaminha à porta de destino. Essa comutação é mais rápida, porém não verifica erros de CRC. O retardo (*latency*) é menor.

- **Fragment-free:** o *switch* lê os primeiros 64 *bytes* do *frame* e encaminha-o caso não tenha detectado colisão nesses *bytes*. É um meio-termo entre os dois modos anteriores.

Quanto a modo e velocidade de transmissão em um segmento de rede, têm-se:

- **Half-duplex:** a transmissão é feita no barramento em tempos diferentes da recepção. Ou seja, uma estação só transmite ou recebe em determinado tempo. Isso ocorre nas que são feitas nos barramentos de *hubs*. Se duas transmissões forem simultâneas, há colisão dos sinais, pois só existe um meio único para transmitir.

- **Full-duplex:** transmissão e recepção são feitas simultaneamente, utilizando fios diferentes do cabo de pares trançados (cabo UTP). Isso é possível em conexões ponto a ponto *Ethernet* ou *Fast-Ethernet*. Nesse caso, não há colisão por se tratar de uma conexão ponto a ponto entre dois dispositivos, e por utilizarem fios independentes no cabo.

6.1.2 Configurações básicas de um *switch*

A seguir, as configurações básicas de um *switch* Catalyst 1900 da Cisco. As configurações apresentadas servem como modelo para entendimento geral de como configurar esse tipo de equipamento e são análogas às de outros modelos de *switches*. Cada equipamento e cada fabricante indicam uma forma proprietária de configurar. De uma maneira geral, o princípio é o mesmo e as formas de configurações são análogas.

Esse equipamento utiliza o sistema operacional IOS da Cisco e a configuração por comandos digitados (linhas de comando ou CLI).

Em seguida, vê-se como configurar e definir senhas e *hostname*, endereços IP, interfaces, VLANs e *trunking*. Analogamente aos roteadores, conforme já estudado, a configuração é feita pelo HyperTerminal do Windows:

- 9600 bps;
- oito *bits* de dados;
- sem paridade (*none*);
- um *bit* de parada (*stop bit*);
- sem controle de fluxo (*none*).

A conexão ao PC que fará a configuração realiza-se pelo cabo *roll-over* ligado à porta de console do *switch* (conector RJ-45) e à porta serial do PC. Ao iniciar o programa HyperTerminal no Windows pelo menu Iniciar,

138 ■ ■ ■ ADMINISTRAÇÃO DE REDES LOCAIS

Programas, Acessórios, Comunicações, HyperTerminal, Criar um ícone com a configuração anterior e executá-lo e, ligando o *switch*, aparece a linha de comando em que é possível começar a configuração ou consultar a existente.

O *switch* da linha Catalyst possui LEDs que ficam verdes se tudo operar normalmente, ou na cor âmbar se houver algum problema.

O equipamento possui um botão que se chama MODE no painel frontal e LEDs que indicam:

▸ **SYSTEM (Sistema):** LED verde aceso indica que o equipamento está operacional.

▸ **RPS (*Redundant Power Supply*):** LED verde aceso indica que o equipamento possui fonte redundante operacional (*redundant power supply*). Se o LED RPS estiver âmbar, significa que a fonte redundante está instalada, mas não operacional. Se estiver piscando, mostra que tanto a fonte interna quanto a redundante estão ligadas e a interna está alimentando o *switch*.

Ao apertar o botão MODE, aparecem:

▸ **STAT:** LED verde indica que um *link* está conectado ao equipamento, piscando mostra que a porta está em atividade e âmbar significa que há falha de comunicação.

▸ **UTL:** mostra a largura de banda utilizada pelo *switch*: LEDs de um a oito acesos indicam utilização < 6 Mbps, de nove a 16 acesos utilização < 12 Mbps e de 17 a 24 acesos utilização de 12 a 28 Mbps.

▸ **FDUP:** LED verde indica que se configuraram as portas do *switch* em *full-duplex*.

Esse *switch* possui 12 ou 24 portas *Ethernet* de 10 Mbps (portas 0/1 a 0/12) para conexão de dispositivos e duas *Fast-Ethernet* de 100 Mbps (0/26 e 0/27) ou FX para conexão com outros *switches* (*uplinks*) e uma porta AUI (0/25).

O cabo de par trançado TP (*Twisted Pair*) que se utiliza na conexão entre dois *switches* precisa ser *cross-over* e deve-se usar o cabo pino a pino (*straight-through*) para a conexão de estações ou roteadores ao *switch*.

Ao ligar o *switch*, ele entra em modo de teste (POST), e se todos os LEDs estiverem verdes, significa que o teste está correto.

Ao final da inicialização, se houver alguma porta com problema, passa a ter cor âmbar, assim como o LED SYSTEM. As portas do *switch* são especificadas da seguinte forma: ethernet0/1 a ethernet0/24, fastethernet0/26 e fastethernet0/27.

Observam-se 24 portas (interfaces) *Ethernet*, numeradas de e0/1 a e0/24, que operam a 10 Mbps e duas *Fast-Ethernet* que operam a 100 Mbps. O 0/ indica o *slot* (placa) do *switch* no qual elas estão ligadas. Na parte traseira do *switch* há uma com interface AUI (*Attachment Unit Interface*), considerada a porta 25.

As portas do *switch* são também chamadas de interfaces (*port* ou *interface*).

O *switch* do tipo Catalyst 1900 possui três métodos de configuração:

1. Configuração por menu a partir da porta de console.

2. Configuração por *browser*/web (VSM - *Visual Switch Manager*). Nesse caso, o *switch* precisa ter um endereço IP para que seja possível acessá-lo por um *browser*.

SWITCHES - ESTRUTURA E CONFIGURAÇÕES ■ ■ ■ **139**

3. Configuração pela linha de comando (CLI - *Command Line Interface*) do IOS, o tipo de configuração a ser estudado no livro.

O *switch* vem de fábrica com uma configuração padrão (*default*): endereço IP = 0.0.0.0, CDP habilitado, comutação no modo *Fragment-free*, portas 10BaseT em *half-duplex*, portas 100BaseT em *duplex*, *Spanning-Tree* habilitado e sem senha de acesso à porta de console.

Ao ligar o equipamento, se o teste de carga inicial (POST) estiver correto, deve aparecer na tela do emulador HyperTerminal do PC ligado à porta de console do *switch* Catalist 1900:

```
Catalyst 1900 Management Console
Copyright (C) Cisco systems, Inc.
All rights reserved
Enterprise Edition Software
Ethernet Address:
PCA Number:
PCA Serial Number:
Model Number:
System Serial Number:
Power Supply S/N:
1 user(s) now active on Management Console
     User Interface Menu
     [M] Menus                    (disponibiliza a configuração por menu)
     [K] Command Line             (disponibiliza a configuração por linha de comando - CLI)
     [I] IP Configuration         (permite a designação de um endereço IP para o switch)
     [P] Console Password
Enter Selection:
```

Os comandos utilizados para configurar o *switch* Catalyst 1900 são semelhantes aos de configuração dos roteadores e empregam a mesma interface de comandos (CLI). Têm-se o modo EXEC normal (*prompt >*) e o EXEC privilegiado (*prompt #*), acessado mediante senha. O sinal de interrogação "?" é o *help* do sistema e mostra os comandos disponíveis no ponto em que se está. A seguir, alguns dos comandos mais utilizados:

```
#show version                   (mostra a versão do sistema, arquivos de configuração
                                 e outras informações)
#mac-address-table permanent
endereçoMAC tipo slot/porta     (define um endereço MAC-address fixo para a placa e porta
                                 especificada - slot/porta)
#show mac-address-table         (mostra a tabela de endereços MAC)
#show interfaces                (mostra estatísticas sobre todas as interfaces
                                 configuradas do switch)
#show interface ethernet0/1     (mostra as características específicas da porta
Ethernet0/1)
#ip address endereçoIP mascara  (especifica o endereço IP do switch para gerenciamento)
#show ip                        (mostra o endereço IP do switch, máscara e default-gateway)
#copy tftp://10.4.9.65/config.cfg (copia o arquivo de configuração do servidor TFTP para
                                 o switch)
#copy nvram tftp:
//10.4.9.65/config.cfg          (copia o arquivo de configuração da NVRAM para o host TFTP
                                 que tem o endereço 10.4.9.65 no arquivo config.cfg)
#delete nvram                   (apaga a configuração do switch e retorna às configurações
                                 de fábrica)
#show running-config            (mostra a configuração do switch, senhas, nome do switch -
                                 hostname ou system - name - e interfaces)
#show spantree                  (mostra a configuração do Spanning Tree)
#show VLAN-membership           (mostra a configuração das VLANs)
```

A tabela de endereços MAC no *switch* é montada por ele próprio ao receber os *frames*, relacionando-os às portas (interfaces) pelas quais chegaram.

Quando o arquivo de configuração da memória RAM (*running-config*) é alterado, ele é automaticamente atualizado na NVRAM (*startup-config*). Portanto, após fazer alterações no arquivo de configuração não é necessário copiá-lo para a NVRAM, pois isso é feito automaticamente.

Se o *switch* se chama S1, ao ser acessado para configuração, tem-se:

```
S1>
S1>enable                            (para entrar no modo privilegiado e configurar o
switch)
Enter password:                      (digitar a senha de acesso)
S1#s?                                (com "?" na frente da letra s, mostram os comandos
que                                            começam com esta letra)
S1#show ?                            (mostra os subcomandos do comando show)
```

Se digitar comandos incorretos, o sistema operacional responde com mensagens de erro explicando o problema.

```
S1#history                           (este comando mostra os últimos comandos digitados)
```

Para exibir o comando anterior digitado, aperte a tecla Seta para cima ou Ctrl+P. Para ir aos comandos seguintes, pressione a tecla Seta para baixo ou Ctrl+N.

6.2 Configuração de senhas no *switch*

O comando utilizado é o *enable password*, analogamente ao roteador, acrescido do nível de acesso que varia de 1 a 15, sendo 1 o nível mais baixo (usuário), que não permite alterações, e 15 o nível mais alto (privilegiado), que concede todas as alterações. É importante ressaltar que as senhas de *switches* não podem ser recuperadas se perdidas, portanto devem ser bem guardadas. Podem ser digitadas tanto maiúsculas como minúsculas.

Primeiramente, entra-se no modo de configuração e em seguida digita-se o comando.

```
S1#
S1#configure terminal                (entra-se no modo configuração global em que é
possível                                        configurar o switch)
S1(config)#enable password level
15 senha                             (a senha pode ter de quatro a oito caracteres)
```

A senha criptografada (*secret*), mais segura, é configurada como no roteador:

```
S1(config)#enable secret senha
```

A configuração do nome do *switch* (*hostname*) também é análoga à do *router*:

```
S1(config)#hostname nome                     (coloca ou altera o nome do switch)
nome(config)#
```

Opcionalmente, pode-se configurar um endereço IP para o *switch*, sendo possível acessá-lo remotamente para gerenciá-lo ou fazer configurações com o uso de um emulador Telnet (como o HyperTerminal) ou um *browser*. Exemplo:

```
nome(config)#
nome(config)#ip address
10.130.40.220 255.0.0.0              (especifica-se o endereço IP do switch para se
conectar ao                                  switch por Telnet ou para gerenciamento SNMP)
```

SWITCHES - ESTRUTURA E CONFIGURAÇÕES

```
nome(config)#ip default-gateway
10.130.40.210                              (especifica o endereço IP do default-gateway)
nome(config)#
```

Com o comando *no ip address* altera-se o endereço IP do *switch* para o de fábrica (0.0.0.0):

```
nome(config)#no ip address
```

Se o *switch* necessita enviar *frames* a redes além da sua, pode enviá-los ao roteador (*default-gateway*) que os encaminha à rede de destino endereçada. Para apagar o endereço do *default-gateway* configurado e retornar ao endereço padrão de fábrica (0.0.0.0) utilize o comando *no ip default-gateway*.

```
nome(config)#no ip default-gateway
```

Para configurar uma porta específica do *switch*, deve-se ir ao modo de configuração de interface e utilizar o *help* (?) para listar os comandos disponíveis:

```
nome(config)#
nome(config)#interface ethernet0/1        (entra na configuração específica da
                                           porta ethernet0/1)
nome(config-if)#?
```

Para configurar uma porta que opere em *full-duplex*, no modo de configuração da interface, digite o comando *duplex full*.

As opções de configuração do comando *duplex* são auto (autoconfiguração), *full* (*full-duplex*), *full-flow-control* (faz o controle de fluxo) e *half* (opera em *half-duplex*). Exemplo:

```
nome(config)#
nome(config)#interface fastethernet0/26
nome(config-if)#duplex full
```

Para acessar a configuração de um *switch* pela rede, é preciso utilizar a aplicação Telnet feita de um PC remoto pelo endereço IP do *switch*. Outra forma de testar o acesso ao *switch* é utilizar o comando *ping* com o seu endereço IP.

6.3 Armazenamento e *backup* da configuração do *switch*

A configuração do *switch* fica armazenada em sua memória NVRAM, analogamente ao que acontece nos roteadores, porém não há como acessar a NVRAM do *switch*. As alterações são realizadas na configuração em uso na memória RAM, ou seja, na *running-config* ou configuração em uso, e automaticamente salvas na NVRAM.

Analogamente aos roteadores, quando o *switch* é ligado à configuração armazenada na memória NVRAM, é transferida para a memória RAM, na qual permanece processando.

Para apagar o conteúdo da memória NVRAM do *switch*, utiliza-se o comando *delete nvram*, que apaga a configuração corrente, restando apenas a padrão de fábrica.

```
#delete nvram
```

A tabela do *switch* que contém os endereços MAC e suas correlações com as respectivas portas em que se encontram é visualizada com o comando *show mac-address-table*.

```
#show mac-address-table
```

A tabela *MAC-address* do *switch* pode ser apagada com o comando *clear mac-address-table*.

```
#clear mac-address-table
```

É possível assinalar endereços MAC fixos na tabela de endereços do *switch* (ou seja, colocar um endereço MAC que não expira na tabela do *switch*). Associa-se o endereço MAC à porta do *switch* em que está ligado o segmento no qual ele se encontra, utilizando o comando *mac-address-table permanent endereçoMAC interface*. O endereço é apresentado no formato hexadecimal com 12 caracteres (10FB.453A.78C0, por exemplo) e a interface com nome e número da porta (ethernet0/1, por exemplo):

```
#configure terminal
(config)#mac-address-table permanent 10FB.453A.78C0 ethernet0/1
(config)#exit
#show mac-address-table            (mostra os endereços permanentes e dinâmicos da tabela MAC)
```

Pode-se também restringir uma porta (interface) do *switch* para que só envie *frames* a outra específica. No exemplo seguinte somente a porta ethernet0/1 consegue enviar *frames* ao endereço estático 10FB.453A.78C0 que está no segmento ligado à porta ethernet0/4:

```
(config)#
(config)#mac-address-table restricted static 10FB.453A.78C0 ethernet0/4 ethernet0/1
```

Inclusive, é possível especificar o número de endereços de *hardware* (endereços MAC) que podem acessar a porta de um *switch*, utilizando o comando *port secure max-mac-count 3*. No próximo exemplo, apenas três endereços MAC de dispositivos externos acessam a interface ethernet0/1 do *switch*.

```
(config)#interface ethernet0/1
(config-if)#port secure max-mac-count 3
```

Para verificar o tipo de comutação empregado no *switch* (LAN *switching*), utilize o comando *show port system*, que revela se ele opera no modo *store and forward* ou *fragment free*.

```
#show port system
```

6.4 Redes locais virtuais (VLANs): conceitos e configurações

Para controlar o *broadcast* de mensagem em uma rede composta por vários segmentos, alguns *switches* segmentam os domínios de *broadcast*.

Em uma rede composta por *switches* com vários segmentos, cada barramento de rede local é um domínio de colisão e todos os segmentos um domínio de *broadcast*. Uma mensagem de *broadcast* é transmitida a todos os segmentos da rede.

Normalmente o *broadcast* só é bloqueado pelo roteador, que não transmite mensagens a outras portas (cada porta do roteador é um domínio de *broadcast*), porém existem *switches* que possuem a facilidade de configuração das VLANs, e dividem a rede em diferentes domínios de *broadcast*.

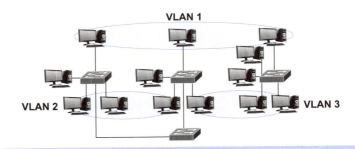

Figura 6.4 - Vários *switches* interligados e estações espalhadas pela rede agrupadas em VLAN. Cada VLAN é um domínio de broadcast. Mensagens de broadcast de uma VLAN não passam a outra VLAN.

A vantagem desse procedimento é que se diminui o tráfego da rede pela contenção de mensagens de *broadcast* antes transmitidas a todos os segmentos de redes locais, agora transmitidas apenas a uma parte ou grupo de estações que compõem a VLAN.

A configuração de grupos de estações com domínios de *broadcast* independentes se chama VLANs. É possível agrupar estações da rede independentemente de onde estão, ou seja, a VLAN é um domínio de *broadcast* lógico e não físico.

A interconexão de *switches* chama-se *trunk*, que é uma conexão feita pela porta *Fast-Ethernet*. Por meio do *trunk* passam dados das diferentes VLANs existentes na rede, por isso é necessário que o *frame* identifique a que VLAN pertence.

A identificação do *frame* é feita pelo protocolo ISL (*Inter-Switch Link*). Em uma conexão ponto a ponto entre dois *switches* tem-se a multiplexação de *frames* de diferentes VLANs, compartilhando o mesmo *link* (no caso, *trunk*). Nesse trecho, o protocolo ISL encapsula o *frame Ethernet* especificando a que VLAN ele pertence antes de transmiti-lo pelo *trunk*.

O *header* do ISL possui 26 *bytes* e, entre outras informações, o nome da VLAN a que pertence. No final, o *trailer* ISL possui quatro *bytes* para o controle de erros CRC.

Header ISL (campos de identificação da VLAN) 26 *bytes*	*Frame Ethernet* encapsulado	Trailer ISL (CRC) quatro *bytes*

6.4.1 Configurações de VLANs

Para criar uma VLAN, é preciso configurá-la em cada *switch* da rede. Para manter, distribuir, sincronizar e facilitar as configurações das VLANs nos *switches* da rede, utiliza-se um protocolo que se chama VTP (VLAN *Trunking Protocol*). Ele diminui a necessidade de configurações manuais e minimiza problemas na falta dela ou inconsistências.

Ao criar uma VLAN, o VTP leva essa informação a todos os outros *switches* da rede, facilitando a configuração.

O protocolo VTP opera nos modos servidor (*server*), cliente (*client*) ou transparente (*transparent*). No primeiro modo, quando se altera a configuração de uma VLAN no servidor VTP, a alteração é propagada a todos os *switches* pelos *trunks* que os conectam à rede.

No modo VTP cliente o *switch* não pode criar, alterar nem apagar uma configuração de VLAN.

No modo transparente o *switch* altera sua própria configuração, mas não a propaga aos demais.

Para mostrar a configuração VTP em um *switch* usa-se o comando *show* vtp:

```
S1#show vtp
```

Para retornar às configurações VTP de fábrica usa-se o comando *delete* vtp:

```
S1#delete vtp
This command resets the switch witch VTP parameters set to factory defaults.
Reset system with VTP parameters set to factory defaults, [Y] or [N]? yes
S1#show vtp              (mostra a configuração default)
```

Para configurar VLANs em um *switch*, deve-se primeiramente conhecer os equipamentos que farão parte de cada uma. Até 64 VLANs podem ser criadas em um *switch* Cisco 1900. Utiliza-se o comando VLAN **número** *name* **nome** no qual se especificam seu número e nome.

A seguir, criam-se as VLANs 2, 3, 4 e 5.

Para ver a relação de VLANs criadas, utiliza-se o comando *show* VLAN ou *show VLAN-membership*. Por *default*, todas as portas do *switch* se configuram para a VLAN1 até que sejam alteradas. A VLAN1 é *default* de fábrica. Se nenhuma for configurada, o *switch* assume como VLAN1.

```
S1#configure terminal
S1(config)#ip address 10.90.0.9 255.255.0.0     (endereço IP do switch)
S1(config)#ip default-gateway 10.90.0.10        (endereço do default gateway)
S1(config)#vtp server domain nome               (especifica o switch S1 como server
                                                 numa rede com vários switches)
S1(config)#VLAN 2 name grupo2                   (cria a VLAN 2 com o nome grupo2)
S1(config)#VLAN 3 name grupo3                   (cria a VLAN 3 com o nome grupo3)
S1(config)#VLAN 4 name grupo4                   (cria a VLAN 4 com o nome grupo4)
S1(config)#VLAN 5 name grupo5                   (cria a VLAN 5 com o nome grupo5)
S1(config)#VLAN 3 ethernet                      (especifica que a VLAN 3 é de portas ethernet)
S1(config)#interface ethernet0/1
S1(config-if)#vlan-membership static 3          (associa a porta 0/1 à VLAN 3)
S1(config-if)#interface ethernet0/2
S1(config-if)#VLAN-membership static 4          (associa a porta 0/2 à VLAN 4)
S1(config-if)#interface ethernet0/3
S1(config-if)#VLAN-membership static 5          (associa a porta 0/3 à VLAN 5)
S1(config-if)#interface fastethernet0/26
S1(config-if)#trunk on                          (habilita o trunk na interface
                                                 fastethernet 0/26)
S1(config-if)#VLAN-membership static 3          (habilita a VLAN3 no trunk)
S1(config-if)#VLAN-membership static 4          (habilita a VLAN4 no trunk)
S1(config-if)#VLAN-membership static 5          (habilita a VLAN5 no trunk)
S1#show VLAN 3                                  (mostra as portas do switches da VLAN 3)
S1#show VLAN-membership                         (mostra as especificações de portas e
                                                 membros das VLANs)
```

O protocolo VTP mantém e controla as configurações das VLANs. O comando *delete* vtp passa os parâmetros VTP ao *default* de fábrica.

▶ O comando *show* vtp mostra o status do protocolo VTP no roteador.

▶ O comando *show trunk* mostra o status da conexão *trunk* do *switch*.

▶ O comando *show* VLAN mostra as VLANs.

▶ O comando VLAN **nº da VLAN** *name* **nome da VLAN** atribui nome à VLAN.

▶ O comando *show* VLAN-*membership* mostra os membros das VLANs.

▶ O comando *show spantree* **nº da VLAN** mostra o status do protocolo *Spanning-Tree* da VLAN.

Para interligar dois *switches* com um *trunk link*, usa-se o comando *trunk on* que especifica a interface. Pelo *trunk link* passam os dados das diversas VLANs, em que se identifica a que VLAN pertence cada *frame*.

A identificação dos *frames* e o transporte dos dados entre os *switches* são feitos pelo protocolo DISL (*Dynamic Inter-Switch Link*), que encapsula e envia o *frame Ethernet* entre as duas portas que interligam os *switches*.

A porta utilizada para a conexão de um *switch* a outros é a *Fast-Ethernet*. O *switch* 1900 da Cisco possui duas *Fast-Ethernet* numeradas como interfaces 26 e 27 (fa0/26 e fa0/27), sendo *trunk* A e B respectivamente.

A seguir, o comando que coloca a interface *Fast-Ethernet* 26 como *trunk link*:

```
S1#configure terminal
S1(config)#interface fastethernet0/26
S1(config-if)#trunk on
S1(config-if)#exit
S1#show trunk
      (mostra a configuração do trunk)
```

Por *default*, todas as VLANs ficam direcionadas ao *trunk link* configurado. Se não quiser que alguma VLAN faça parte dessa comunicação, deve-se apagá-la (deletar) utilizando o comando *no trunk-vlan*. Em seguida, retira-se a VLAN 4 do *trunk link*, impedindo que seus dados sejam transportados por ele:

```
S1(config-if)#no trunk-VLAN 4
```

O comando *show trunk A allowed-vlans* exibe as VLANs configuradas para a porta 26:

```
S1#show trunk a allowed-vlans
S1#show spantree 4          (mostra a configuração do Spanning-Tree para a VLAN 4)
```

O protocolo DISL gerencia os *trunks* ISL. O comando *trunk off* desabilita o modo *trunk*.

//// AMPLIE SEUS CONHECIMENTOS ■ □ ■

Saiba mais sobre VLANs em: <http://virtx.com.br/vlan-virtual-local-area-network/>. Acesso em: 1 maio 2020.

6.4.2 Configuração de roteamento ISL para interligar VLANs por meio de roteador

Para conectar *switches* de uma rede a um roteador, de forma a permitir que as VLANs se comuniquem entre si por meio dele, deve-se configurar o ISL em uma interface *Fast-Ethernet* do roteador.

Por essa interface todas as VLANs se comunicam entre si, transmitindo e recebendo dados por ela. É dividida em interfaces lógicas, uma para cada VLAN, conhecidas como subinterfaces. Cada VLAN passa a ser uma sub-rede IP do roteador, conectada a ele pela subinterface.

Os *hosts* pertencentes a uma VLAN devem ter o mesmo endereço de sub-rede IP.

A união de um *switch* com várias VLANs a um roteador se faz por uma única conexão física chamada de *trunk*, como visto na conexão entre *switches*. A interface física *Fast-Ethernet* do roteador é dividida em outras lógicas chamadas subinterfaces. Tem-se uma subinterface para cada VLAN, nomeadas 0.0, 0.1, 0.2 e assim por diante.

Usa-se o comando *encapsulation isl* nº *VLAN* na subinterface.

O ISL também deve ser habilitado na porta do *switch* ligada ao roteador.

Para configurar o roteamento ISL em uma subinterface do roteador, utiliza-se o comando isl número da VLAN, considerando três VLANs:

- ▸ VLAN 3 com endereço de sub-rede 10.30.0.0 e máscara 255.255.0.0;
- ▸ VLAN 4 com endereço de sub-rede 10.40.0.0 e máscara 255.255.0.0;
- ▸ VLAN 5 com endereço de sub-rede 10.50.0.0 e máscara 255.255.0.0.

Tem-se no roteador a configuração de roteamento ISL:

```
R#configure terminal
R(config)#interface fastethernet0/0.3         (utiliza a subinterface 3 para a VLAN 3)
R(config-subif)#encapsulation isl 3           (ISP para a VLAN 3)
R(config-subif)#ip address 10.30.0.0 255.255.0.0    (endereço IP da sub-rede VLAN 3)
R(config-subif)#interface fastethernet0/0.4   (utiliza a subinterface 4 para a VLAN 4)
R(config-subif)#encapsulation isl 4           (ISP para a VLAN 4)
R(config-subif)#ip address 10.40.0.0 255.255.0.0    (endereço IP da sub-rede VLAN 4)
R(config-subif)#interface fastethernet0/0.5   (utiliza a subinterface 5 para a VLAN 5)
R(config-subif)#encapsulation isl 5           (ISP para a VLAN 5)
R(config-subif)#ip address 10.50.0.0 255.255.0.0    (endereço IP da sub-rede VLAN 5)
```

O protocolo VTP gerencia as VLANs. A propagação de informações entre *switches* se faz por um *switch* eleito como servidor (*server*), o qual adiciona VLANs ao seu domínio ou as cancela. Nesse caso, os demais *switches* ficam na condição de clientes (*client*).

Quando não se quer que o *switch* participe de um domínio, deve ser colocado no modo transparente (*transparent*). No VTP também se ativa uma função chamada *pruning*, que reduz o volume de *broadcast* enviado ao *trunk line*, o qual interliga os *switches*, enviando o *broadcast* apenas para a VLAN que precisa dele, funcionando como um filtro.

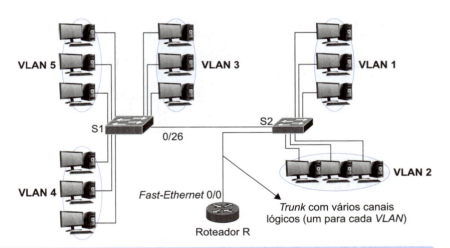

Figura 6.5 - Interligação dos switches e o roteador para permitir a comunicação entre as VLANs. Cada VLAN passa a ser uma sub-rede IP do roteador, em cada subinterface. O roteador permite o roteamento entre as VLANs.

Para transformar um *switch* em cliente (*client*), deleta-se sua configuração de memória NVRAM e VTP e, em seguida, configura-se como *client*:

```
S1#show VTP
S1#delete NVRAM
S1#delete VTP
S1#configure terminal
S1(config)#VTP client
```

No *switch* servidor (*server*) configura-se o nome do domínio, especifica-se como *server* e cria-se uma senha (*password*).

```
S1#show VTP
S1#configure terminal
S1(config)#VTP server domain nome do domínio  password senha
```

6.5 *Backup* e atualização do sistema operacional (IOS) de um *switch*

A recuperação do IOS de um *switch* Cisco Catalyst 1900 é feita ao copiar o arquivo com o IOS que está em um servidor TFTP na memória *Flash* do *switch*. No exemplo, copia-se o arquivo cat1900EN_9_00.bin (arquivo em que está o sistema operacional do *switch*) de um servidor TFTP com endereço 172.17.120.3 para a memória *Flash* do *switch*:

```
#copy tftp://172.17.120.3/cat1900EN_9_00.bin opcode
```

O *backup* da configuração de um *switch* Cisco é feito pela cópia do conteúdo da memória NVRAM do *switch* (no qual se encontra a configuração) em um servidor TFTP. No exemplo seguinte, o servidor TFTP tem o endereço 172.17.120.3:

```
#copy nvram tftp://172.17.120.3/conf-1900
```

Para restaurar a configuração no *switch* a partir do arquivo no servidor TFTP, utiliza-se o comando:

```
#copy tftp://172.17.120.3/conf-1900 nvram
```

VAMOS RECAPITULAR?

Neste capítulo, aprendemos a configurar VLANS, senhas e como fazer *backup* do arquivo de configuração de um *switch*.

Estudamos como funciona o protocolo *Spanning-Tree*, que controla a transmissão dos dados nas portas dos *switches* evitando *loops*.

Vimos também como acessar e fazer as configurações básicas do equipamento para que ele possa operar, como fazer *backup* e restaurar as suas configurações.

AGORA É COM VOCÊ!

1. Qual é a função do protocolo *Spanning-Tree*?
2. Quais são os tipos de comutação nos quais um *switch* pode operar para receber e encaminhar os *frames*?
3. Como um *switch* monta suas tabelas de endereçamento de *frames*?
4. Qual é a característica dos *switches* que fazem VLANs?
5. Qual é o protocolo que controla as configurações e operações das VLANs?
6. O que faz o protocolo ISL?
7. Para que é utilizada a porta AUX do roteador?
8. Quais são os comandos *show* mais utilizados e qual é a função de cada um?
9. Qual é o comando usado para configurar senha em um *switch*?
10. Como funciona o TFTP?
11. Qual é a função do protocolo CDP?
12. Utilizando o programa Telnet em seu computador ligado ao *switch*, acessar o *switch*, configurar uma senha e uma porta *Ethernet full-duplex*.

7

INTERCONECTIVIDADE DE REDES LOCAIS EXTERNAS WAN E INTERNET - EQUIPAMENTOS E ARQUITETURAS

PARA COMEÇAR

Este capítulo ensina a conectar redes e roteadores distantes por canais de comunicação de dados (LPs, *links* ou circuitos de dados) em redes públicas.

Veremos os equipamentos e protocolos utilizados nas redes WAN (redes de longa distância - *wide area networks*) e as conexões ou *links* de comunicação utilizados.

Também vamos estudar os conceitos de redes públicas compartilhadas, como redes *frame-relay* e MPLS, amplamente utilizadas na comunicação de dados entre os escritórios de uma empresa.

7.1 Tipos de conexão em redes WAN

Os protocolos e meios utilizados na comunicação de dados podem ser divididos em LAN e WAN. Nas redes LAN, ou locais, utiliza-se como meio de transmissão o barramento, composto por cabos de pares trançados, coaxiais, *hubs* e *switches*, que utilizam protocolos de comunicação como o *Ethernet CSMA/CD*, o *Token-Ring* e o FDDI.

Quando se deseja interligar redes a longas distâncias, é necessário empregar como meio de transmissão os serviços públicos de comunicação de dados como LPs ou circuitos de dados, que utilizam *modems* e fios da rede pública de telefonia, rádios micro-ondas, satélite e fibras ópticas como meio de transmissão. Esses serviços são disponibilizados pelas empresas concessionárias de serviços públicos, ou seja, as empresas de telecomunicações.

Os protocolos usados para realizar a comunicação de dados entre equipamentos como os roteadores a longas distâncias, formando as redes WAN, são HDLC, PPP, *frame-relay*, X.25, ISDN, MPLS e outros vistos adiante.

As conexões em redes WAN podem acontecer por:

▸ **Circuitos diretos dedicados:** também chamados de LP (linhas privativas) ou *leased line*. São circuitos ponto a ponto que conectam fixamente dois pontos de uma rede, com velocidade variável de 64 Kbps a 34 Mbps ou mais. O custo dessa conexão é maior do que em redes compartilhadas.

- **Conexões comutadas por telefone:** utilizam a rede telefônica ou ISDN. São discadas, seriais e assíncronas, normalmente usadas em conexões temporárias para *backup* em caso de falhas no circuito principal. São também denominadas *circuit switched*, ou seja, existem apenas durante a chamada.
- **Conexões por redes de pacotes:** utilizam redes compartilhadas como X.25, *frame-relay*, ATM e MPLS, também denominadas *Packet-Switched*. Redes comutadas por pacotes criam circuitos virtuais entre a origem e o destino para transmitir os dados.

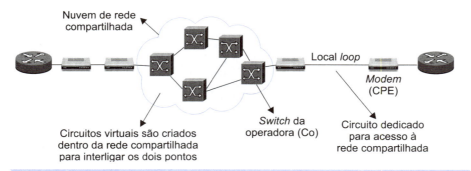

Figura 7.1 - A rede de pacotes ou comutada da concessionária utiliza *switches* para criar circuitos e encaminhar os dados. No caso de circuitos dedicados, os equipamentos da rede da concessionária são multiplexadores que reservam uma banda fixa ao circuito.

A nomenclatura utilizada para os equipamentos em uma conexão é a seguinte:

- **CPE (*Customer Premises Equipment*):** equipamento do circuito de comunicação que fica nas instalações do cliente, como o *modem*.
- **Demarcation**: sala de equipamentos de telecomunicação nas instalações do cliente.
- **Local Loop**: último trecho ou milha (*last-mile*) do circuito de comunicação. Normalmente os fios de cobre da rede de cabos passam na rua.
- **Central Office Switch**: o primeiro equipamento da prestadora de serviços de telecomunicações em que o acesso do cliente é ligado. É o ponto de presença POP (*Point of Presence*) mais próximo da concessionária prestadora do serviço, no qual o cliente está conectado.
- **Nuvem de Rede (*Toll Network*):** *switches* e equipamentos dentro da rede da prestadora de serviços de comunicação.
- **CSU/DSU (*Channel Service Unit/Data Service Unit*):** *modems* ou equipamentos que conectam o equipamento do cliente à rede WAN. Nesse caso, chamam-se DCE e o roteador DTE.

AMPLIE SEUS CONHECIMENTOS

Você sabe a diferença entre redes WAN e LAN? Descubra em: <https://www.sigmatelecom.com.br/o-que-e-rede-wan-e-lan/>. Acesso em: 1 maio 2020.

7.1.1 Conexões por circuitos dedicados privativos ponto a ponto (LP)

Nesse tipo de conexão, utiliza-se um circuito ou conexão fixa da prestadora de serviços para interligar dois roteadores. Essa conexão, denominada de LP (linha privativa), utiliza dois *modems* interligados normalmente por um par de fios metálicos dos próprios cabos de distribuição da rede telefônica que percorrem ruas e postes.

Essa conexão é dedicada, ponto a ponto, disponível 24 horas por dia e de uso exclusivo. É indicada a quem possui elevado volume de tráfego e necessita de um *delay* pequeno na transmissão de dados. O serviço é contratado e pago mensalmente à concessionária prestadora de serviços, com preço variável de acordo com a velocidade e a distância.

Figura 7.2 - Exemplo de dois roteadores interligados por uma LP ponto a ponto com *modems* conectados às interfaces seriais S0 dos roteadores. Em redes de pacotes, os protocolos utilizados podem ser X.25, *frame-relay* ou ATM, entre outros. Em redes comutadas discadas (utilizando a rede telefônica), os protocolos empregados podem ser HDLC, PPP ou SLIP.

A velocidade da LP é definida pelo cliente quando efetua o pedido na concessionária, e geralmente varia de 64 Kbps a 2 Mbps ou mais. O meio de transmissão pode ser rádio ou fibras ópticas, que permitem velocidades maiores que os fios metálicos.

Características dos protocolos utilizados no acesso às redes WAN:

- **HDLC (*High-Level Data Link Control*):** utilizado para realizar a comunicação de equipamentos como roteadores interligados por circuito ponto a ponto. O protocolo original não identifica o protocolo da camada de rede, desta forma só é possível trafegar um único protocolo de camada 3 (IP, por exemplo). O comando a ser colocado na interface do roteador para encapsular os dados em HDLC é:

    R1(config-if)#encapsulation hdlc

- **PPP (*Point-to-Point Protocol*):** usado na conexão de roteador a roteador ou *host* a uma rede em circuitos síncronos ou assíncronos. Transporta diferentes protocolos da camada de rede (IP, IPX e outros), pois possui campo de identificação do tipo de dados que transporta. Abriga mecanismos de segurança como autenticação PAP e CHAP.

- ***Frame-relay***: protocolo de enlace para acesso a redes públicas *frame-relay*, permite múltiplos circuitos virtuais em um único acesso físico. Faz parte de uma geração mais avançada que as antigas redes de pacote X.25, com velocidades que variam em torno de 64 Kbps a 2 Mbps.

- **ATM (*Asynchronous Transfer Mode*):** protocolo de tecnologia de transporte de dados padronizada pelo Fórum ATM para transportar múltiplos serviços como voz, dados e vídeos digitalizados em meios de altíssima velocidade, como fibras ópticas a 155 Mbps.

Na transmissão síncrona, o transmissor e o receptor possuem um sincronismo para estabelecer a mesma velocidade de transmissão entre os dois. Na assíncrona não há sincronismo e os *bytes* são transmitidos com um tempo variável entre eles.

A conexão por linhas privativas entre roteadores é normalmente síncrona. A interface serial do roteador é conectada ao meio físico de transmissão por um *modem* ou unidade de transmissão digital denominada DSU/CSU, ligada ao equipamento da companhia telefônica por pares de fios.

O comando que especifica o protocolo de enlace a ser empregado na interface do roteador é o *encapsulation* [hdlc ou ppp], que deve ser especificado nas portas dos dois roteadores conectados.

Para aumentar o *throughput*, ou quantidade de dados transmitidos em um período de tempo, ativa-se a compressão dos dados, feita pelo comando *compress* [*predictor* ou stac ou mppc]. Seu uso produz um retardo (ou latência) na transmissão dos *frames*, pois eles são processados e comprimidos antes de serem transmitidos. A compressão de dados pode ser feita em protocolos HDLC e PPP. Os algoritmos mais utilizados para essa tarefa são STAC, *Predictor* e MPPC (*Microsoft Point-to-Point Compression*).

```
#interface serial0
#encapsulation ppp              (ativa o protocolo de enlace PPP na interface serial0)
#compress stac                  (ativa a compressão STAC na interface serial0)
#interface serial0
#encapsulation hdlc             (ativa o protocolo de enlace HDLC na interface serial0)
#show interface                 (mostra a configuração da interface e o tipo do protocolo
                                 utilizado)
#show compress                  (mostra a taxa de compressão)
```

7.1.2 Conexão por circuitos comutados pela rede pública de telefonia (conexão discada ou *dial-up*)

Para empresas ou usuários que realizam acessos esporádicos e não desejam pagar um valor fixo e mensal de circuitos dedicados (LPs), a opção pode ser a conexão por rede telefônica. Essa conexão é a mais utilizada para acessar a internet e pode ser usada inclusive por empresas, para conectar suas filiais utilizando apenas a linha telefônica por um pequeno período.

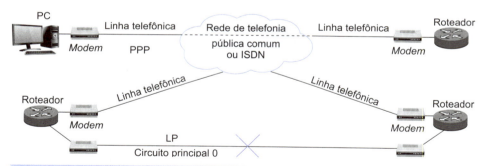

Figura 7.3 - Dois exemplos de conexões comutadas em circuito utilizando a rede telefônica comum (conexão telefônica ou *dial-up*) ou a digitalizada denominada ISDN (*Intergrated Services Digital Network*), que permite velocidades maiores. Em uma, o PC acessa um roteador remoto para fazer uma configuração, por exemplo. Na outra, um roteador acessa o outro em uma contingência no caso de falha da LP da conexão principal. O protocolo de enlace utilizado é o PPP ou o HDLC.

A conexão de comutação de circuito (*circuit switching*) é feita pela conexão de uma linha telefônica ao *modem* que fará a transmissão dos dados a outro *modem*. É possível interligar, por exemplo, dois roteadores pela ligação telefônica. Podemos também ligar um computador a um roteador remoto para fazer uma configuração.

O *modem* é conectado ao computador em sua saída serial por um cabo. No caso dos roteadores, é ligado a uma porta serial do roteador por um cabo com conector M.34 (V.35) ou DB-25 (RS-232) ligado ao *modem*.

7.1.3 Conexões por circuitos comutados em pacotes pelas redes públicas de comunicação de dados compartilhadas (conexão por redes *frame-relay* ou *Packet-Switch*)

Em uma conexão que utiliza rede comutada em pacotes (*Packet-Switching*), os meios de comunicação dessa rede são compartilhados entre seus usuários. Ou seja, os canais de comunicação internos à rede e que interligam os equipamentos ao longo dela são compartilhados pelos dados dos diversos usuários.

Essa característica pode produzir um *delay* (retardo) maior na transmissão dos dados em relação às conexões privativas (LPs), em que o canal do início ao fim não é compartilhado. A vantagem do uso de redes compartilhadas é o custo menor e a facilidade de criação dos circuitos virtuais entre dois pontos.

A seguir, um exemplo de conexão entre dois roteadores por uma rede *frame-relay*. Dentro dela há *switches* que comutam e encaminham os *frames*.

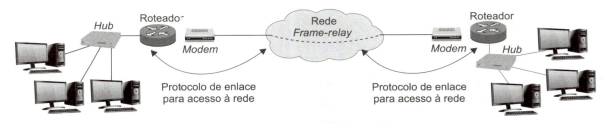

Figura 7.4 - Conexão entre dois roteadores utilizando uma rede *frame-relay* que disponibiliza um circuito virtual entre os dois pontos de acesso.

7.2 Frame-relay

O *frame-relay* é uma tecnologia de transmissão de dados do tipo comutação por pacotes que atua nas camadas 1 e 2 do modelo OSI (física e enlace), disponibilizando circuitos em velocidades que variam de 64 Kbps a 2 Mbps. O *frame-relay* é um protocolo de enlace, usado para transportar pacotes de protocolos de rede como o IP, entre dois pontos. Assim, é possível interligar dois roteadores com o uso de uma rede *frame-relay* para transportar pacotes de uma rede TCP/IP.

As redes *frame-relay* podem ser públicas (serviços de conexão entre dois pontos fornecidos por empresas prestadoras de serviços de telecomunicação) ou privadas (quando uma empresa monta sua própria rede com equipamentos *frame-relay* interligados por LPs sem compartilhamento).

Como visto, a diferença entre uma rede privada e uma pública é que na última os canais de comunicação de dados que interligam os *switches frame-relay* são compartilhados por outros usuários e empresas.

O *frame-relay* é um padrão de transmissão de dados por meio de redes públicas PDN (*Public Data Network*), desenvolvido pelo ITU-T e ANSI. É uma tecnologia de comunicação orientada à conexão, ou seja, estabelece e controla a comunicação entre a origem e o destino final.

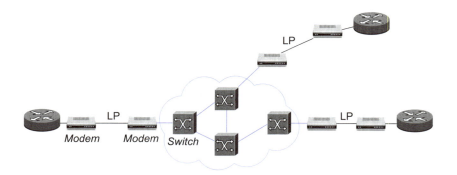

Figura 7.5 - Roteador acessando uma rede *frame-relay*. A conexão do roteador ao *switch* de entrada na rede é feita por modems e LPs (linhas privativas) conectados por interfaces do tipo EIA/TIA-232, V.35 e outras. O frame do *frame-relay* encapsula o pacote IP, por exemplo, e o encaminha pela nuvem da rede até o destino.

Um roteador ligado a uma rede WAN *frame-relay* é conectado a um *switch* de entrada nessa rede. Por um único canal físico de acesso é possível ter vários canais lógicos que compartilham o meio físico de transmissão. Quando um *frame* é recebido pelo *switch* de entrada na rede, ele analisa o número identificador de conexão (DLCI) e o encaminha à porta associada.

O circuito de comunicação de dados entre dois pontos (origem e destino), disponibilizado em uma rede *frame-relay*, é virtual, permanente, logicamente configurado, e se chama PVC (*Permanent Virtual Circuit*), que interliga dois roteadores, por exemplo. Cada conexão, em cada roteador, possui um número de identificação denominado DLCI (*Data Link Connection Identifier*).

Uma rede *frame-relay* é composta por *switches frame-relay* pelos quais os circuitos se criam de maneira lógica, compartilhando os circuitos físicos do *backbone* que interliga os diversos *switches* dentro da rede (ou nuvem).

Na Figura 7.6, o roteador R1, ao receber um pacote IP que deve ser transmitido da rede local ao roteador R2, verifica o endereço IP do pacote e a rota pela qual ele deve ser enviado. Ao confirmar que a rota de envio é o *link* de acesso à rede *frame-relay*, que vai levá-lo ao destino, o R1 encapsula o pacote IP em um *frame frame-relay* com o número DLCI que identifica o PVC ligado à interface serial e que leva o pacote ao destino.

O *modem* ou CSU/DSU (*Channel Service Unit/Data Service Unit*) transmite os dados do *frame* codificados em sinais elétricos modulados para a rede *frame-relay* em que se encontra outro *modem* no *switch frame-relay* ou *PSE (Packet Switch Exchange)*, que recebe e reencaminha o *frame* ao seu destino, de acordo com o DLCI e PVC especificados e configurados no roteador e nos *switches* da rede.

O *frame-relay* é um serviço de grande utilização comercial na transmissão de dados entre redes. Os dados são transmitidos em *frames* nos quais o campo de endereço possui o número DLCI que especifica o *link* de transmissão. Trata-se de uma rede compartilhada, composta de *switches frame-relay* interligados por canais de comunicação que transportam os dados ao seu destino, como representado na figura seguinte. O provedor do serviço *frame-relay* normalmente é uma empresa de telecomunicações prestadora de serviços de rede.

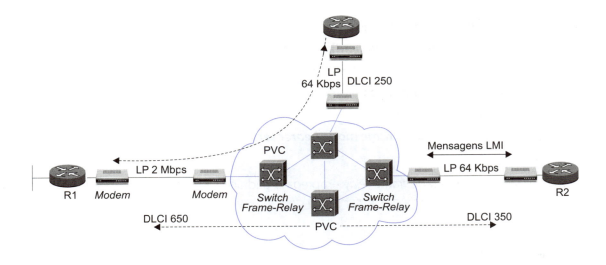

Figura 7.6 - Conexão entre roteadores por meio de uma rede *frame-relay* que utiliza um circuito virtual (PVC).

Nessa rede, estabelece-se um circuito virtual entre a origem e o destino, denominado VC (*Virtual Circuit*). A seguir, algumas definições utilizadas em redes *frame-relay*:

- **VC (*Virtual Circuit*):** circuito virtual estabelecido entre a origem e o destino por meio de uma rede *frame-relay*. Pode ser permanente PVC (*Permanent Virtual Circuit*) ou temporário SVC (*Switched Virtual Circuit*).
- **PVC (*Permanent Virtual Circuit*):** se o circuito virtual é preestabelecido e fixo, chama-se PVC.
- **SVC (*Switched Virtual Circuit*):** se o circuito é estabelecido dinamicamente, chama-se SVC.
- **AR (*Access Rate*):** velocidade do *link* de acesso do roteador à rede *frame-relay*.
- ***Local Access Rate***: velocidade do *link* de acesso à rede.
- **CIR (*Committed Information Rate*):** velocidade mínima, garantida pelo provedor do serviço, com a qual o VC transmite dados na rede *frame-relay*. Se a rede estiver livre, a velocidade pode extrapolar o CIR, processo que se chama velocidade *burst* ou rajada.
- **DLCI (*Data Link Connection Identifier*):** é um número que identifica o circuito lógico entre o roteador e o *switch* da rede *frame-relay*. O *switch* associa os DLCIs dos roteadores das pontas para criar um PVC entre ambos. O número DLCI é colocado no *frame* transmitido e identifica o circuito virtual pelo qual o *frame* deve trafegar.
- **IARP (*Inverse Address Resolution Protocol*):** associação do endereço de rede ao DLCI.
- **FECN (*Forward Explicit Congestion Notification*):** *bit* do *header* do *frame* que, se ativado pelo *switch* da rede, indica que há congestionamento de tráfego à frente na rede.
- **BECN (*Backward Explicit Congestion Notification*):** quando o *switch* da rede detecta o congestionamento, ativa o *bit* do *header* do *frame* e encaminha-o de volta ao roteador para que ele reduza a velocidade de transmissão dos pacotes.
- **DE (*Discard Eligibility*):** com o *bit* ativado, indica que o *frame* não tem prioridade e pode ser descartado em detrimento de outros *frames*, em caso de problemas na rede.

- **DTE (*Data Terminal Equipment*):** equipamento conectado ao circuito, como, por exemplo, o roteador.
- **DCE (*Data Communications Equipment*):** equipamento de comunicação ao qual o DTE está ligado, como, por exemplo, os *switches frame-relay* da rede.
- **LMI (*Local Management Interface*):** protocolo usado entre o roteador e o *switch* da rede *frame-relay*, que gerencia a conexão entre ambos.
- **LAPF (*Link Access Procedure-Frame mode bearer services*):** campos de controle (*header e trailer*) do *frame-relay*.

O *frame* utilizado em uma rede *frame-relay* emprega o padrão LAPF (*Frame Bearer Services*) Q.922-A, que possui como campos de controle DLCI, DE, FECN e BECN.

Quadro 7.1 - Frame LAPF

Header LAPF (DLCI, FECN, BECN e DE)	Dados encapsulados (IP ou outro protocolo de rede)	*Trailer* LAPF (FCS)

O *frame* LAPF não possui campo que identifique o protocolo que encapsula. Desta forma, ele não pode transportar tráfego multiprotocolo, pois não consegue reconhecer os tipos de protocolo que encapsula e transporta. Um campo com dois *bytes* de identificação do protocolo incluiu-se no campo de dados pela Cisco, pela RFC 1490 e pela RFC 2427.

7.2.3.1 DLCI (*Data Link Connection Identifier*)

O DLCI é o endereço utilizado em uma rede *frame-relay* o qual especifica o circuito virtual empregado na comunicação do roteador ao *switch* da rede. O número do DLCI pode ser alterado pelo *switch* na rede, dependendo das especificações do circuito virtual até o destino. Ou seja, o número do DLCI no enlace do roteador de origem pode ser diferente do DLCI no enlace do roteador de destino. Os valores do DLCI se especificam pelo prestador do serviço da rede *frame-relay* e podem ser trocados pelos *switches* da rede. O DLCI é igual apenas no enlace, por exemplo, no enlace de conexão entre o roteador e o *switch*.

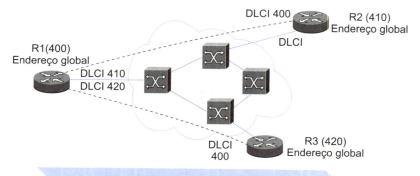

Figura 7.7 - Roteadores interligados por uma rede *frame-relay* com seus DLCIs nos enlaces de acesso, que são diferentes nas extremidades.

Para facilitar o controle do endereçamento em uma rede *frame-relay*, define-se um número a cada roteador e utiliza-se como DLCI de enlace dos outros roteadores com um PVC para esse roteador.

No exemplo, o roteador R3 acessa o R1 com um enlace DLCI de número 510, mesmo número usado pelo roteador R2 para acessar o R1. O roteador R1, para acessar o R2, emprega um DLCI de número 520 no enlace de acesso à rede.

Com isso se facilita o endereçamento. Essa forma de numeração de DLCI se chama endereçamento global no roteador (DTE), e indica que todos os DTEs com PVCs para esse roteador usam o seu número global em acessos locais à rede *frame-relay*.

No exemplo têm-se quatro roteadores interligados por uma rede *frame-relay*. O roteador R1 possui três PVCs que saem de uma única interface serial para os outros roteadores. Nesse caso, a interface serial que liga o roteador R1 à rede está configurada com três subinterfaces, cada uma com um endereço IP.

Os *broadcasts* enviados por um roteador não são transmitidos por uma rede *frame-relay*, a menos que se configure o roteador para enviar cópias do *broadcast* a cada circuito virtual (VC ou PVC).

Observa-se nas figuras anteriores que, quando um roteador pretende enviar um pacote IP a outro roteador, precisa saber o DLCI. O roteador sabe o endereço IP de destino, mas não o DLCI. A associação do endereço de camada 3 (IP) com o endereço de camada 2 (enlace) se chama mapeamento. Ele pode ser configurado estaticamente ou pelo protocolo IARP (*Inverse Address Resolution Protocol*), que descobre o DLCI correspondente.

A associação estática é feita pelo comando *frame-relay map* exibido a seguir, para o exemplo da Figura 7.8.

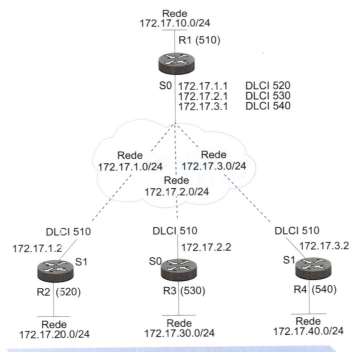

Figura 7.8 - Roteadores interligados por uma rede *frame-relay*. R1 possui três subinterfaces, uma para cada roteador.

Associação do endereço IP ao DLCI para o roteador R1:

```
#interface serial0
#frame-relay map ip 172.17.1.2 520 broadcast
#frame-relay map ip 172.17.2.2 530 broadcast
#frame-relay map ip 172.17.3.2 540 broadcast
```

Para o roteador R2 a configuração é:

```
#interface serial1
#frame-relay map ip 172.17.1.1 510 broadcast
```

Para o roteador R3 a configuração é:

```
#interface serial0
#frame-relay map ip 172.17.2.1 510 broadcast
```

Para o roteador R4 a configuração é:

```
#interface serial1
#frame-relay map ip 172.17.3.1 510 broadcast
```

7.2.1 Configuração do roteador para comunicação por rede *frame-relay*

Para configurar uma conexão à rede *frame-relay* em um roteador, deve-se primeiramente ativar o encapsulamento na interface serial do roteador em que se conectou o *modem* do circuito de acesso. Existem duas formas de encapsulamento de pacotes de rede IP em *frames frame-relay*, sendo o método IETF (um padrão aberto) e o método Cisco.

O comando que define o tipo de encapsulamento do *frame* é o *encapsulation frame-relay Cisco ou ietf*".

O comando que especifica o tipo de LMI usado pelo *switch* é o *frame-relay lmi-type ANSI ou Cisco ou q933a*".

Figura 7.9 - Conexão de dois roteadores A e B por uma rede *frame-relay*.

Configuração do roteador A do exemplo anterior:

```
A(config)#interface serial0
A(config-if)#ip address 10.0.0.1 255.255.255.0
A(config-if)#encapsulation Frame-Relay ietf
A(config-if)#bandwidth 64                (especifica a velocidade do link em Kbps)
A(config-if)#frame-relay lmi-type ansi
```

Configuração do roteador B do exemplo anterior:

```
B(config)#interface serial0
B(config-if)#ip address 10.0.0.2 255.255.255.0
B(config-if)#encapsulation frame-relay ietf
B(config-if)#bandwidth 64                (especifica a velocidade do link em Kbps)
B(config-if)#frame-relay lmi-type ansi
```

Também é preciso especificar o número DLCI da conexão do circuito virtual criado na rede *frame-relay*. A associação entre o endereço IP de destino e o DLCI no roteador de origem se faz pelo protocolo IARP dinamicamente.

A seguir, um exemplo de interconexão de três roteadores (R1, R2 e R3) utilizando uma rede *frame-relay* e a configuração de suas interfaces para acesso à rede.

Para o roteador R1:

```
#interface serial0
#encapsulation frame-relay
#ip address 172.17.1.1 255.255.255.0
#interface ethernet0
#ip address 172.17.10.1 255.255.255.0
#router igrp 1
#network 172.17.1.0
#network 172.17.10.0
```

Para o roteador R2:

```
#interface serial0
#encapsulation frame-relay
#ip address 172.17.1.2 255.255.255.0
#interface ethernet0
#ip address 172.17.11.1 255.255.255.0
#router igrp 1
#network 172.17.1.0
#network 172.17.11.0
```

Para o roteador R3:

```
#interface serial0
#encapsulation frame-relay
#ip address 172.17.1.3 255.255.255.0
#interface ethernet0
#ip address 172.17.12.1 255.255.255.0
#router igrp 1
#network 172.17.1.0
#network 172.17.12.0
```

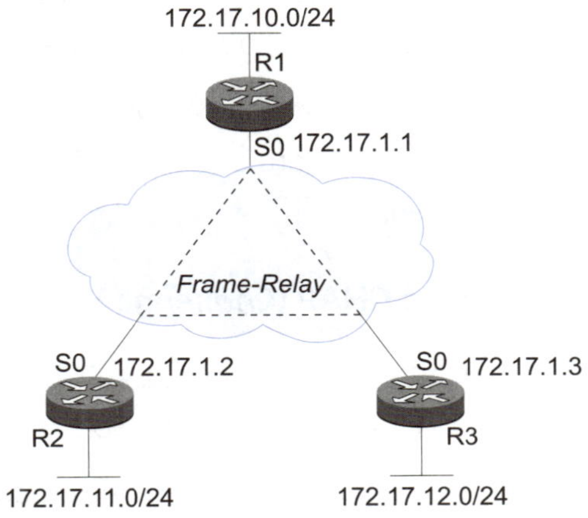

Figura 7.10 - Roteadores interligados por uma rede *frame-relay* com a configuração anterior.

7.3 Protocolo de enlace PPP

7.3.1 Protocolo PPP (*Point-to-Point Protocol*)

O PPP também é protocolo de enlace (camada 2 do modelo OSI), analogamente ao HDLC, usado para comunicação ponto a ponto na interligação de equipamentos. Ao contrário do HDLC, o PPP transporta diferentes tipos de pacotes e protocolos da camada de rede. No *frame* PPP o pacote IP (ou de outro protocolo de rede) é encapsulado e levado de um equipamento a outro.

Utiliza-se o PPP tanto em conexões síncronas (LPs ou canais dedicados) como em assíncronas (linhas discadas ou *dial-up*). O PPP atua no transporte dos dados no meio físico (camada 1 do modelo OSI) e na interface com o protocolo de rede (camada 3 do modelo OSI) que ele encapsula para transportar.

INTERCONECTIVIDADE DE REDES LOCAIS EXTERNAS WAN E INTERNET - EQUIPAMENTOS E ARQUITETURAS

A autenticação (identificação do usuário que se conecta) é uma das funções do protocolo PPP. Ela é feita pelos métodos PAP ou CHAP. No início do estabelecimento de uma conexão, o protocolo PPP dos dois equipamentos troca *frames* de configuração, identificação e autenticação.

7.3.1.1 Autenticação PAP (*Password Authentication Protocol*)

Nessa forma de identificação do usuário, as senhas são enviadas sem criptografia. O usuário que inicia a conexão a um equipamento, identifica-se com nome e senha e, se eles conferirem com os registrados no equipamento, a conexão é aceita.

Esta é uma conexão de duas vias, em que o roteador remoto que pretende se conectar a um central envia seu nome (*hostname*) e senha (*password*). O roteador central verifica se esses dados estão em sua tabela e retorna com a confirmação (*accept*) ou rejeição (*reject*) da conexão.

Esse tipo de conexão pode ser feito automaticamente entre equipamentos, ou seja, quando um equipamento inicia sua comunicação com outro, já estão configurados em sua rotina de conexão a autenticação e o envio do nome e da senha.

7.3.1.2 Autenticação CHAP (*Challenge Handshake Authentication Protocol*)

A autenticação CHAP é mais segura que a PAP. Ela é ativada quando uma conexão PPP se estabelece e também periodicamente durante a transmissão.

Trata-se de uma conexão de três vias, em que o equipamento central, ao receber uma conexão, envia uma requisição de identificação *challenge* com uma chave MD5 para o equipamento remoto que deseja se conectar. Este envia uma resposta com sua identificação codificada com a chave do padrão chamado MD5. O equipamento central verifica se o resultado é o mesmo que ele havia calculado com a chave que enviou. Se a identificação for correta, transmite uma confirmação (*accept*) e a conexão se estabelece. Se a identificação não conferir com a registrada no roteador que recebe a conexão, ela é encerrada (*reject*).

O equipamento central que faz essa identificação pode ser um roteador ou um servidor como o TACACS.

7.3.2 Configuração de roteador para comunicação por enlace ponto a ponto pelo protocolo PPP

Para configurar o protocolo PPP em uma interface do roteador, utiliza-se o comando *encapsulation* ppp.

```
R1(config-if)#encapsulation ppp
R1(config)#hostname nome
```

O roteador deve ter um *hostname* (que será o nome do usuário ou seu *username* na tabela do roteador central que receberá a conexão) especificado no roteador com o comando *hostname* R1, por exemplo.

```
R1(config)#hostname nome                    (nome do roteador, no caso R1 que já está
                                             configurado)
```

A especificação do nome e da senha que se espera do roteador remoto deve ser feita no roteador central com o comando *username* nome *password* senha.

```
R1(config)#username R3 password senhaR3     (nome e senha esperados do roteador remoto R3)
```

Em seguida, configura-se a autenticação PPP no roteador central:

```
R1(config-if)#ppp authentication chap        (pode ser chap, pap ou ambos)
```

Os roteadores que pretendem se conectar ao roteador central enviam seus nomes e senhas. O roteador central verifica em sua tabela com os nomes e senhas de todos os roteadores, criada com os comandos *username* nome *password* senha, se os nomes e senhas recebidos dos roteadores remotos estão corretos. Se a senha e o nome estiverem na tabela e forem corretos, a conexão é aceita pelo roteador central.

Para ver as configurações de um PPP em uma interface do roteador, utiliza-se o comando *show interface*. A seguir, o comando para a interface serial 0.

```
R1#show interface serial0
```

O comando *debug* ppp *authentication* mostra a sequência de autenticação no momento em que ocorre:

```
R1#debug ppp authentication
```

No exemplo seguinte configura-se o protocolo de enlace PPP na interface serial1 do roteador R1 que está conectada a um *modem* com circuito de dados para comunicação com outro roteador (R2 na serial0). O R2 tenta se conectar ao roteador R1, identificando-se.

O roteador R1 deve fazer a autenticação do acesso do R2. O PPP deve ser configurado nas interfaces de ambos os roteadores. A seguir, a configuração do roteador R1.

Figura 7.11 - O roteador R2 se identifica no R1 enviando seu *username* e senha, que já estão cadastrados no R1. Se o *username* e a senha enviados pelo roteador R2 forem iguais aos cadastrados, o roteador R1 aceita a conexão.

```
R1#configure terminal
R1(config)#interface serial1
R1(config-if)#encapsulation ppp
R1(config-if)#username R2 password cisco2    (username e senha para o roteador remoto)
R1(config-if)#ppp authentication pap         (ativa a autenticação pap na interface serial1)
R1(config-if)#ppp authentication chap        (ativa a autenticação chap na interface
serial1)
R1(config-if)#exit
R1#show interface serial1
```

O *username* utilizado para o roteador remoto é normalmente o seu *hostname*. No exemplo anterior, registrou-se no roteador R1 que para o R2 acessá-lo deveria se identificar com o nome R2, que é seu próprio *hostname*, e com a senha cisco2.

Para o roteador R2, devem se configurar em sua interface o *username* e a senha de identificação para acessar o roteador R1. A seguir, a configuração do roteador R2 para enviar seu nome e senha de identificação a fim de ser autenticado pelo roteador R1.

```
R2#configure terminal
R2(config)#interface serial0
R2(config-if)#encapsulation ppp
R2(config-if)#ppp pap sent R2 password cisco2(o roteador R2 para acessar R1 usa senha
cisco2)
R2(config-if)#ppp authentication pap      (ativa a autenticação tipo PAP na serial0)
R2(config-if)#ppp authentication chap     (ativa a autenticação tipo CHAP na serial0)
R2(config-if)#exit
R2#show interface serial0
```

Para retirar a autenticação, utiliza-se o comando *no* ppp pap *sent* nome senha.

Em uma rede WAN, as conexões são basicamente compostas por:

▸ Conexões dedicadas ponto a ponto (LPs), seriais síncronas, utilizando os protocolos PPP, HDLC.

▸ Conexões por redes de comutação de pacotes como o *frame-relay* (comutação de *frames*), ATM (comutação de células) ou MPLS.

O PAP e o CHAP são protocolos que verificam se os dois lados a se conectarem têm permissão (se estão cadastrados com nome e senha). Quando se usa o protocolo CHAP no roteador chamado, ele envia um número ao roteador que deseja se conectar. Esse número é codificado com o algoritmo MD5 no roteador mais o nome e senha dele. O roteador que é chamado recebe e refaz o algoritmo MD5 e, se o resultado for igual ao recebido, aceita a conexão.

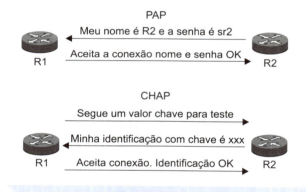

Figura 7.12 - O protocolo PAP no roteador chamado recebe o nome e a senha do roteador que deseja se conectar para aceitar a conexão.

No caso, o roteador R2 recebe a mensagem com o número gerado pelo algoritmo CHAP de R1 e envia a este um valor calculado pelo seu algoritmo MD5 sobre o seu nome (R2) + sua senha + nº recebido de R1. O roteador R1 recalcula e, se o resultado for igual, são aceitas a autenticação e a conexão.

7.4 MPLS (*Multiprotocol Label Switching*)

As primeiras redes de transmissão de dados a distância eram formadas por LPs (linhas privativas) ponto a ponto que tinham um custo elevado. Posteriormente surgiram as redes públicas de pacotes e *frames* como X.25 e *frame-relay*, que são redes compartilhadas e mais flexíveis. Como uma evolução dessas redes veio a internet que permite o compartilhamento mundial e com um custo extremamente baixo, porém sem garantia de banda (velocidade), ou seja, sem QoS (*Quality of Service*) e sem SLA (*Service Level Agreement*) para garantir a qualidade e a disponibilidade do serviço.

O MPLS é um protocolo e arquitetura de rede pública compartilhada IP que oferece QoS e a criação de VPN (circuitos IP virtuais) ao longo de um *backbone* de rede IP. O MPLS utiliza a comutação (encaminhamento de pacotes através da rede) utilizando *labels* de identificação para encaminhamento dos pacotes ao seu destino.

O protocolo MPLS cria na rede um caminho para o endereço IP de destino, chamado de LSP (*Label Switch Path*), analogamente ao DLCI do *frame-relay*, que é um caminho entre a origem e o destino do pacote.

O pacote de dados do MPLS possui em seus campos de controle, que são chamados de *label*. Esse *label* é colocado antes do pacote IP que ele vai transportar ao longo da rede. Por meio desse *label* e suas informações, os roteadores do *backbone* (estrutura ou núcleo central) da rede compartilhada MPLS encaminham o pacote até o seu endereço de destino. Esses roteadores são chamados de LSR (*Label Switch Router*).

Os roteadores possuem uma tabela com informações sobre os *labels* de forma a poderem um a um encaminhar os dados ao seu destino. Essa tabela com as informações sobre os *labels* são chamadas de LIB (*Label Information Base*).

Os roteadores que ficam na borda do *backbone* recebendo e colocando o *label* MPLS em cada pacote IP são chamados de LER (*Label Edge Router*).

7.4.1 Transmissão de dados de redes locais *Ethernet* para redes WAN MPLS

Transmitir dados entre redes locais *Ethernet* TCP/IP distantes, utilizando redes externas WAN do tipo MPLS, é mais prático porque a interface entre ambas é a mesma, ou seja, a interface *Ethernet*.

A conexão da rede local *Ethernet* do cliente ao equipamento da empresa de telecomunicações (um *switch Ethernet* colocado nas instalações do cliente) pode ser um cabo *Ethernet* conectando o roteador da empresa ao *switch* da empresa que oferece o serviço MPLS. A conexão do *switch* instalado no cliente *backbone* da rede MPLS da empresa de telecomunicações normalmente é feita por fibra óptica, o que permite velocidades típicas de redes *Ethernet* como 10 Mbps.

Em razão de a arquitetura das redes ter migrado para a arquitetura TCP/IP e com a crescente necessidade de garantia de banda e velocidade em uma rede, ou seja, um SLA que ofereça qualidade e garantia de velocidade em uma conexão através de redes TCP/IP, surgiu a tecnologia MPLS. O protocolo MPLS opera em uma rede composta de roteadores, criando um circuito virtual entre a origem e o destino, analogamente ao *frame-relay*, oferecendo assim garantia de velocidade e qualidade de serviço nos *links* de comunicação em *backbones* de redes IP. Os pacotes IP, em vez de serem encaminhados e roteados pelo seu endereço IP, são encaminhados por um *label* MPLS que é colocado na frente do pacote IP. Esse *label* direciona o pacote pela rede, por meio dos roteadores, até o seu destino final, seguindo um caminho definido, sem a necessidade de os roteadores analisarem os endereços

INTERCONECTIVIDADE DE REDES LOCAIS EXTERNAS WAN E INTERNET - EQUIPAMENTOS E ARQUITETURAS

IP e as tabelas de roteamento para efetuar o roteamento dos pacotes. Os roteadores encaminham os pacotes com *labels* de uma maneira mais rápida, analogamente aos *switches*.

Desta forma, o MPLS permite uma transmissão mais rápida, estabelece circuitos virtuais nos *backbones* de redes e oferece garantia de serviço (QoS - *Quality of Service*) na comunicação de dados em uma rede IP. Os *links* de comunicação MPLS oferecem custos menores que outras tecnologias de transmissão de dados em redes de longa distância, assim como maior agilidade na implementação da rede.

O protocolo MPLS coloca o *label* no pacote IP na entrada do *backbone* (no roteador de entrada da rede MPLS) e esse *label* é retirado quando ele sai da rede (no roteador de saída da rede MPLS) e é entregue ao destino. Desta forma, estabelecem-se VCs (*Virtual Circuits*) no *backbone* da rede MPLS.

O *label* do protocolo MPLS possui 32 *bits* com os campos:

- **Label Value:** 20 *bits* para armazenar a identificação do *label*.
- **Exp:** 3 *bits* para uso experimental e aplicações futuras.
- **S:** 1 *bit* para identificar a sequência de entrada do pacote na fila.
- **TTL (*Time To Live*):** 8 *bits* para contar e estabelecer um tempo de vida para o pacote na rede, após o que ele é descartado.

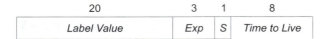

Figura 7.13 - Formato do *label* MPLS.

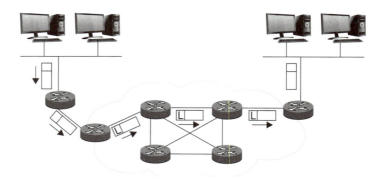

Figura 7.14 - Funcionamento de uma rede MPLS. O *label* é colocado na frente do pacote IP pelo *router* de entrada da rede MPLS e encaminhado até o *router* de saída da rede MPLS, em um circuito virtual.

O MPLS (*Multiprotocol Label Switching*) é uma tecnologia de transporte de dados em redes por pacotes IP, cujo padrão é definido pelo IETF (*Internet Engineering Task Force*) pela norma RFC-3031. Um *backbone* MPLS pode transportar também, além de pacotes IP, pacotes (células ou *frames*) ATM, SONET ou *frame-relay*.

Sendo uma tecnologia de transporte de dados em *backbones* WAN, é utilizado por operadoras de telecomunicações por sua versatilidade e menor custo em relação a arquiteturas anteriores. Podemos interligar escritórios de uma empresa, clientes e fornecedores com maior desempenho, segurança e QoS (qualidade de tempo de resposta) do que utilizando simplesmente a internet.

O encaminhamento de pacotes feito por *labels* é mais eficiente que o roteamento tradicional e oferece uma conectividade *any-to-any* (conexão entre dois ou mais pontos independente, sem ter de passar por um site central), *full-mesh* (em malha), em que todos podem falar com todos diretamente, agilizando a comunicação entre dois escritórios sem ter de passar o tráfego por um ponto central.

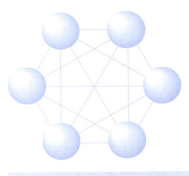

Figura 7.15 - Topologia *full-mesh* em que todos podem se conectar a todos diretamente.

VAMOS RECAPITULAR?

Vimos como funcionam as redes IP compartilhadas MPLS em que podemos ter QoS (garantia de velocidade e tempo de resposta) e segurança na transmissão dos dados.

Estudamos a configuração de roteadores para uma rede *frame-relay* e o controle de acesso do tipo PAP e CHAP.

Os equipamentos e a arquitetura de conexão de redes a longas distâncias também foram estudados e exemplificados.

AGORA É COM VOCÊ!

1. Defina rede WAN e os tipos de conexão.

2. Descreva os protocolos e as tecnologias mais utilizados nos acessos a redes WAN.

3. Cite um comando utilizado para o encapsulamento do *frame* no enlace de acesso a redes WAN.

4. O que é rede pública comutada em pacotes? Quais são suas características?

5. Qual é o nome do circuito lógico estabelecido em uma rede *frame-relay* entre dois pontos?

6. Descreva a função do DLCI.

7. Qual é a finalidade das subinterfaces em uma porta do roteador?

8. Qual é a diferença entre autenticação PAP e CHAP?

9. Explique a diferença entre a internet e uma rede MPLS.

10. Desenhe a rede de uma empresa com três pontos interligados por uma rede *frame-relay*.

8

GERENCIAMENTO DE REDES E SEGURANÇA

PARA COMEÇAR

Neste capítulo estudaremos os conceitos de monitoramento e gerenciamento que auxiliarão na administração da rede.

Veremos os sistemas e protocolos utilizados para monitorar redes e como funcionam.

Estudaremos também os fundamentos de *Firewall* e VPN, utilizados para dar segurança e sigilo nas transmissões de dados.

8.1 Gerenciamento de redes

O gerenciamento de redes tem como objetivo obter informações dos dispositivos que fazem parte da rede e, a partir destas informações, saber como está o desempenho, volume de tráfego, interrupção de funcionamento de algum equipamento, existência de congestionamento de tráfego de dados, necessidade de aumento de velocidade dos *links* de comunicação e informações que auxiliem na administração e no bom funcionamento da rede.

Isto é feito basicamente por protocolos de comunicação instalados nos equipamentos e em um gerenciador central que recebe as informações dos diferentes dispositivos da rede. O protocolo de comunicação utilizado nas arquiteturas TCP/IP é o protocolo SNMP, que estudaremos a seguir.

A partir de 1980, introduziram-se os padrões de gerenciamento de redes pela comunidade IETF (*Internet Engineering Task Force*) e pela ISO, as quais desenvolveram protocolos e sistemas de gerenciamento, como:

- SNMP (*Simple Network Management Protocol*).
- CMIP ISO (*Common Management Information Protocol* e Over TCP/IP - CMOT), que é uma solução em longo prazo para todo tipo de rede.

O gerenciamento de redes é necessário para que haja o controle proativo da rede, detectando problemas tão logo ocorram. A estrutura de um sistema de gerenciamento se chama *framework*.

Nos pontos (equipamentos da rede) que se deseja gerenciar, instala-se um *software client*, também denominado agente. O agente envia informações a um equipamento central no qual se encontra o gerenciador central da rede, que registra as informações e emite alertas em caso de falha em algum equipamento ou canal de comunicação.

O gerenciador central e os equipamentos se comunicam por meio de um protocolo de comunicação, como o SNMP. Os dados de gerenciamento enviados pelos equipamentos são armazenados em bases de dados chamadas MIB (*Management Information Base*). A estrutura desse conjunto de informações e a sua especificação se chamam SMI (*Structure of Management Information*).

8.2 Agente SNMP

O agente é um programa executado em *switches*, roteadores e equipamentos da rede, que colhe informações e envia ao gerenciador central. Esta operação é denominada de *trap*. No sistema de gerenciamento central, as informações são recebidas e, caso haja uma informação de irregularidade no equipamento ou nos *links* de comunicação, o sistema faz um alerta em uma tela de monitoração ou até mesmo envia mensagens aos responsáveis pelos sistemas e equipamentos que são monitorados.

Os dados do agente SNMP em redes TCP/IP são transmitidos pelo protocolo UDP (*User Datagram Protocol*). O SNMP trabalha por pooling do gerenciador central, ou seja, o gerenciador do servidor de gerenciamento central "pergunta" periodicamente ao agente o seu estado e recebe então dados deste agente. O gerenciador pode inclusive solicitar ao agente que execute comandos no equipamento gerenciado. Estas operações são chamadas de *get* (para obter informação de um dispositivo) e *set* (para colocar um comando em um dispositivo).

Nem todos os equipamentos de rede possuem agentes SNMP implementado. Nesse caso, os sistemas de gerenciamento podem monitorá-los ao menos para verificar se estão ativos ou não (ligados ou desligados) por meio do protocolo ICMP (*ping*). Neste caso, o gerenciador central envia um comando "ping" para o IP do equipamento e, havendo uma resposta, indica que o equipamento está ativo. Este tipo de gerenciamento é chamado de "proativo", pois fica sabendo se o equipamento está ligado ou não, antes mesmo de o usuário perceber e avisar.

Outro exemplo de gerenciamento proativo é a analise do tráfego da rede. Verificando-se pelo gerenciamento da rede que o volume de tráfego dos canais de comunicação está atingindo o seu limite, podemos aumentar a velocidade dos canais antes que haja impacto na rede.

O SNMP inicialmente não previa a autenticação (comprovação da origem) para os dados enviados e recebidos. Esta vulnerabilidade foi resolvida com a versão SNMPv3, que inclui segurança com recursos de autenticação e controle de acesso.

168 ADMINISTRAÇÃO DE REDES LOCAIS

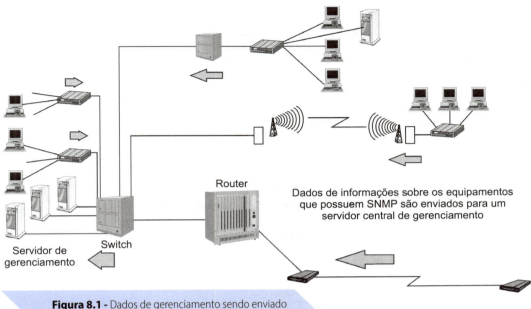

Figura 8.1 - Dados de gerenciamento sendo enviado para o sistema de gerenciamento central.

AMPLIE SEUS CONHECIMENTOS

Você sabe o que é SNMP? Descubra em: <https://www.telcomanager.com/o-que-e-snmp/>. Acesso em: 1 maio 2020.

8.3 *Management Information Base* (MIB)

Na estrutura de MIB, cada nó (equipamento monitorado) possui um nome simbólico e um identificador numérico associado. Assim, determina-se cada objeto por um identificador único. A MIB é uma base de dados de gerenciamento.

Uma MIB é um arquivo de texto ASCII com informações para as mensagens de gerenciamento. A MIB traduz os *strings* de mensagens numéricas (chamadas de *Object Identifiers* [OIDs]) ou identificadores dos objetos gerenciados, vindas dos alarmes dos equipamentos, para uma mensagem de texto que pode ser lida.

Cada elemento de uma MIB possui um identificador numérico, chamado de OID, o qual é associado a um texto que define o item gerenciado. Para cada OID numérico vindo dos equipamentos, a MIB provê uma mensagem de texto correspondente, como um dicionário, especificando o que significa aquele alerta. A MIB é escrita com a notação ASN.1 (*Abstract Syntax Notation* 1) da ISO (*International Organization for Standardization*).

Exemplo de número de identificação OID: 1.3.6.1.2.1, em que:

- **1 (ISO):** indica que é administrado pela ISO. Outras opções são: CCITT e Joint-ISO-CCITT;
- **3 (organização):** abaixo da ISO temos a organização;
- **6 (DOD):** organização responsável pela internet;

- **1 (internet):** que está sob o controle da DOD;
- **2 (Mgmt):** contém as informações de gerenciamento efetivamente utilizadas;
- **private (4):** representa objetos definidos por outras organizações;
- **experimental (3):** define objetos que estão sendo pesquisados;
- **directory (1):** informações de diretório OSI(X.500).
- **1 (MibII):** neste ramo estão efetivamente os objetos usados para obter informações dos dispositivos da rede, nos grupos a seguir descritos.

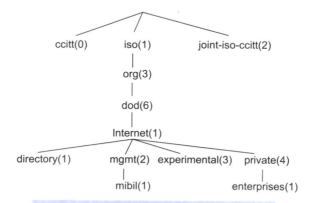

Figura 8.2 - Cada OID dentro da MIB possui um identificador de objetos e uma descrição.

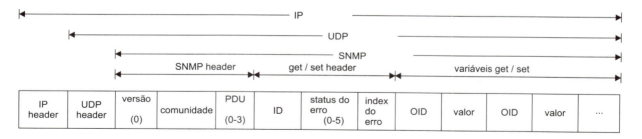

Figura 8.3 - Cada OID identifica um objeto gerenciado e em uma mensagem SNMP podemos transportar informações de vários OIDs. Dentro da mensagem SNMP, a qual é transportada pelo datagrama do protocolo UDP e do pacote IP, vemos os campos com as informações de gerenciamento que são transmitidas entre o agente e o gerenciador central.

8.3.1 Objeto gerenciado

Um objeto é uma visão do estado e de um dispositivo do sistema que é gerenciado. Os dados que mostram o estado daquele dispositivo são lidos e alterados na MIB, a qual é o conjunto dos objetos gerenciados.

Na arquitetura TCP/IP foi definida a MIB II pela RFC 1213, que fornece informações sobre os dispositivos gerenciados, como o estado e o volume de pacotes transmitidos, em uma estrutura chamada de *Structure of Management Information* (SMI).

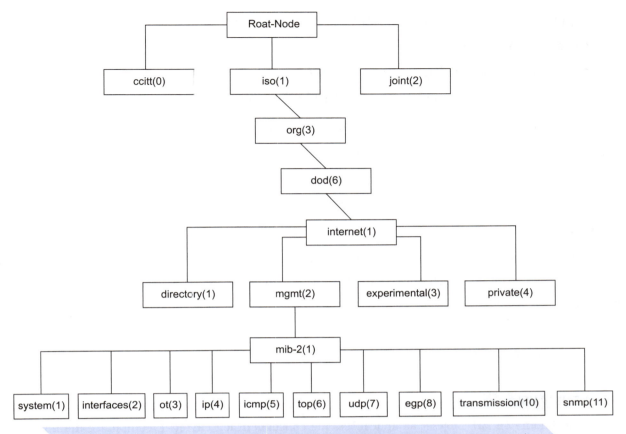

Figura 8.4 - Vemos aqui uma estrutura parcial da MIB que especifica o que está sendo monitorado e com os respectivos números da estrutura que definem o OID do objeto gerenciado.

Grupos da MIB II:

- **system(1):** objetos da operação do sistema, como o tempo de funcionamento, contato e nome do sistema, por exemplo: sysDescr (descrição do *hardware* e sistema operacional), sysUpTime (tempo desde a última inicialização), sysServices (serviços que o dispositivo oferece);

- **interfaces(2):** monitora as interfaces fornecendo dados, como: ifIndex (número da interface), ifDescr (descrição), ifAdminisStatus (estado da interface);

- **at(3):** Address Translation: mapeamento do endereço IP com o endereço físico;

- **ip(4):** informações sobre os pacotes IP, como: ipInHdrErrors (número de pacotes com erros);

- **icmp(5):** monitora erros do ICMP;

- **tcp(6):** monitora as conexões TCP, como: tcpInSegs (número de segmentos recebidos), tcpConnRemAddress (endereço IP remoto);

- **udp(7):** monitora as conexões UDP, como: udpInErrors (número de datagramas recebidos com erros), udpOutDatagrams (número de datagramas enviados);

- **egp(8):** monitora dados estatísticos sobre o protocolo EGP usado na comunicação entre redes externas;

- **transmission(10):** monitora meios de transmissão;

- **snmp(11):** monitora o tráfego do protocolo SNMP.

O modelo utilizado para gerenciamento de redes TCP/IP é composto pelos seguintes elementos:

- estação de gerenciamento (*Network Management Station* [NMS]);

- agente de gerenciamento (instalado nos equipamentos de rede gerenciados);

- base de informações gerenciais (MIB - que armazenam os dados);

- protocolo de gerenciamento de redes (que transmitem e controlam os dados).

A estação de gerenciamento é onde visualizamos e controlamos o gerenciamento central.

O agente de gerenciamento fica no equipamento gerenciado e responde às solicitações de informações e de ações da estação de gerenciamento central. Os dispositivos gerenciados são representados como objetos dentro de uma base de informações gerenciais (MIB).

A forma de comunicação entre a estação de gerenciamento e o agente é definida pelo protocolo de gerenciamento de rede, o SNMP.

FIQUE DE OLHO!

Damos o nome de *MIB Browser* às aplicações que conseguem ler, carregar, compilar e manipular e mostrar os dados de uma MIB vindos dos agentes SNMP e dos objetos gerenciados identificados pelos seus números OID.

8.4 *Simple Network Management Protocol* (SNMP)

O protocolo SNMP é o protocolo padrão na internet, que utiliza a arquitetura TCP/IP, usado no transporte de informações de gerenciamento entre o servidor gerenciador central e os clientes.

O protocolo de gerenciamento SNMP (nível de aplicação) utiliza o protocolo UDP (nível de transporte) para transportar os seus dados em uma rede TCP/IP.

No protocolo SNMP os dados de gerenciamento e as mensagens trocados entre o servidor central e os clientes, que ficam armazenados nas bases de dados de gerenciamento MIB, utilizam o padrão ASN.1. Os tipos de mensagens SNMP são:

- **get-request:** mensagem enviada pelo gerente ao agente solicitando o valor de uma variável;

- **get-response:** mensagem enviada pelo agente ao gerente, informando o valor solicitado;

- **set-request-PDU:** mensagem enviada pelo gerente ao agente para solicitar que seja alterado o valor de uma variável;

- **trap-PDU:** mensagem enviada pelo agente ao gerente, informando um evento ocorrido.

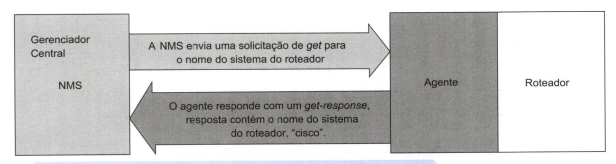

Figura 8.5 - Representação da troca de informações entre o agente do objeto gerenciado e o gerenciador central (*Network Management System* [NMS]).

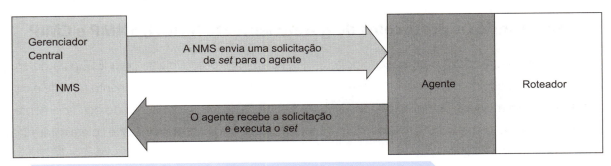

Figura 8.6 - Representação do pedido de execução de um comando pelo gerenciador central para o agente.

8.5 Softwares de gerenciamento e monitoramento de redes

Existem no mercado vários aplicativos para monitorar e gerenciar redes. Alguns deles são proprietários (para atender aos equipamentos de um fabricante específico) e outros abertos que, utilizando o padrão TCP/IP, podem monitorar também qualquer equipamento que trabalhe nesta arquitetura e utilize o protocolo SNMP. Entre eles, temos: Openview, Cisco Works, Tivoli, (*Multi Router Traffic Grapher* [MRTG]) que monitoram os dados vindos dos agentes instalados nos equipamentos e geram gráficos e alarmes utilizados no monitoramento.

O MRTG é uma ferramenta de monitoração que gera páginas HTML com gráficos de dados coletados a partir do protocolo SNMP.

Estas ferramentas geram as informações de gerenciamento por meio de relatórios e gráficos, como o representado na Figura 8.7, que mostra o volume de tráfego de dados por segundo em uma rede. Um gráfico como este nos mostra se o tráfego da rede está ou não atingindo a capacidade máxima do link de comunicação. Caso o volume de dados trafegados esteja acima do suportado pelo link de comunicação, a solução é, por exemplo, aumentar a velocidade do canal de comunicação.

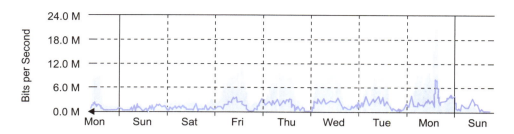

Figura 8.7 - Resultado de um relatório gráfico de monitoração do volume de tráfego em uma rede. Vemos que o maior volume de tráfego é durante os dias úteis da semana. O volume de tráfego de dados é medido em *bits* por segundo.

8.6 Comparando os protocolos de gerenciamento RMON, SNMP e CMIP

Remote Monitoring (RMON) é uma tecnologia de gerenciamento desenvolvida pelo IETF para gerenciar redes remotas de maneira mais eficiente, diminuindo o tráfego de dados de gerenciamento na rede e o processamento do gerenciador central. Isso é possível porque no RMON as informações de gerenciamento de uma rede remota são centralizadas em um equipamento denominado RMON Probe, que coleta estatísticas e classifica as informações localmente.

Na arquitetura RMON, o gerenciador central não consulta os agentes de todos os equipamentos, mas somente um equipamento no qual está o RMON, reduzindo assim o tráfego de informações na rede e o processamento do programa gerenciador.

O padrão RMON monitora as camadas 1 e 2 do modelo OSI (física e enlace) para redes *Ethernet*. O padrão RMON2 faz a monitoração das camadas superiores (3 a 7), permitindo a monitoração das aplicações.

O protocolo CMIP é utilizado para gerenciamento de redes definido pelo modelo OSI. Destina-se ao gerenciamento de diferentes níveis do modelo OSI, inclusive o de aplicações. Devido à sua complexidade, tem uso restrito. Utiliza tanto o *pooling* do gerenciador central, como a notificação de cada agente para o gerenciador central. É orientado à conexão.

O protocolo SNMP é mais rápido que o CMIP, pois não é orientado à conexão (usa o protocolo de transporte UDP que não faz o controle de erros na transmissão e, portanto, é mais rápido). O SNMP é mais simples e mais utilizado em redes de menor porte, enquanto que o CMIP deve dominar o mercado composto pelas grandes redes corporativas e redes públicas de telecomunicações, onde a complexidade é maior. No gerenciamento dentro do modelo OSI, objetos gerenciados são vistos como entidades com características complexas da tecnologia orientada a objetos. Ambos os protocolos dentro de suas arquiteturas, TCP/IP e OSI, são semelhantes, pois utilizam agentes, gerentes e MIBs no monitoramento da rede.

Basicamente, um sistema de gerenciamento deve gerenciar a configuração da rede, o desempenho dos recursos, como tráfego para controle do *Service Level Agreement* (SLA) contratado, as falhas, a contabilização de volume e custo dos recursos, a segurança por meio de logs, além de registro de eventos e criação de mecanismos de segurança, independentemente do protocolo utilizado.

8.7 Firewall

8.7.1 Sistemas de *firewall* e *proxy* na segurança

A segurança física se preocupa com aspectos como fazer *backup* dos dados e estabelecer processos que resultem no retorno à operação normal em caso de incidentes.

O retorno das operações de uma empresa, após a ocorrência de algum incidente, pode ser planejado e previsto em um projeto de continuidade de negócios, também chamado de *disaster recovery*. O controle de acesso físico, sistemas anti-incêndio, entre outros, também fazem parte da segurança física das instalações de uma empresa.

A segurança lógica se preocupa com os dados que trafegam na rede e provê sistemas como antivírus e *firewall*.

O *firewall* tem a função de isolar a rede interna da internet, basicamente filtrando o tráfego TCP/IP. Ele controla e isola o tráfego entre duas redes, pode ser um servidor com função de roteador no qual, com duas placas de rede, isola uma de um lado e outra de outro, fazendo o filtro de pacotes IP e/ou ports das aplicações entre uma rede e outra.

Figura 8.8 - *Firewall* isolando a rede interna da rede internet.

Além disso, esse sistema analisa os cabeçalhos (campos de controle ou headers) dos pacotes IP (IP de origem e de destino, portas do TCP de origem e de destino), comparando-os em uma tabela de regras, para permitir ou não que um pacote prossiga. Eles se chamam *firewalls* de rede.

O *firewall* não analisa o conteúdo dos pacotes (dados). Controla os IPs, *ports* e *flags* (SYN e ACK) do TCP. A autorização e a autenticação também podem estar embutidas em um *firewall*, incorporando criptografia fim a fim.

Pela necessidade de disponibilizar um servidor web com banco de dados para acesso de clientes externos, foi preciso também utilizar *firewalls* para evitar acessos e invasões na rede interna, pois com o aumento das transações e negócios feitos por servidores web com bancos de dados, eles passaram a sofrer risco de ataques por hackers, por exemplo.

Para separar o servidor do banco de dados da rede interna e aumentar a segurança do servidor web é possível colocá-lo em uma zona neutra, denominada DMZ (zona desmilitarizada), utilizando dois *firewalls*.

Nesse caso, as regras do primeiro *firewall* permitem o acesso ao servidor web e bloqueiam todos os outros. O segundo *firewall* bloqueia o acesso à rede interna. Ainda assim, a partir do servidor web é possível fazer ações contra o servidor de banco de dados.

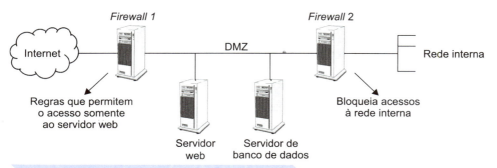

Figura 8.9 - Configuração de *firewalls* com servidor web separado do servidor de banco de dados.

A solução que efetivamente isola o banco de dados consiste em colocar uma terceira placa de rede no servidor que atua como *firewall*, como exibido na Figura 8.10.

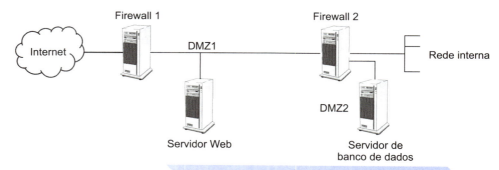

Figura 8.10 - Configuração com servidor de banco de dados protegido por dois *firewalls*.

Os *firewalls* podem ser implementados em roteadores com filtro de pacotes. Nesse caso, habilitam-se regras no roteador para que deixe passar ou bloqueie determinados pacotes IP.

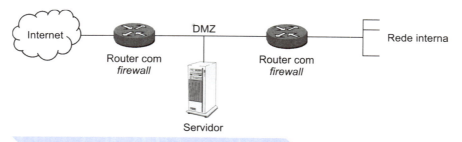

Figura 8.11 - *Firewall* implementado em roteadores.

8.7.2 *Firewalls* de nível de aplicação (*proxy servers*)

Esse tipo de *firewall* intercepta o tráfego recebido e o envia às aplicações correspondentes. Desta forma, permite a auditoria do controle do tráfego que passa por ele.

Nas redes, normalmente se usam roteadores com filtros de pacotes combinados com o uso de *firewalls* em nível de aplicação para controle do acesso dos usuários e aplicações.

O *firewall* de aplicação se forma por aplicações denominadas *proxy servers*.

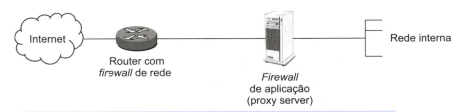

Figura 8.12 - Arquitetura de segurança com firewall de rede para filtrar pacotes e *firewall* de aplicação para controlar o acesso em nível de aplicação.

Uma implementação de segurança pode compreender vários aspectos, como *firewalls* incrementados em *hardware* específico ou por *software*, áreas DMZs (zonas neutras/desmilitarizadas), LANs isoladas, inclusão de listas de acesso em roteadores (regras de bloqueio de tráfego) e gerenciamento de acesso, entre outras.

Chama-se gerenciamento de acesso o controle de usuários que acessam a rede externamente por meio de autenticação e autorização.

Quando se utiliza uma DMZ, apenas a rede da área DMZ é visível ao mundo exterior. Essa rede possui um número exclusivo que difere do número da rede corporativa interna da empresa. Permanecem na DMZ, por exemplo, os servidores FTP, web (www), DNS, Telnet, NAT (um *firewall* do tipo PIX [*Private Internet eXchange*] que oferece o recurso de NAT) o qual isola a rede interna.

O firewall deve ter funcionalidades como NAT, filtro de pacotes, log, proteção de login (segurança adicional por meio de uma camada extra de senhas) e *proxy* de aplicativos.

A seguir, algumas portas que bloqueiam ou concedem permissão no *firewall*:

- **smtp:** port 25 (TCP)
- **dns:** port 53 (UDP, TCP)
- **telnet:** port 23 (TCP)
- **ftp:** port 20,21 (TCP)
- **tftp:** port 69 (UDP)
- **http:** port 80 (TCP)

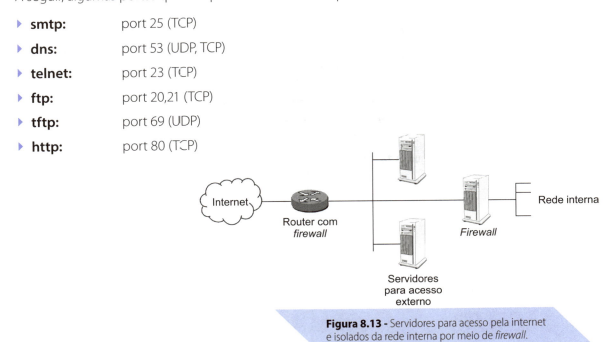

Figura 8.13 - Servidores para acesso pela internet e isolados da rede interna por meio de *firewall*.

GERENCIAMENTO DE REDES E SEGURANÇA

O NAT é uma das formas de aumentar a segurança no acesso à rede contra ameaças externas e aproveitar melhor os poucos endereços de acesso à internet.

Os endereços IP na internet estão escassos, pois cada equipamento conectado à internet precisa de um IP único, portanto, com o NAT, traduzimos os endereços privados em IP válidos na internet, permitindo que uma grande quantidade de computadores na rede interna da empresa acesse a internet, compartilhando os poucos endereços de acesso existentes.

A tradução de ports do TCP, feita pelo NAT, permite que, além dos endereços IP, utilizem-se também os números dos ports para identificar as conexões.

O NAT pode fazer o mapeamento entre o IP local + port local × IP global + port mapeado (usado para a conexão externa).

A seguir, um exemplo de endereços IP de acesso à internet e a conversão para endereços internos privados feita pelo NAT:

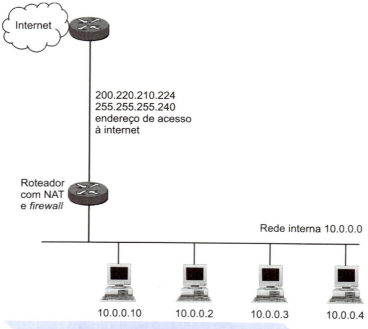

Figura 8.14 - Endereços IP de acesso à internet e conversão para endereços internos privados.

224 (rede)=	11100000
225 (host)=	0001
226=	0010
227=	0011
228=	0100

229=	0101
230=	0110
231=	0111
232=	1000
233=	1001
234=	1010
235=	1011
236=	1100
237=	1101
238=	1110
239=	1111

No exemplo há 14 endereços da internet disponíveis (200.220.210.225 a 200.220.210.238).

O endereço 200.220.210.225 se torna fixo para o servidor 10.0.0.10.

Aos demais endereços, faz-se um mapeamento dinâmico, ou seja, para cada transmissão da rede interna para fora, o NAT do roteador consulta a sua tabela de traduções. Se não houver um endereço já alocado, ele aloca um endereço da internet (global) para o endereço local que transmite.

Quando os dados vêm de fora para dentro, o NAT do roteador verifica na tabela um endereço interno já associado e o traduz.

Ao utilizar os endereços IP na tradução, é possível ter no máximo 13 equipamentos se comunicando com a internet ao mesmo tempo, sem contar o servidor que possui endereço fixo.

Se utilizar a tradução de ports, além dos endereços IP, esse limite pode ser ultrapassado. É possível ter, por exemplo, 30 equipamentos na rede interna, compartilhando os 13 endereços da internet disponíveis.

Quando há transmissão da rede interna para a externa, o roteador aloca na tabela o endereço IP local + port local ao endereço IP da internet + port mapeado.

Com o NAT, economiza-se os endereços IP da internet. Inclusive, o provedor pode até fornecer um único endereço válido a um cliente corporativo em vez de uma faixa de endereços. Com isso não há necessidade de criar sub-redes.

No NAT, as conexões iniciam-se sempre da rede interna para a externa, e não o contrário, exceto quando há mapeamento estático.

8.8 *Virtual Private Network* (VPN)

O conceito de VPN é disponibilizar, por meio de uma rede pública, um caminho que se comporte como uma linha privativa para intercomunicar dois equipamentos com segurança. Esse caminho (também chamado de túnel) simula ser privativo e sem compartilhamento, de forma a fornecer segurança à conexão. Os dados que o percorrem são criptografados de modo que, teoricamente, somente o transmissor e o receptor os entendem; por isso a segurança de que o canal de comunicação funciona como se fosse privativo.

Desta forma, é possível interligar redes locais distantes pela internet, fazendo com que a interligação comporte-se como uma rede privada (não compartilhada por estranhos às redes da empresa).

8.8.1 Tunelamento em VPNs

Define-se como tunelamento o processo de criação de um canal de comunicação virtual em que um roteador encapsula um pacote de protocolo de camada 3, com os dados criptografados, dentro de outro pacote de protocolo da camada 3. Por exemplo, o roteador recebe um pacote IP de uma rede local para o transmitir por uma WAN a um roteador distante. Antes de enviá-lo, o roteador encapsula-o novamente no outro pacote IP com o mesmo endereço de destino deste.

Assim, o pacote trafega pela rede WAN, passando por vários roteadores e outros dispositivos de rede, sem que saibam que dentro dele existe outro pacote. Somente o roteador de destino, ao receber o pacote e abri-lo, verá que há outro.

O protocolo de rede que é encapsulado se chama protocolo passageiro.

O protocolo de rede que encapsula o anterior denomina-se protocolo de encapsulamento. Ele acrescenta um *header* (campos de controle) em torno do pacote do protocolo passageiro.

O protocolo de rede que leva o pacote pela rede WAN se chama protocolo de transmissão, nesse caso, o IP.

O protocolo passageiro pode ser IPX, IP ou outro protocolo de rede que se deseje encapsular para enviar por uma rede IP. No exemplo, tanto o protocolo passageiro como o de transmissão são IP, portanto tem-se um pacote IP encapsulado em outro pacote IP.

Leva-se o pacote encapsulado do roteador de origem ao de destino sem que os roteadores ao longo da rede saibam. Estes só enxergam o pacote do protocolo de transmissão que fez o encapsulamento.

A vantagem do tunelamento é que é possível transportar diferentes pacotes e protocolos por uma rede de protocolo único, no caso o IP. Assim, por um *backbone* de rede WAN totalmente IP levam-se pacotes de outros protocolos de rede, como IPX, X.25 e outros.

O tunelamento, além da utilização de VPN, resolve também problemas de limitações dos protocolos de roteamento com métricas pequenas.

O protocolo de encapsulamento agrega um *header* ao pacote que encapsula e identifica o tipo de protocolo passageiro que realiza o encapsulamento.

Figura 8.15 - O pacote IP é encapsulado pelo roteador A em outro pacote IP e transmitido pela rede *frame-relay* dentro de seu frame. No destino B, retira-se o pacote IP original de dentro do pacote gerado para o tunelamento.

A vantagem da solução VPN com segurança é que uma empresa pode montar uma rede corporativa com baixo investimento em canais de comunicação, pois utiliza um provedor VPN ou a própria internet como meio de comunicação de seus dados a um custo inferior e com segurança.

Desta forma, a VPN permite a comunicação entre computadores distantes entre si pelo emprego de rede pública de comunicação de dados, com a segurança que as redes privadas com LPs dedicadas fornecem. O exemplo seguinte apresenta a conexão entre dois roteadores para a empresa A e entre dois roteadores para a empresa B, utilizando uma rede IP pública compartilhada com VPN disponibilizada pelo prestador de serviços VPN, de forma que as empresas têm seus roteadores interligados como se fosse por LP, ou seja, com segurança e virtualmente ponto a ponto.

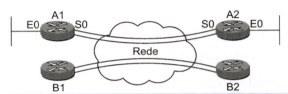

Figura 8.16 - Dois roteadores interligados por túnel em uma VPN.

As empresas desejam conexões independentes e não querem que os tráfegos se misturem. Não pode haver divulgação de rotas entre os roteadores A e B. Os pacotes da rede de A não devem ser direcionados à rede de B e vice-versa. A solução é a troca de informações dos roteadores, tanto A quanto B, por meio de um túnel, de modo que se comportem como se estivessem ligados diretamente e não por meio de uma rede pública.

As rotas dos clientes A e B também não são conhecidas nem processadas pelo provedor de serviços, oferecendo segurança para a comunicação.

No exemplo, para configurar o tunelamento especificaram-se dois endereços IP nas extremidades do túnel (origem e destino no túnel dos pacotes encapsulados), o protocolo de encapsulamento e configurou-se a interface do roteador:

Roteador A1

```
#ip routing        (ativa o roteamento IP)
#interface serial0
#ip address endereço    mascara
#interface ethernet0
#ip address endereço    mascara
#interface tunnel0
#tunnel source interface
#tunnel destination endereço


#router igrp n°
#network endereço
```

Roteador A2

```
#ip routing
#interface serial 0
#ip address endereço mascara
#interface ethernet0
#ip address endereço mascara
```

```
#interface tunnel3
#tunnel source interface
#tunnel destination endereço

#router igrp n°
#network endereço
```

O conceito de VPN consiste em criar um túnel privativo lógico (virtual) entre dois pontos, com criptografia dos dados entre a origem e o destino final (criptografia *end-to-end*), a fim de que ninguém consiga interceptar os dados ao longo do caminho. Soluções VPN podem ser implantadas em *firewalls*.

A vantagem econômica do uso de VPNs em redes públicas como a internet é maior em relação ao uso de links dedicados (LPs) ou de redes *frame-relay*, pois tem menor custo.

Em uma empresa com subsidiárias e filiais espalhadas pelo mundo, torna-se fácil perceber a economia e a facilidade em interconectar as redes da empresa por meio da internet e de VPNs.

A VPN utiliza protocolos que criptografam os dados antes de transmiti-los, para fornecer a segurança desejada. Os protocolos de segurança e criptografia mais utilizados são os seguintes:

- IPSec (*Internet Protocol Security*).
- L2TP (*Layer 2 Tunneling Protocol*).
- L2F (*Layer 2 Forwarding*).
- PPTP (*Point-to-Point Tunneling Protocol*).

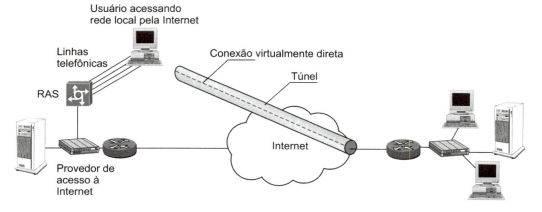

Figura 8.17 - Comunicação entre dois computadores por VPN. No caso, um micro acessa, por meio de um provedor internet, uma rede local ligada a ela. A VPN, ou conexão segura, é representada por um túnel que interliga a origem ao destino.

Em uma transmissão por VPN segura, o datagrama IP é codificado (criptografado) pelo protocolo PPTP antes de ser enviado pela rede WAN. No receptor faz-se a operação inversa, em que o PPTP do receptor decodifica os dados do pacote IP, retornando-os ao formato original.

A VPN oferece segurança e privacidade nas transmissões dos dados codificando-os automaticamente e tornando-os incompreensíveis aos equipamentos e usuários que não pertencem à rede privada.

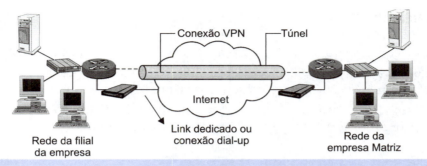

Figura 8.18 - Duas redes locais ligadas à internet que se comunicam por meio de um túnel seguro virtual (túnel lógico), que é a conexão VPN. As redes estão ligadas ao *backbone internet* por um link dedicado (LP) fornecido pela concessionária ou por uma conexão discada (linha telefônica ou dial-up). Uma VPN pode ser implementada em roteadores, servidores de comunicação e de redes ou micros.

Para que um equipamento faça parte da rede privada virtual criada por essa tecnologia, precisa passar por uma certificação a fim de obter acesso ao sistema e assim poder decodificar os dados recebidos.

Cada usuário (computador ou *host*) que acessa a VPN deve ter sua chave pública de criptografia, a qual é enviada aos demais integrantes. Quando esse usuário está prestes a receber algum dado dos demais, o transmissor usa a chave pública dele para criptografá-lo.

O receptor recebe e decodifica os dados com a sua chave pública, que foi usada pelo transmissor para codificar os dados, associada à sua chave privada.

Apenas o proprietário tem conhecimento da chave privada. Só se decodificam os dados recebidos com as duas chaves; a pública e a privada são exclusivas do receptor, e podem ser alteradas ou revogadas periodicamente, de acordo com o protocolo de segurança utilizado.

Deve-se realizar uma certificação de que a chave pública é realmente do receptor verdadeiro, e não de um impostor, realizada por cartórios eletrônicos, ou autoridades certificadoras, que confirmam pelos dados cadastrais do receptor que vai receber a mensagem se a chave pública enviada por ele é realmente dele ou não. Na certificação, utilizam-se uma chave e um PIN (*Personal Identification Number*).

Caso uma chave pública tenha sido enviada por alguém que finja ser o verdadeiro receptor, a certificação deve detectar e não autorizar o envio dos dados.

Em uma rede heterogênea, cada equipamento possui o seu próprio sistema operacional e seus comandos de configuração, os quais variam de um equipamento para outro. Para cada fabricante há uma forma distinta de configurar os equipamentos.

Com isso, é preciso definir os endereços IP, máscaras, sub-redes e demais especificações lógicas de uma rede em um projeto de rede e depois configurá-los nos hardwares (roteadores, *switches*, *gateways* e outros equipamentos), sistemas operacionais e softwares, de acordo com as características de cada equipamento ou sistema utilizado.

VAMOS RECAPITULAR?

Estudamos os conceitos fundamentais de gerenciamento de redes e segurança.

Vimos como operam as bases de informações MIBs, os agentes instalados nos equipamentos monitorados e os protocolos utilizados no gerenciamento como o SNMP.

Na parte de segurança, um item muito importante na administração de redes, estudamos os *firewalls* e as conexões VPN que garantem a segurança na comunicação de dados dentro de uma rede.

AGORA É COM VOCÊ!

1. Explique VPN e suas funções.

2. Descreva o processo de tunelamento.

3. Quais protocolos de criptografia são utilizados em uma VPN?

4. Quais são os padrões de gerenciamento de redes?

5. Descreva a função de um *firewall*.

6. Qual é a função do NAT?

7. Implementação de sistema de gerenciamento: baixar da internet um software de monitoração e gerenciamento de redes (como o PRTG ou MRTG *Free*) e instalar em seu computador para monitorar o seu computador, a rede ao qual está ligado e o acesso da sua rede à internet. Extraia relatórios gráficos com informações sobre o comportamento de tráfego da rede.

9

FUNDAMENTOS DE SERVIDORES DE REDE

PARA COMEÇAR

Veremos neste capítulo o papel de um servidor de rede, suas funções e configurações básicas. Estudaremos os conceitos básicos do servidor de rede Windows Server e suas funções dentro de uma rede, como controlar acesso de usuários, compartilhar arquivos e disponibilizar acesso à internet, entre outras funções.

9.1 Instalação do servidor de rede

Para começar, vamos instalar o Windows Server 2016 em seu computador. O programa pode ser baixado do site da Microsoft. Escolha a opção "Windows 2016, ISO". A imagem do sistema operacional (imagem ISO) está disponível para download em <https://www.microsoft.com/pt-br/evalcenter/evaluate-windows-server-2016>. Grave-a em um disco para, então, instalar no computador.

Você também precisa fazer c download do Hyper-V Server 2016 (sistema de virtualização da Microsoft) e gravar a imagem ISO em um disco para depois instalá-lo, caso vá utilizar a virtualização de servidores. É importante destacar que virtualização de servidores é o ato de instalar várias máquinas virtuais em um mesmo computador. Assim, evita-se ter um computador exclusivo para cada servidor de rede instalado.

/// AMPLIE SEUS CONHECIMENTOS

Se for utilizar virtualização, primeiramente instale o Hyper-V e, depois, o Windows Server 2016. Acesse os links a seguir para baixar o programa e para saber como instalá-lo: <https://docs.microsoft.com/pt-br/windows-server/virtualization/hyper-v/get-started/install-the-hyper-v-role-on-windows-server> e <https://www.youtube.com/watch?v=Jw3cpHoX48s>. Acesso em: 1 maio 2020.

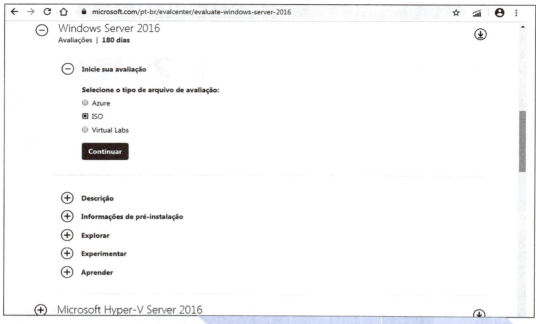

Figura 9.1 - Página de instalação do Windows Server 2016.

9.2 Máquinas virtuais e *cloud computing*

Os softwares que criam máquinas virtuais, como Hyper-V, VMWare e VirtualBox, por exemplo, são utilizados para criar uma máquina virtual em seu computador, ou seja, como se fosse outro computador, porém na mesma máquina física.

Após instalar o Hyper-V em um computador com o Windows 10, clique em *Ferramentas Administrativas*, abra o *Gerenciador do Hyper-V*, no qual poderão ser criadas várias máquinas virtuais.

Caso você não queira criar o servidor em uma máquina virtual, você pode instalar o Windows Server em um computador dedicado, no qual só haverá um sistema operacional – no caso, o Windows Server. Essa é a forma mais simples de instalar o programa em um computador exclusivo.

9.2.1 Virtualização

A seguir, veremos um exemplo de virtualização utilizando o VMware. Trata-se de uma aplicação que roda em uma máquina física e essa camada de *software* é capaz de criar várias máquinas virtuais com diferentes OS (*Operating System* ou Sistemas Operacionais), como se cada um estivesse em um computador exclusivo, mas usando o mesmo *hardware*.

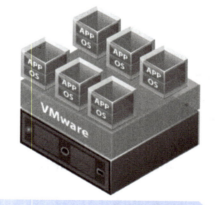

Figura 9.2 - Processo de virtualização.

9.2.2 Computação em nuvem

A computação em nuvem (*cloud computing*) utiliza o recurso de virtualização de máquinas para compartilhar um mesmo hardware em um data center (provedor de serviços de armazenagem de dados e servidores).

Ou seja, um cliente contrata um servidor de rede para sua empresa, porém ele está localizado em um data center que compartilha um mesmo hardware para vários servidores de diferentes clientes, disponibilizando o acesso por meio da internet.

Os data centers provedores de serviços de cloud computing fornecem serviços de armazenamento de dados e servidores virtuais, bancos de dados, armazenamento, gerenciamento da rede, websites, entre outros serviços, por meio de ferramentas como o Azure (Microsoft) e o AWS (Amazon), acessados pela internet por meio de uma VPN para garantir a segurança.

Essa variedade de serviços oferecidos como computação em nuvem também são conhecidos pelas dominações: *Software as a Service* (SaaS), *Platform as a Service* (PaaS) e *Infrastructure as a Service* (IaaS).

A vantagem de se utilizar um serviço de *cloud computing* é o fato de o cliente não ter que investir na compra de *hardware*, instalação de bancos de dados, sistemas de gerenciamento de redes e expansão de equipamentos físicos dentro de sua empresa, pois tudo é fornecido pelo data center provedor dos serviços de computação em nuvem, obviamente cobrando por tudo isto.

A forma de acessar e utilizar essas plataformas e ferramentas de *cloud computing* é disponibilizada pelos data centers provedores desses serviços.

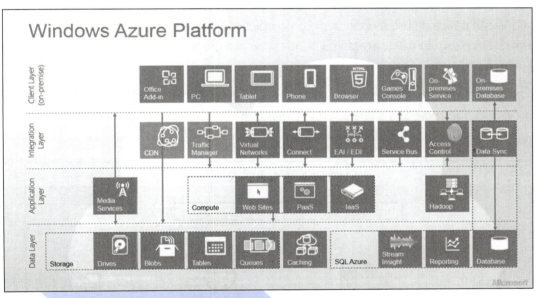

Figura 9.3 - Plataforma Windows Azure.

9.3 Instalação do Windows Server

Para realizar a instalação, deve-se inserir o DVD com a imagem ISO no computador. Se for com o Hyper-V, crie uma máquina virtual no mesmo e o nomeie, por exemplo, como WinServ2016 e inicie a instalação.

Se for direto em um computador dedicado e exclusivo, inicie a instalação normal, sem virtualização, diretamente com a imagem gravada no DVD.

Ao final da instalação teremos uma tela como a apresentada na Figura 9.4, que mostra as características básicas do servidor de rede Windows Server 2016.

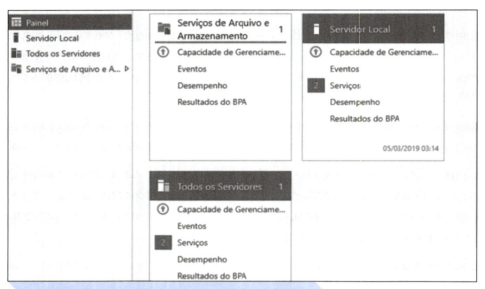

Figura 9.4 - Características básicas do Windows Server 2016.

A configuração básica de um servidor tem como objetivo configurar o DHCP, o DNS e, principalmente, as regras, permissões e segurança de acesso para cada usuário e grupos de usuários da rede por meio do *Active Directory* (AD).

Após carregar o Windows Server 2016, você poderá fazer as configurações clicando no menu *Iniciar* e *Configurações,* em que aparecerá a tela a seguir (Figura 9.5). Em *Accounting* ou *Usuários* são configurados os usuários da rede.

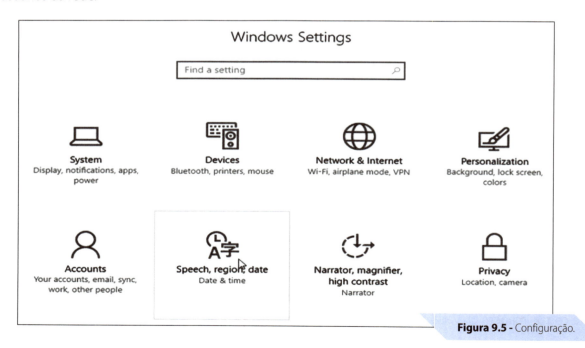

Figura 9.5 - Configuração.

188 ADMINISTRAÇÃO DE REDES LOCAIS

No menu Iniciar, você terá a tela a seguir (Figura 9.6). Clique em *Gerenciador de Servidores* para fazer configurações como o nome do servidor e coloque um endereço IP fixo na placa de rede do servidor.

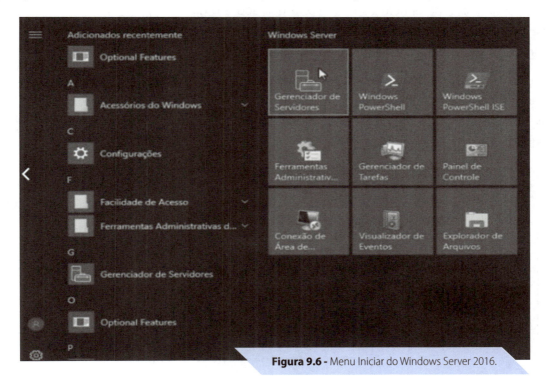

Figura 9.6 - Menu Iniciar do Windows Server 2016.

9.3.1 Instalação do DHCP

O DHCP é um distribuidor de endereços IP para os computadores da rede. Para ativá-lo, vá ao *Gerenciador do Servidor* → *Painel*, e assinale a opção *Servidor DHCP*. Clique em *Adicionar Recurso* e *Próximo* até concluir a instalação.

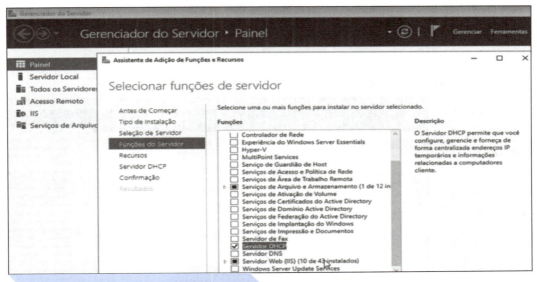

Figura 9.7 - Processo de instalação do DHCP.

No menu *Iniciar* clique em *Ferramentas Administrativas* e, depois, na opção DHCP → Nome do servidor → Ipv4. Adicione escopo e coloque o range (faixa) de endereços IP que será utilizado e o gateway de saída da rede, que é o endereço IP do servidor. No exemplo da Figura 9.8, é 10.0.0.1, e que será também o servidor DNS.

Assim, com o DHCP, o servidor distribuirá os endereços IP para os computadores da rede e também para as máquinas virtuais que tenham sido criadas dentro desse servidor, caso use o Hyper-V ou outros programas de virtualização.

> **LEMBRE-SE**
>
> Lembre-se de que os endereços IP são alocados dinamicamente pelo servidor DHCP, mas também é possível configurar IP fixo, como no caso de máquinas virtuais que estão no servidor e que não podem ter seus IPs alterados toda vez que forem desligadas e ligadas.

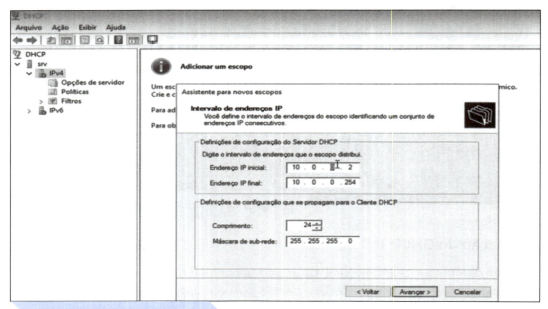

Figura 9.8 - Processo de instalação.

9.3.2 Instalação do DNS

Agora, vamos instalar o servidor DNS, que faz a tradução dos nomes de domínios para seus respectivos endereços IP, que trafegarão na rede dentro do Windows Server.

Vá em *Gerenciador de Servidores* → *Adicionar recursos* → assinale a função *Servidor DNS* → *Adicionar recurso* → *Instalar*.

Após instalação, vá em *Ferramentas*,

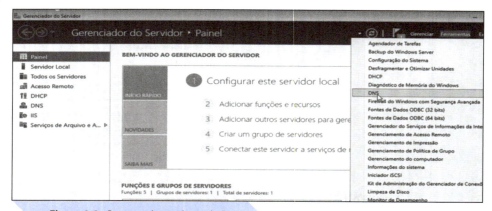

Figura 9.9 - Processo de instalação do DNS.

190 ADMINISTRAÇÃO DE REDES LOCAIS

opção *Zona de pesquisa direta*. Clique em *Nova zona* e dê um nome para a zona primária criada, que será o nome do servidor DNS.

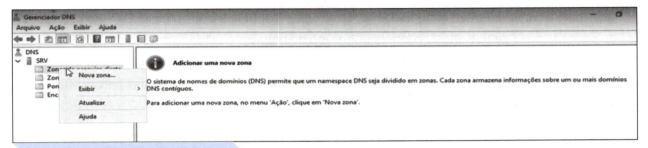

Figura 9.10 - Criação de uma nova zona.

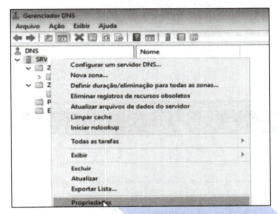

Figura 9.11 - Nova zona.

O servidor DNS resolve nomes da rede local. Caso não consiga resolver um nome externo, deve-se consultar um servidor DNS externo, como o servidor DNS do Google, cujo endereço é 8.8.8.8.

Clique em *Encaminhadores* e *Editar/Adicionar* para adicionar o endereço 8.8.8.8 (este é apenas um exemplo).

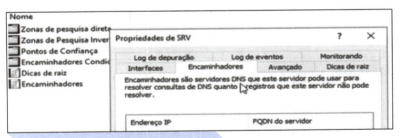

Figura 9.12 - Adicionando endereço.

9.4 Controlador de domínio

Um domínio do Windows é uma rede de computadores na qual a criação e a configuração das contas de usuários, impressoras e aspectos de segurança de acesso são controladas e armazenadas em um banco de dados central.

O controlador de domínio é um servidor que controla o acesso dos usuários à rede, *login*, permissões e segurança dentro do domínio.

Os acessos à rede podem ser controlados por meio de um controlador de domínio (DC – *domain controller*) ou por um grupo de trabalho. O controle por grupo de trabalho é utilizado em redes pequenas. Nesse caso, cada computador da rede tem sua própria lista de usuários, que podem usar aquele computador e as regras de acesso. Ou seja, os computadores da rede necessitam serem configurados individualmente, o que representa um grande volume de trabalho.

Com um controlador de domínio, todos os computadores do domínio compartilham uma mesma base de dados de controle entre eles. O servidor de controle de domínio controla todos os computadores de forma centralizada e aplica as alterações em todos os computadores e usuários que estão no domínio.

O AD é o controlador de domínio do Windows Server. Para instalá-lo, selecione a função Serviços de *Domínio Active Directory* e configure-o, dando nome ao novo domínio dentro da floresta (conjunto de domínios).

Figura 9.13 - Configuração de AD.

Nesta tela (Figura 9.14), temos o painel de controle do *Active Directory*. Se tivermos máquinas virtuais criadas pelo Hyper-V, por exemplo, podemos ir até elas e incluí-las no domínio.

Cada pasta abaixo, como *Users*, são chamadas de contêineres ou Unidades Organizacionais (OU), nas quais podemos criar novas OU, clicando com o botão direito do mouse, e colocar novos usuários, grupos de usuários, conexões VPN para acesso remoto de usuários e as políticas e regras desejadas para uma OU.

Figura 9.14 - Usuários e computadores do AD.

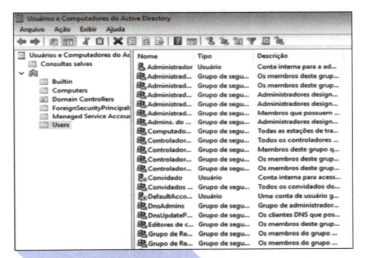

Figura 9.15 - Usuários do AD.

9.5 Servidor de arquivos

Podemos ter em nosso servidor pastas e arquivos que podem ser compartilhados, ou seja, acessados pelos usuários da rede.

Para especificar e configurar o compartilhamento, clique com o botão direito na tela do servidor, depois clique em *Propriedades* → *Compartilhamento* → nomeie o compartilhamento e as configurações do tipo de acesso que os usuários poderão ter (só ler, gravar ou ler e gravar) e outras configurações e permissões de segurança no acesso aos arquivos e pastas compartilhados.

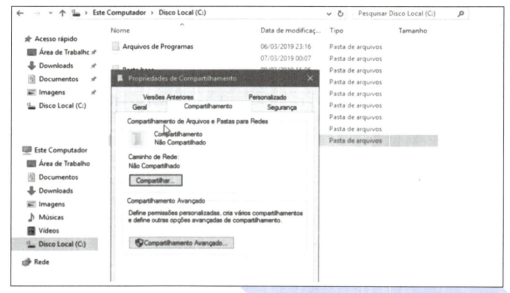

Figura 9.16 - Configuração de compartilhamento.

9.6 Servidor de internet IIS

No servidor Windows Server, podemos também criar um servidor de internet (servidor web) para receber e gerar pedidos HTTP, ou seja, gerar páginas web solicitadas pelos browsers dos computadores dos usuários.

O servidor web do Windows Server é o IIS (Serviços de Informações da Internet) e, nele, podemos criar um servidor web para disponibilizar sites e, também, um servidor FTP para disponibilizar arquivos para os usuários.

Em *Gerenciador de Servidor* → *Adicionar função*, assinale a função *Servidor Web IIS* → *Função FTP*, que é o servidor de arquivos e efetuar a instalação.

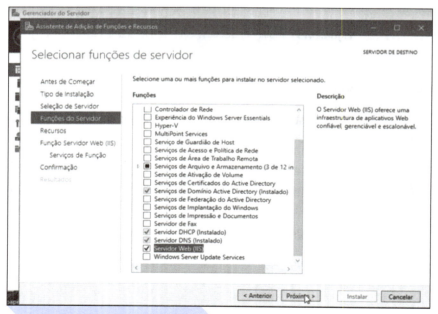

Figura 9.17 - Adicionando função.

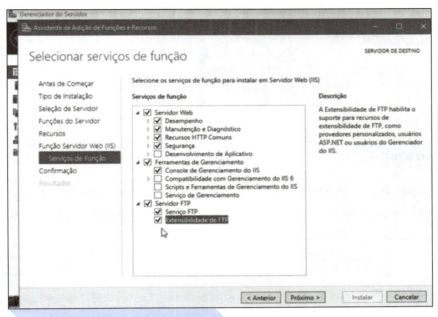

Figura 9.18 - Extensibilidade de FTP.

No *Painel do Gerenciador do Servidor* → *Ferramentas* → *Gerenciador do Serviço de Informações da Internet (IIS)*, acessamos o painel de configuração desses servidores.

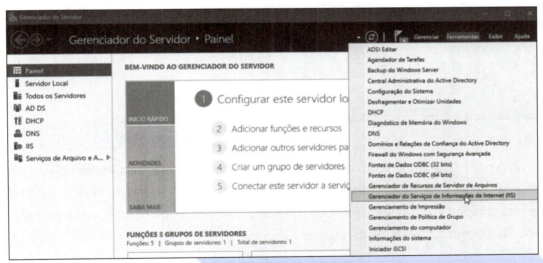

Figura 9.19 - Gerenciamento do serviço de informações da internet.

Em *Sites*, clique com o botão direito e escolha a opção *Adicionar Site*. Nomeie o site, especifique o HTTP, o endereço IP do nosso servidor Windows Server, Porta 80 (porta padrão do protocolo HTTP do TCP para servidores web).

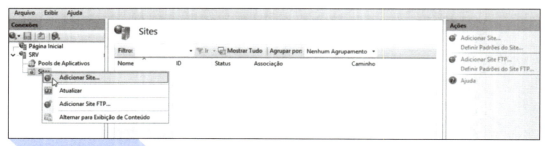

Figura 9.20 - Sites.

Especifique a página inicial (1home.htm) indo ao nome do site criado, *Documento Padrão* → *Exibição de Conteúdo*. Insira o nome da página inicial (no caso, 1home.htm) e edite as permissões de acesso a este site.

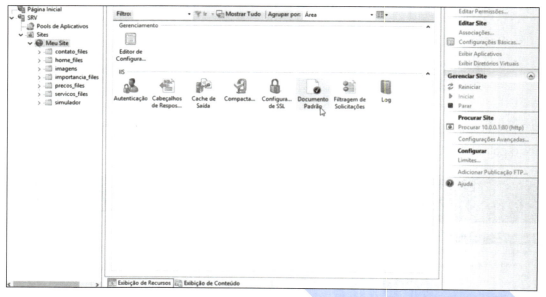

Figura 9.21 - Exibição de conteúdo.

Para criar um site FTP que disponibiliza arquivos que podem ser acessados pela internet por aplicativos e usuários, adicione o site FTP que será criado, dê o nome (Nome do site FTP) e o caminho (caminho físico) do arquivo que será compartilhado, o IP do servidor, Porta 21 e configure as permissões e as autenticações de acesso nas pastas a serem acessadas pelos usuários.

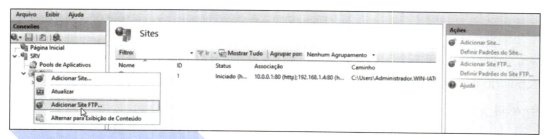

Figura 9.22 - Adição de site FTP.

Se o IP do servidor for, por exemplo, 10.0.0.1, o acesso é feito digitando no browser: ftp://10.0.0.1.

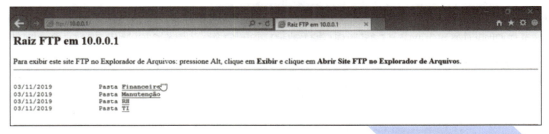

Figura 9.23 - Raiz FTP.

9.7 *Backup* do Windows Server

É importante fazer cópia do servidor periodicamente para poder recuperá-lo em caso de falhas ou acidentes. Para isso, temos a função *backup*. Vá ao *Painel do Gerenciador do Servidor*, selecione o recurso *Backup do Windows Server* e instale.

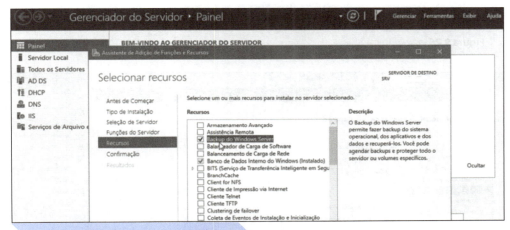

Figura 9.24 - *Backup* do Windows Server.

Em *Backup do Windows Server*, clique em *Backup Local*, selecione a opção *Backup único* e escolha *Servidor completo*. Especifique o Local em que será feito o *backup*, podendo ser em outro disco ou em uma pasta no próprio servidor. Pode-se fazer o *backup* de apenas alguns arquivos ou *backup* de todo o servidor.

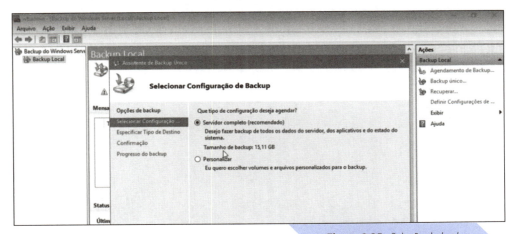

Figura 9.25 - Seleção de *backup*.

FUNDAMENTOS DE SERVIDORES DE REDE

Para recuperar os dados a partir do *backup*, clique na opção *Recuperar*, e escolha a opção de recuperação para o local original dos arquivos e pastas ou do volume inteiro se o *backup* foi feito do volume inteiro.

Figura 9.26 - *Backup* local.

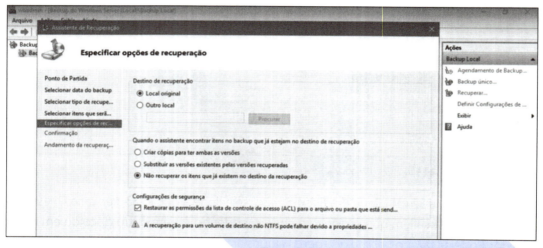

Figura 9.27 - Especificação de opções de recuperação.

Finalizando, é muito importante que você estude e planeje as alterações e as configurações que fará, de modo a manter a integridade dos dados e o funcionamento da rede e dos sistemas instalados.

VAMOS RECAPITULAR?

Neste capítulo, estudamos as funções básicas de um servidor de rede, no caso o Windows Server 2016 e suas configurações básicas. Vimos como baixar o virtualizador de máquinas em um mesmo computador, o Hyper-V da Microsoft, para instalar várias máquinas em um mesmo computador (mesmo *hardware*) e evitar de ter que dedicar um computador (*hardware*) para cada sistema operacional. Aprendemos, ainda, a ativar a função DHCP no Windows Server, a função DNS, a função de controlador de domínio AD (*Active Directory*), a função de Servidor de Arquivos, a função de Servidor de Internet IIS e *backup* do servidor.

AGORA É COM VOCÊ!

1. Como instalar o servidor de rede Windows Server 2016 em sua versão demo?

2. O que é um virtualizador de máquinas e qual é a ferramenta de virtualização de máquinas da Microsoft?

3. Como obter e instalar o Hyper-V?

4. Cite ferramentas de virtualização de servidores.

5. Cite as funções básicas que devem ser ativadas em um servidor de rede Windows Server.

6. O que é um controlador de domínio?

7. Qual é o controlador de domínio do Windows Server?

8. Qual é o papel da função Servidor de Arquivos dentro do Windows Server?

9. Qual é a função do *backup*?

10. Qual é a diferença entre um servidor web e um servidor FTP?

REFERÊNCIAS BIBLIOGRÁFICAS

ALVES, W. P. **Informática Fundamental**. São Paulo: Érica, 2010.

CISCO SYSTEMS. **Interconnecting Cisco Network Devices**. Cisco Systems, 2000.

IBM INTERNATIONAL TECHNICAL SUPPORT ORGANIZATION. **TCP/IP**: Tutorial and Technical Overview. Dez. 2006.

MARÇULA, M.; BENINI, A. F. **Informática Conceitos e Aplicações**. São Paulo: Érica, 2008.

MARIN, P. S. **Cabeamento Estruturado**. São Paulo: Érica, 2009.

MORAES, A. F. **Redes Sem Fio**: São Paulo. Érica, 2010.

_____. **Segurança em Redes Fundamentos**. São Paulo: Érica, 2010.

SOUSA, L. B. **Redes de Computadores**. São Paulo: Érica, 2010.

_____. **Redes Cisco CCNA**. São Paulo: Érica, 2002.

_____. **Projetos e Implementação de Redes**. São Paulo: Érica, 2010.

Marcas Registradas

Windows® é marca registrada da Microsoft Corporation.

Cisco® é marca registrada da Cisco Systems Inc.

Todos os demais nomes registrados, marcas registradas ou direitos de uso citados neste livro pertencem aos respectivos proprietários.